女子监狱
制度研究
——以美国为样本

阙 钰 著

NÜZI JIANYU ZHIDU YANJIU
YIMEIGUO WEI YANGBEN

中国政法大学出版社

2021·北京

图书在版编目（ＣＩＰ）数据

女子监狱制度研究/阙钰著.—北京:中国政法大学出版社,2021.5
ISBN 978-7-5620-9906-2

Ⅰ.①女… Ⅱ.①阙… Ⅲ.①监狱制度－研究 Ⅳ.①D916.7

中国版本图书馆 CIP 数据核字(2021)第 082031 号

出 版 者	中国政法大学出版社
地　　址	北京市海淀区西土城路 25 号
邮寄地址	北京 100088 信箱 8034 分箱　邮编 100088
网　　址	http://www.cuplpress.com (网络实名：中国政法大学出版社)
电　　话	010-58908586(编辑部) 58908334(邮购部)
编辑邮箱	zhengfadch@126.com
承　　印	固安华明印业有限公司
开　　本	880mm×1230mm　1/32
印　　张	11
字　　数	300 千字
版　　次	2021 年 5 月第 1 版
印　　次	2021 年 5 月第 1 次印刷
定　　价	59.00 元

前 言
PREFACE

　　女子监狱制度是女性罪犯矫正的核心内容，美国经过长期的探索和发展，形成了相对比较成熟和完善的女子监狱制度，能够回应女性受刑人的特征，并对其他国家女子监狱制度的发展产生影响。基于此，本书通过对美国女子监狱制度的系统研究和分析，从美国女子监狱制度的发展经验中探寻改革中国女子监狱制度的具体进路。

　　本书主要研究内容包括八个部分。第一部分为"基本范畴：美国女子监狱制度相关概念"，主要研究了美国女性犯罪和女性受刑人的概念、类型，分析了美国女子监狱制度中女性受刑人的概况，考察了女性司法及女子监狱的概念、特征、分布和分类，比较了其与男性监狱之间的异同。第二部分为"历史流变：美国女子监狱制度的演化进路历史溯源"，摈弃忽略美国女子监狱制度发展反复性的单一按照时间线划分发展阶段的方法，对美国女子监狱的发展结合时间线和监禁形式变化划分为男女混合监禁阶段、女子独立囚室或监区阶段、教养院模式兴盛阶段、教养院模式终结阶段、封闭型女子监狱阶段以及美国女子监狱的当代发展阶段。第三部分为"主体构造：美国女子监狱制度的主体及其地位"，研究了美国女子监狱制度的主体，包括女性受刑人的权利与义务、女子监狱管理人员的职责、监管机构的组成等。第四部分为"通类考量：美国女子监狱制度的基本架构"，分析了分类、通联、生活、工作、学习、管束和问题处理机制等组成美国女子监狱制度的基本架构。第五部分为"性别考量：美国女子监狱制度的特殊构成"，研究了专门针对女性特殊性所考量的一些制度设计，主要包括女性生理健康服务、心理健康服务、亲职维系关联制度、携子入监制度、社会复归特殊服务制度等。第六部分为"发展态势：美国女子监狱制度的当代挑战与呼应"，分析了美国当代女子监狱存在的十大问题，以及美国所采取的基于立法、经济、实践等方面的回应措施，探析美国应对女子监狱制度当代发展的策略与进路。第七部分为"域外观照：美国女子监狱制度的全球比较"，不仅选取日本、新加坡、加拿大、英国、德国、瑞典、挪威的女性受刑人的相关制度与数据与美国进行国别之间的横向比较，同时将美国女子监狱制度与相关国际条约之间的异同进行考察。第八部分为"制度借鉴：美国女子监狱制度发展对中国的启示"，根据美国女子监狱制度的发展及其改革应对措施，反观中国女性犯罪以及女子监狱制度的问题所在，进而探索中国女子监狱制度的具体化改革进路。

本书创新之处有四个方面：一是在国内第一次以美国女子监狱制度为研究对象，系统地对美国女子监狱制度的基本范畴、历史源流、基本架构、当代难题及其改革回应进行研究；二是将数据、实例等实证内容和性别回应等理论进行结合，用数据和实例实证理论，进而把握美国女子监狱制度改革的当代态势和发展方向；三是在比较中寻找美国女子监狱制度的发展经验所在，并进而在此基础上发现中国当前的女子犯罪与女子监狱制度问题及其背后动因；四是在域外借鉴与本土实践结合的进路下，针对中国女子监狱制度的问题，倡导中国女子监狱制度的观念更新，并在此基础上提出针对性护理措施、教化处遇措施、出监衔接和社会复归措施等具体化进路。

目 录
CONTENTS

图目录

表目录

绪　论

第一节　问题提出

　　女性犯罪问题是一个人类社会必须共同面对的社会性问题。经过长期的发展，女性在社会中的地位、作用越来越明显，女性犯罪的问题也日益突显。人们开始认知到，对女性犯罪单纯地施以传统报应式和惩罚式的刑事处罚是残酷且无益于女性受刑人改造的。随着女性犯罪的问题越来越突出，对女性罪犯的刑罚执行和矫正的好坏关系到国家的和谐发展，这是国家和民族必须要承担的历史重任。世界上所有的国家和政府均重视女性群体的发展，促进女性群体良好发展、预防和减少女性犯罪、矫治已实施犯罪的女性对于国家及社会的发展都有着举足轻重的意义。

　　由是，人们开始将目光转向罪犯矫治效果的获得，没有效果良好的女性罪犯矫治制度，就无法实现改造女性受刑人并使之回归社会从而在根本上预防与减少女性犯罪的最终目的。而在对女性受刑人的矫治过程中，女子监狱不仅是女性受刑人矫治改造的主要场所，也起着最为核心的作用。

美国经过长期的探索和发展，已经形成了比较成熟和完善的女子监狱制度，能够适应女性受刑人的独特特征，并对其他国家的女子监狱制度发展产生影响。因而，本书认为，有必要系统化研究美国女子监狱制度，并与其他国家女子监狱制度进行横向比较，找出其中的优缺点和发展经验，并结合中国女子监狱制度的问题与现状进行呼应分析，从而为中国女子监狱制度未来的完善和发展提出具有可操作性的指引理念和具体进路。

第二节　研究现状

一、从研究深度来看，缺乏对女子监狱的系统探究

从学位论文层面看，我国目前尚无探讨我国当代女子监狱主题的博士论文。同时，也尚无针对女子监狱的专门性、系统性文献。以 1990 年至 2017 年为时间线，在此期间，我国国内公开发表的有关女子监狱相关主题的期刊、学位论文多达 231 篇，其中 44 篇为硕士学位论文，博士学位论文仅 1 篇，为杨庆武博士于 2016 年所著[1]，其以南京国民政府时期位于上海的两所独立建制的女子监狱（即江苏第二监狱分监、上海监狱第一分监）为研究对象，从监狱史角度切入，围绕监狱设施、狱政管理模式、刑罚理念、监所人员之构成，探讨近代以来司法领域中性别观念的转型问题以及女性与现代都市社会的关系问题。此外，刘洪峰博士在其博士学位论文《美国少年犯机构化处遇研究》中提及中国少年犯机构化处遇的发展困境时指出，尽管未成年女性犯罪比例逐年递增，但我国仍缺乏对未成年女性犯罪者处遇的重视，其体现为国内并无专门针对未成年女性犯罪者的处遇机

---

[1]　杨庆武：“民国时期上海女监研究”，华东师范大学 2016 年博士学位论文。

构，而只是在一般未成年犯管教所或者成年女子监狱中单独分区，忽视了未成年女性犯罪者犯罪背后所隐含的复杂问题。[1]

从专著层面看，以女子监狱为主题的中文书籍数量颇多，在此不一一列举，但多为监狱工作或采访手记等传记、报告文学。我国目前尚无针对中国或域外女子监狱的专门性、系统性文献，针对女子监狱的论述多见于刑事执行法学专著，与未成年犯共同构成特殊类型罪犯研究框架，部分学者（如韩玉胜）所著的刑事执行法学专著甚至未提及女性受刑人的刑事执行内容。吴宗宪等在总结女性犯罪者管理改造的原则基础上提出了女性犯罪者的基本分类以及相应的改造策略[2]；赵国玲、刘瑞瑞均提出对女性犯罪者和未成年女性犯罪者应考虑由其性别带来的身心特殊性，作为特殊类型罪犯进行管理与矫正[3]；王顺安则在总结女性犯罪者特点并对比中外女性犯罪情况的基础上，进一步提出应针对在押外籍女性犯罪者语言、宗教、生活习惯的特殊性，对其进行个别化的监管改造[4]。在女性犯罪者矫治方面，有学者从心理矫治的角度提出了对女性服刑人员的改造方案[5]，将女性分为暴力犯、财产犯、婚姻家庭犯、反革命犯等类型，分别制定心理改造对策，但因年代较为久远，其中的许多内容已与现代刑事执行理念不符。

---

〔1〕　刘洪峰："美国少年犯机构化处遇研究"，中国政法大学 2017 年博士学位论文。

〔2〕　吴宗宪等：《刑事执行法学》（第 2 版），中国人民大学出版社 2013 年版，第 231~240 页。

〔3〕　赵国玲：《刑事执行法学》，北京大学出版社 2014 年版，第 245~251 页；刘瑞瑞：《刑事执行法学》，广西师范大学出版社 2009 年版，第 256~260 页。

〔4〕　王顺安：《刑事执行法学通论》，群众出版社 2005 年版，第 672~684 页。

〔5〕　邓文定主编：《女犯改造心理学》，河南人民出版社 1989 年版。

二、从研究进路来看，多为监狱、女性犯罪者分类与
矫治路径

专门论述女子监狱主题的期刊和学位论文大致可被分为
两类：

一类为针对某一省份或地区进行的调研，列举所得数据，
分析女性犯罪原因并以此提出对女性服刑人员改造的路径建议：
论证女性犯罪的生理、心理、社会和家庭等多重原因，以此提
出构建女性犯罪防控体系的建议[1]；探讨由女性在社会结构转
型和家庭与政治分离中所扮演的角色的演变而带来的女性犯罪问
题[2]；在对女子监狱的数据样本进行分析后提出应突破传统评
估方法，对女性犯罪者的生理健康、心理健康、职业技能等进
行刑满释放前的量化比对[3]。王晓山提出在现存监狱分类的基
础上，应进一步建立医院监狱（精神病监狱）、入监监狱、中转
监狱、出监监狱、老弱病残犯监狱、低度戒备监狱、酒驾过失
犯监狱等场所[4]，亦符合将女性犯罪者进一步分流至对应专门
处遇场所的理论路径。

另一类则以监狱或女性犯罪者分类理论研究为思路，围绕
女子监狱某一特殊群体或处遇问题展开讨论：国内早在 20 世
纪 90 年代即开始关注女性犯罪者改造问题，如针对女性犯罪
者的犯罪类别和身心特点，提出了分管分押制度，并适当放宽

---

〔1〕 魏述海："女犯犯罪原因及改造情况调查"，载《甘肃政法学院学报》
1990 年第 2 期。

〔2〕 张晓红："纠纷及其解决中的性别呈现——基于某省女子监狱的实证研
究"，载《江苏社会科学》2012 年第 1 期。

〔3〕 周晓虹、杨敏："'刑释量化三比对'的探索与实践——以浙江省女子监
狱为例兼论女犯健康回归路径选择"，载《中国司法》2017 年第 6 期。

〔4〕 王晓山："我国监狱类型的分类及发展"，载《犯罪研究》2016 年第 1
期。

探视条件和劳动强度[1]；对女子监狱中的同性恋现象进行心理学分析[2]，针对涉毒女性犯罪者的高再犯率进行调查，提出特别矫正措施[3]，或分析感染艾滋病女性犯罪者的特殊治疗监管措施[4]；涉及精神病女性犯罪者治疗的文献多来源于心理学和医学领域，主要关注女性犯罪者的精神病心理护理问题；女性犯罪者刑满释放后的再犯罪与复归社会问题[5]，以及外籍女性服刑人员在狱中的改造问题[6]也受到了一定关注；揭示重刑女性犯罪者子女权利保护之堪忧现状，并提出保护呼吁和改良对策[7]；以女性犯罪者中特殊群体的权益保护为切入点，探讨女性犯罪者特殊群体的保护机制[8]；关注我国刑事执行制度中未成年分类处遇缺失问题，提出针对女性未成年犯人的特殊减刑、假释制度以及前科消灭制度[9]；从社会支持角度

---

〔1〕　赖修桂："改造女犯的对策刍议"，载《政法论坛（中国政法大学学报）》1992 年第 1 期。

〔2〕　连春亮："女犯同性恋现象的心理学透析"，载《河南司法警官职业学院学报》2003 年第 2 期。

〔3〕　经伟、姚 丹："南京女监涉毒型女犯群体特征分析"，载《江苏法制报》2016 年 7 月 25 日。

〔4〕　杨星、莫瑞、王丹："云南监狱女性艾滋病罪犯管理实践"，载《犯罪与改造研究》2016 年第 11 期。

〔5〕　谷世清等："对刑释女性重新犯罪的调查与思考——以河南省郑州女子监狱为例"，载《决策探索》2011 年第 14 期。

〔6〕　谢曼娜、杨明、黄世峰："东盟籍服刑人员改造问题研究"，载《犯罪与改造研究》2017 年第 9 期。

〔7〕　李朝开、欧阳安："云南重刑女犯子女权利保护的现状及对策研究"，载《云南民族大学学报（哲学社会科学版）》2009 年第 4 期。

〔8〕　周晓虹："从内构到衍生：特殊女犯权益保障的实践与思考"，载《犯罪与改造研究》2016 年第 9 期。

〔9〕　施海雁："未成年女犯监禁刑执行问题研究"，辽宁大学 2015 年硕士学位论文。

提出完善未成年女性主体社会化矫正的个体支持和机构支持系统[1]；制定女性犯罪者风险等级标准，编制女性犯罪者风险评估量表[2]，提出女性犯罪者分类的安全性标准和改造的功能性标准[3]；或通过对女犯的心理矫治效果的调查评估，提出女性犯罪者心理矫治发生作用的外在和内在驱动强化因素[4]；从监狱建筑学角度提出我国女子监狱设施建筑多照抄男子监狱，环境沉闷、缺乏个性和发展空间，呼吁监狱建筑应走向开放，注重选址的地理因素与社会亲和性[5]。

三、从研究视野来看，对域外女子监狱的关注不够

目前，我国关于域外女子监狱的研究主要集中于两类文献：一类是美国监狱或刑罚研究文献，另一类是女子监狱的域外研究部分。关于美国监狱的研究，多见于涉及监禁刑、社区矫正等刑罚执行的译介性质的文章。近年来的相关论文多以介绍美国监禁刑[6]、社区矫正执行路径、大规模监禁成因及现状、监狱制

---

〔1〕 黄延峰："社会化矫正视角下的未成年人犯罪研究——基于河南省未管所和郑州市女子监狱的调研数据分析"，载《河北法学》2016 年第 2 期。

〔2〕 上海市女子监狱课题组，陈建华、姜甜甜："女犯风险评估量表的编制"，载《犯罪与改造研究》2017 年第 5 期。

〔3〕 李瑞华、张宣："北京市女子监狱罪犯科学分类工作实践"，载《犯罪与改造研究》2010 年第 11 期。

〔4〕 张丽欣："监狱心理矫正的现状与效果评价研究——以 H 省 13 所监狱为研究样本"，中国人民公安大学 2017 年博士学位论文。

〔5〕 山东省女子监狱课题组："当前我国女犯监狱建筑研究探析"，载《中国司法》2010 年第 2 期。

〔6〕 姜文秀："美国监禁刑的困境、出路及其启示"，载《中国刑事法杂志》2011 年第 3 期；王廷惠："美国监狱私有化的实践分析"，载《美国研究》2007 年第 9 期；储槐植："美国监狱制度改革的新动向——监狱私营化"，载《中外法学》1985 年第 2 期。

度缺陷、私人监狱制度利弊[1]、刑罚观念的转向[2]、犯人处遇评价[3]为主题。而对于域外女子监狱，我国亦尚无系统性的专著或论文，少数涉及的相关内容均存在于司法部等团体的境外考察报告和外国刑事执行法学专著中。研究多围绕女性受刑人狱中获得的特殊矫正处遇措施和母子同监等区别于男性的特殊权利，研究国别多集中于美国、澳大利亚、德国等发达国家和地区，其篇幅亦较为有限。澳大利亚为使女性受刑人阶段式回归社会，为其设置释放前中途之家，日间可在外就学、工作，并为家庭暴力受害女性提供"走出黑暗"方案。新南威尔士州则有2所女子释放前中途之家和3所女子监狱，注重物理监管环境、监管人员、探视规定、分类关押形式、分级处遇措施、精神病分流女性犯的人权问题等。[4]昆士兰州瓦柯女子监狱设置了母婴监室，提供了儿童用品和生活场地，服刑不需工作，由国家为其支付本人和婴孩的日常开销。[5]学者卢映洁以近年来社会对女性福祉关注背景下女子监狱得以发展之契机，译介了与德国女性受刑人狱中孕育子女相关的儿童入监程序、居住条件、儿童发展规划等问题。[6]杨木高对美国女性犯罪者由混

---

　　[1]　刘政："美国监狱刑罚执行文化的透视与思考"，载《河北法学》2015年第4期。

　　[2]　曹兴华："论美国矫治刑罚目的观复兴的四重面向"，载《山东社会科学》2017年第11期；曹兴华："逾两百年来美国矫治刑罚观历史嬗变及其启示——自1790年核桃街拘役所改革至2016年Montgomery v. Louisiana案"，载《刑事法评论》2017年第2期。

　　[3]　王志亮："美国监狱囚犯的人权状况"，载《法治论丛》2010年第2期。

　　[4]　李豫黔、周折、闫国："澳大利亚女犯待遇问题考察报告"，载《犯罪与改造研究》2014年第8期。

　　[5]　颜九红："澳大利亚监狱管理制度考察"，载《北京市政法管理干部学院学报》2001年第3期。

　　[6]　卢映洁："德国母子同监制度之探讨"，载《中正大学法学集刊》2013年第42期。

同到分押的历史沿革进行了简略梳理，介绍了美国女性犯罪者的数量和犯罪分类特征，指出美国女子监狱具有规模较小、暴力程度低、喜好扮演家庭成员且注重建立女性犯罪者与子女联系的特征。[1]肯尼亚女子监狱则将刑期从几天到终身监禁刑期的女性犯罪者混合关押，其中还包括拘留待审的女性犯罪者，女子监狱改革的重点在于由惩罚向再教育的转变，同时防控艾滋病在监狱的蔓延。[2]

第三节　研究框架

本书将研究内容分为八个部分：

第一部分"基本范畴：美国女子监狱制度相关概念"。主要研究了美国女性犯罪和女性受刑人的概念、类型化，分析了美国女子监狱制度中女性受刑人的概况，考察了女性司法及女子监狱的概念、特征和分布，比较了其与男性监狱之间的相似与差异。

第二部分"历史流变：美国女子监狱制度的演化进路"。美国女子监狱的历史发展由数个阶段组成，并在某种程度上与男子监狱平行发展。在发展时间线上也存在较多反复，在一些地区的女子监狱已有较大改善之时仍有为数众多的女性犯罪者被关押在与男子监狱相似的环境中，其情况并未得到改善。基于此，本书对美国女子监狱的发展结合时间线和监禁形式变化进行划分，而不单一按照时间线划分发展阶段。

第三部分"主体构造：美国女子监狱制度的主体及其地

---

〔1〕　杨木高："美国女犯矫正制度研究"，载《贵州警官职业学院学报》2012年第2期。

〔2〕　李忠东："肯尼亚监狱改革"，载《检察风云》2017年第9期。

位"。该部分研究了美国女子监狱制度的主体，包括女性受刑人的权利与义务、女子监狱管理人员的职责、监管机构的组成等。

第四部分"通类考量：美国女子监狱制度的基本架构"。该部分研究了美国女子监狱制度中最基本的架构，例如分类、通联、生活、工作、学习、管束和问题处理机制等。

第五部分"性别考量：美国女子监狱制度的特殊构成"。该部分研究了专门针对女性特殊性所考量的一些制度架构，主要包括女性生理健康服务、心理健康服务、亲职维系关联制度、携子入监制度、社会复归特殊服务制度等。

第六部分"发展态势：美国女子监狱制度的当代挑战与呼应"。美国女子监狱制度有着形式上相对完善的制度架构，但是这些制度并非都能够非常有效地得到执行，特别是在州立监狱和地方监狱中问题更多。当然，美国为了应对这些问题也在逐步进行改革，以呼应制度症结。本部分分析了美国当代女子监狱存在的十大问题，以及美国在立法、经济、实践等方面所采取的应对措施。

第七部分"域外观照：美国女子监狱制度的全球比较"。为横向比较美国女子监狱制度，本书选取日本、新加坡、加拿大、英国、德国、瑞典、挪威的女性受刑人的相关制度与数据，与美国的女性受刑人的相关数据进行横向比较。同时，还比较了相关国际条约与美国女子监狱制度之间的差异。

第八部分"制度借鉴：美国女子监狱制度发展对中国的启示"。根据美国女子监狱制度的发展及其改革应对措施，反观中国女性犯罪以及女子监狱制度的问题，探索中国女子监狱制度的改革进路。

第四节　研究方法

在本书的研究中，笔者共采取了比较的方法、历史的方法、联系实际的方法、文献分析的方法等四种研究方法。

一、比较的方法

女子监狱在美国经过了二百多年的发展，经历了反复的探索、研究、实践，形成了很多经验性的理念、原则、制度、做法。虽然中国与美国的国情与社会现实存在差异，但仍能够在比较的过程中发现美国女子监狱制度中很多适合于中国的、可以借鉴的理念、原则、制度和做法。女子监狱制度并没有绝对固定的模式，它在不同国家会呈现出不同的样态，而在进行女子监狱制度建设的过程中进行域外比较与借鉴必不可少。

二、历史的方法

美国女子监狱制度的诞生有其特定的历史背景与条件，分析其产生的时代特点与发展所经历的历史过程，对我们现在的研究有非常重要的指导意义。但是，女子监狱制度是一个非常特殊的制度，其发展与历史脉络十分清晰。分析研究其最初产生的社会背景及历史条件，研究其随着时代变迁所作出的改变，都可以为中国完善女子监狱制度提供理论基础与实践经验。

三、联系实际的方法

任何一种制度，无论是本国产生的还是借鉴他国的，都需要随着社会现实的变化而不断地完善与发展。实践是检验理论的唯一标准，也是检验一种制度是否适合于一个社会的唯一标准。女子监狱制度在美国有着丰富的实践，而中国完善自己的女子监狱司法制度，不但要借鉴国外经验，更重要的是将国外女子监狱机制的发展经验融入中国女子监狱的发展实践中。

四、文献分析的方法

任何研究都建立在前人研究的基础之上，因而学术研究必然离不开对参考文献的运用。系统地整理文献能够提供有用的资料，故而有利于全面了解与研究主题有关的理论。不仅能掌握该领域的研究现状，避免不必要的学术重复劳动，也有利于学术的积累和创新，拓宽学术研究面，弥补单个人进行学术研究的局限性。

第五节　创新之处

本书首次系统地研究了美国女子监狱的基本制度、发展难题以及回应措施等。总体上看，本书的创新点有四个方面：

创新一：研究对象新。在国内第一次以美国女子监狱制度为研究对象进行研究，系统地对美国女子监狱制度的基本范畴、历史源流、基本架构、当代难题及其改革回应进行研究。

创新二：研究方法新。将目前比较新颖的循证理论研究与对美国女子监狱制度的研究结合起来，结合数据、实例等实证内容和性别回应等理论，用数据和实例证实理论问题，进而把握美国女子监狱制度改革的当代态势和发展方向。

创新三：研究视角新。不仅是着眼于美国女子监狱制度的介绍，而是在比较中寻找美国女子监狱制度的发展经验，同时与其他国家的女子监狱制度进行比较，从中发现优劣，进而在此基础上回应中国当前的女子犯罪问题与女子监狱制度问题，提出可能的改革进路。

创新四：借鉴对策新。不仅在美国女子监狱制度发展趋势的基础上对中国女子监狱制度的未来发展提出观念指引，更是在借鉴与本土实践结合的进路下，针对中国女子监狱制度的问题，倡导中国女子监狱制度的观念矫正，并在此基础上提出针对性护理措施、教化处遇措施、出监衔接和社会复归措施等具体化进路。

基本范畴：美国女子监狱制度的相关概念

美国女子监狱是建立在一系列相对比较独特的概念范畴基础之上的，这些基本范畴支撑起了美国女子监狱制度的架构、方向以及基本运作。因此，本章将首先研究美国女子监狱制度的相关概念，厘清这些基本概念的内涵和构造。

第一节 美国女性犯罪概述

一、美国女性犯罪的概念

在早期，理论和实务界并无明确的女性犯罪概念的范畴，因为无论是从逮捕、起诉、定罪还是服刑的数据来看，男性从来都是犯罪的主要主体，女性只占很少的一部分。因此，在刑事司法领域中，人们对女性犯罪问题的关注较少，也并没有根据女性特点进行理论归置或者政策调整，而刑事司法制度对女性特征的回应也只是近些年来的事情。传统的犯罪学理论和刑事司法理论都将女性犯罪简单归于"类男性化"的类型，所有政策和理论都在此一前提下预制，因此无论是犯罪理论还是刑事司法政策都是以男性为中心的，而对女性犯罪也只是简单套用男性化的犯罪策略回应方式。[1]

传统上，女性犯罪的概念经常受到社会背景和社会性别角色期望的强烈影响。换言之，女性犯罪这一概念从历史角度看具有双重规范违反性：一是违反社会期待，即"女性化"；二是违反刑法规定。对这种双重规范违反行为的惩罚往往具有很明晰的性别特殊性，这些惩罚措施包括火刑柱（burning at the stake）、烙刑（branding）、戴红字（wearing latter）、割乳房（having their breasts ripped of their chests）、口钳（the brank or Scold's Bridle）[2]、戴封嘴面具（masks to prevent women from opening their mouths）。[3]所有这些惩罚措施都是专门针对那些同时违反社会规范和刑法规范的女性犯罪者的。

不过尽管已经具有明显的针对性别角色期待的特殊性，以及那些专门针对女性言论、闲话、通奸等行为的惩罚措施，它在犯罪学领域仍然没有得到特殊对待。学者们仍然认为，传统的犯罪学理论同样适用于从事犯罪行为的男性和女性。虽然也有著作提到女性犯罪，但这些理论更多只是陪衬性地作为男性犯罪的对比数据，用以解释男性的行为，或者是通过一些女性男性化的表述[4]以衬托男性特征。社会继续以非正式的方式制裁女性，因为她们违反了社会对女性所附加的角色期望，并以不同于惩罚男性的方式那样惩罚女性。其结果就是女性犯罪的

---

〔1〕 See Tina L. Freiburger, Catherine D. Marcum, *Women in the Criminal Justice System*, CRC Press LLC. , 2015, pp. 15～16.

〔2〕 这种处罚措施主要是针对背后随便议论人的女性行为。

〔3〕 See Tina L. Freiburger, Catherine D. Marcum, *Women in the Criminal Justice System*, CRC Press LLC. , 2015, pp. 17.

〔4〕 例如"假小子"等术语。参见韩阳：《女性犯罪及监禁处遇》，中国法制出版社 2017 年版，第 19 页。

稳步增加，女性监狱人口的加速，以及对刑事法律和政策对女性行为所能产生的影响的了解持续缺乏。

　　尽管过去三四十年间美国女性犯罪率有所上升，但男性罪犯仍然占刑事司法系统中罪犯数量的大部分。这和 20 世纪 70 年代和 80 年代研究者、立法者所面对的女性微观问题一样。20 世纪 70 年代以来的女性运动和 1984 年贝尔·胡克斯（Bell Hooks）的《女性主义理论：从边缘到中心》（*Feminist theory：From Margin to Center*）一书，促使人们开始关注女性边缘化的社会地位，并导致了女性批判主义理论的兴起。在整体犯罪数据趋于增长的同时，女子监狱人口于 1985 年也开始稳步增长，犯罪学理论和刑事政策开始审视传统的理论是否可以在逻辑上合理解释女性犯罪问题，包括女性犯罪的性别特点以及女性实施犯罪的特殊原因等。

二、美国女性犯罪的特征

　　在美国，女性犯罪与男性犯罪具有很多共同特点。例如，有学者在比较美国男性和女性在犯罪类型、逮捕比例、指控罪名之后发现：在所有的犯罪类型中，美国男性和女性涉及较多的都是轻微的财产类犯罪案件以及毒品滥用案件等轻罪案件；在逮捕比例方面，美国男性和女性因轻罪被逮捕的比例都高于因重罪被逮捕的比例，而且在多种轻罪犯罪类型中也是如此；在指控罪名方面，美国男性和女性被起诉的罪名中较多的都是毒品滥用类犯罪、盗窃类犯罪以及轻伤害、社会治安违反等轻微犯罪类型，其中男性中这三类罪名的比例为 48%，女性中这三类罪名的比例为 49%。[1]但是，与男性犯罪相比，女性犯罪

---

　　[1]　参见韩阳：《女性犯罪及监禁处遇》，中国法制出版社 2017 年版，第20~21 页。

也有着比较特殊的特征。

（一）女性总体犯罪率比较低

虽然男性和女性所实施的犯罪行为中低暴力犯罪的比例均远远低于严重暴力犯罪的比例，但是女性在总体犯罪中的比例最低。从历史统计数据来看，在男性和女性都可以参与的犯罪中，女性仅仅在卖淫这一犯罪中比例高于男性。[1]美国司法部 2007 年发布的《国家犯罪调查研究报告》（National Crime Victimization Study）显示：所有犯罪中有 75.6%由男性实施。[2]

（二）暴力犯罪的比例远低于男性

女性犯罪中暴力犯罪的比例远远低于男性，一般的暴力犯罪往往由社会低阶层的男性实施。根据美国司法部的统计，于1990 年被判犯有抢劫罪的罪犯中只有 7%为女性，加重故意伤害罪中的女性犯罪比例为 12%，轻微伤害罪中的女性犯罪比例为15%，入室盗窃类犯罪中的女性犯罪的比例为 5%，机动车盗窃中的女性犯罪的比例为 5%。这个比例自从 20 世纪中期美国司法部统计局开展国家犯罪调查之后就一直变化不大。[3]无论在美国还是在其他国家，暴力犯罪中的女性相对于男性而言，都是属于比较特殊的异类分子，而女性在选择暴力犯罪的时候也往往是针对自己的亲密关系人。不过，有学者研究发现，女性暴力犯罪的模式有着自己的特殊性，例如黑人女性占有比较大的

---

〔1〕 See Tina L. Freiburger, Catherine D. Marcum, *Women in the Criminal Justice System*, CRC Press LLC., 2015: 16.

〔2〕 See Jonathan Strickland, "Are Men more Violent than Women?", http://science.howstuffworks.com/life/inside-the-mind/emotions/men-more-violent.htm.

〔3〕 参见韩阳：《女性犯罪及监禁处遇》，中国法制出版社 2017 年版，第20～21 页。

比例，犯罪率大约是白人女性的 5.5 倍。[1]

(三) 受虐是女性犯罪的重要原因

无论在男性犯罪中还是在女性犯罪中，社会地位低、受教育程度低、毒品和酒精滥用与成瘾、少数群体的不公正待遇、家庭破裂、心理或身体健康有问题等都是重要的犯罪原因。但是，男性和女性在犯罪原因方面也存在着重要的不同。其中最重要的一个不同就是受虐往往是女性犯罪的重要原因，主要包括肉体虐待和性虐。有学者通过研究发现，在美国女性罪犯中有一半以上在进入监狱之前曾受到过肉体虐待或者性虐待。[2]尽管很多女性实施犯罪是因为毒品成瘾或者无家可归，但还有一些女性实施犯罪（特别是财产类犯罪）是因为她们受到有暴力倾向的配偶的虐待或者胁迫。"她们可能是为了养活自己或者孩子而去偷东西，她们可能是由于社会福利诈骗而被捕，她们也可能是为了逃离虐待而实施盗窃或者进行支票伪造行为。"[3]施虐者还可能故意采取一些手段控制女性，使其依附于自己并受到自己的摆布，进而实施犯罪行为。例如，采取窃取女性财物使其负债、在工作场合羞辱女性使其丢掉工作等经济控制的手段。相关研究指出，受虐女性一般会通过将其家庭成员形象和家庭整体形象理想化的方式来维持其情感上的平衡，以便于从心理上撑过艰难时期。在对美国女性罪犯的访谈中，很多女性都对其受虐经历进行了详细的描述。她们认为，她们和自己

[1] See P. E. Tracy, M. E. Wolfgang, *Delinquency in Two Birth Cohorts*, Springer Press, 1991, p. 34.

[2] See Tina L. Freiburger, Catherine D. Marcum, *Women in the Criminal Justice System*, CRC Press LLC. , 2015, p. 16.

[3] See Melissa E. Dichter, Sue Osthoff, "Women's Experiences of Abuse as a Risk Factor for Incarceration: A Research Update", *National Resource Center on Domestic Violence*, 2015.

的亲密关系人之间的这种不断重复的虐待与被虐待行为已经使得他们之间形成了一种固定的生活模式，并且这种生活模式还不断地被新的虐待所强化。女性甚至会自我说服，认为这种虐待行为符合自己对亲密关系人的权威想象。当然，在长期的虐待累积到一定程度时，受虐者会通过犯罪行为进行回应和反抗，女性受虐者也因此从被害人变成了犯罪者。正因为如此，美国加利福尼亚州对女性受虐事实在定罪量刑中有一定的宽宥。[1]

（四）女性重复从事犯罪的比例较低

与男性较高的重复犯罪率相比，女性的重复犯罪率相对较低。换言之，女性犯罪多数属于单次性犯罪。这一特征在暴力型犯罪中表现得最为明显，而学者的研究也多集中于此。如前所述，暴力犯罪在女性犯罪中的比例较低，而在长期的追踪数据观察中，女性犯罪者中的惯犯从事暴力犯罪的比例也比男性要低。在女性的暴力犯罪生涯中，就单个的犯罪者而言，其最初实施暴力犯罪的年龄和达到峰值的年龄都比男性犯罪者要稍早一些。此外，女性在整个犯罪生涯中反复实施暴力犯罪的概率要比男性低很多。也就是说，女性在实施了一次暴力犯罪之后会在以后的犯罪生涯中尽量避免暴力犯罪且其暴力程度要低于男性。即使是那些实施了严重暴力犯罪的女性，其长期从事犯罪的比例也远不及男性。[2]

三、美国女性犯罪原因的理论阐释

美国有关女性犯罪原因的解释，在犯罪学的研究中存在两

---

〔1〕参见韩阳：《女性犯罪及监禁处遇》，中国法制出版社2017年版，第44页。
〔2〕参见韩阳：《女性犯罪及监禁处遇》，中国法制出版社2017年版，第54~55页。

种截然不同的观点。女性主义者认为，传统的犯罪学理论（如社会控制理论、副文化理论、紧张理论和冲突理论等）主要都是在解释男性犯罪而非女性犯罪。因此，波拉克（Pollak）等女性犯罪学者主张女性犯罪学是独立的研究领域，唯有由女性的观点发展出女性犯罪的理论才能使犯罪学对于人类犯罪行为的观察和了解更趋完善。然而莫里斯（Morris）等部分犯罪学者则认为传统的犯罪学理论足以有效地解释男性和女性的犯罪行为，只要在概念上厘清男女之不同，就能解释男女两性在犯罪类型和犯罪率等方面的差异。不过，从整个女性犯罪研究的发展历史可以窥知女权运动与女性主义对于女性犯罪研究之影响，在1960年至1980年间曾经盛极一时并且有丰硕的成果，但1980年以后有关女性犯罪之研究却逐渐回归传统犯罪学的领域，有许多犯罪学者均试图以传统犯罪学理论来解释女性犯罪。

（一）女性主义视野下的女性犯罪原因解释

在美国女性主义视野下对女性犯罪原因的解释大致可以被划分为女性反剥削运动、女权运动、女性解放运动、当代女性主义四个阶段。

1. 第一阶段：女性反剥削运动与女性犯罪

1848年至1920年可以被称为女性主义的"女性反剥削运动期"。第一阶段美国女性主义运动起源于1848年7月19日在纽约州的塞尼卡·福尔斯城（Seneca Falls）第一次召开的女性权利研讨会，这个会议的重要性在于会后通过了第一部专属于女性的"女性宣言"（Declarations of Sentiments and Resolutions），象征着女性开始争取平等权利时代的来临。这份宣言被形容为"女性权利的第一道曙光"，因为女性公民权、立法权被剥夺的议题被隐藏了几百年，至此终于露出了第一道令人期待的曙光。"女性宣言"分为两部分，由斯坦坦（Stantan）等人起草，第一部分列举了女性在历史上受到的不平等待遇，第二部分则提出了具体的解决主张（resolutions）。宣言开宗明义地提出人类历史就是一部男性不停残暴伤害女性的历史，首先剥夺女性公民权、立法权，一旦结婚就会剥夺其在婚姻上的权利，让女性在婚后的法律权利上形同死者，还剥夺了女性的就业权、受教育权。该宣言举出了十余项证据来说明这个惊天动地的控诉：①男性不允许女性有投票权；②男性要求女性遵守男性立下的法律，却没有给予女性参与立法的权利；③男性宁愿将权利给予一群没知识的男性，也不愿意赋予女性相同的权利；④男性剥夺了已婚女性的公民权；⑤男性剥夺了女性的财产权，甚至拥有女性的薪资；⑥男性将女性视为无行为责任能力者，一旦女性犯罪，只要丈夫愿意出面，妻子保证听从丈夫指导，女性均可免除刑罚，法律合法地让丈夫拥有妻子的自由权与指挥权；⑦如果离婚，子女监护权属于丈夫，完全不采纳女性的意见，将所有的权利交给了男性；⑧女性若未婚拥有财产，需要课税来补贴政府支出；⑨男性剥夺了女性就业权，譬如女性从不存在于神学、医学、法学领域里，因为男性不允许女性进入这些行业；⑩男性剥夺了女性上大学的权利；⑪女性可以进入教堂，但不得成为神职人员或参与教会行政；⑫男性对女性有道德上的双重标准，社会极端排斥女性犯罪者，但对同样犯罪的男性则百般容忍；⑬男性将上帝据为己有，自认为代表上帝来监督女性的良知；⑭男性穷尽各种方法摧毁女性自信心，极尽可能地降低女性独立生活的能力。

从当代的眼光来看，前述男性对待女性的历史，不忍卒读。经过约 70 年的努力，女性团体终于在 1920 年促使国会通过《美国宪法第十九修正案》，正式赋予了女性投票的权利，但这也让女性运动暂时失去了战场，进而停歇了40年。[1]这一时期虽然并没有提出具体的女性犯罪理论，但正是女性主义的发展为后来提出各种女性犯罪理论提供了理论源泉和理论积淀。

2. 第二阶段：女权运动与女性犯罪

20世纪70年代的女权运动对女性犯罪成因的分析也有重要影响。20世纪70年代女性犯罪研究深受女权运动的影响，丽塔·西蒙（Rita Simon）和弗雷达·阿德尔（Freda Adle）是两个主要代表人物。西蒙于1975年在其《女性与犯罪》一书中通过统计资料分析了近数十年间女性之劳动参与、婚姻、生育、收入、教育、犯罪形态、数量、审判和矫治措施之变迁与发展，并预测因就业机会的大量增加，某些类型的女性犯罪也会随之增加（尤其是白领犯罪）。其认为女权运动与女性犯罪关系密切，并且影响女性在刑事司法体系的待遇。[2]另一方面，阿德尔于1975年的研究中对女性之娼妓、药瘾和青少年犯罪进行了深入剖析。其强调女性犯罪者数的上升与女权运动有关，妇女解放运动与科技发展使女性有较均等的机会从事男性化犯罪。其认为女性与男性有同样的基本动机去参与合法和非法的活动，两性差异乃受社会因素的影响而非生理或心理因素的影响，若男女两性在社会中扮演相同角色，在社会和经济上取得均等地位，则其犯罪率会相当接近。[3]西蒙和阿德尔以妇女解放运动来解释女性犯罪率的上升引起了相当大的争议，部分学者认为犯罪率的变化并非全然决定于个人的社会经济地位或角色，警察和司法机构对女性态度的改变也会影响犯罪率。女性主义的抬头

---

〔1〕 See M. Chesney-Lind, "Patriarchy, Crime, and Justice: Feminist Criminology in an Era of Backlash", 1 *Feminist Criminology 2006* (4), pp. 258~282.

〔2〕 See R. J. Simon, *Women and Crime*, Lexington, 1975.

〔3〕 See F. Adler, *Sisters in Crime: The Rise of the New Female Criminal*, McGraw-Hill, 1975.

对 20 世纪 70 年代女性犯罪研究影响甚巨，此一时期女性犯罪研究呈现百家争鸣的现象，有较多的犯罪学学者（尤其是女性）投入女性犯罪研究，例如，斯玛特（Smart）、克莱茨（Crites）、鲍克（Bowker）等分别从角色理论、社会化过程、社会控制和司法体系的影响等角度来解释或探讨女性犯罪现象。[1]

3. 第三阶段：女性解放运动与女性犯罪

20 世纪 80 年代可以被称为"女性解放运动期"。美国第二阶段女性运动始自第二次世界大战后，自 20 世纪 60 年代至 20 世纪 80 年代末的大约 20 年又被称为"妇女解放运动期"。这个时期女性主义者的关注点是要求女性在社会权、政治权、经济权上获得更大的平等地位，并且主张解放社会对妇女角色的看法，同时也要求社会正确地看待女性，特别是针对女性在生育角色上的歧视问题。美国女性主义犯罪学大约也起源于此一时期。在女性解放运动下，犯罪学学者注意到了性别与犯罪问题，开始针对女性主义的观点进行研究。[2]女权运动影响下的女性犯罪研究属于个别研究，未对女性犯罪之现象和原因产生系统性影响，但 20 世纪 80 年代以后在女性解放运动影响下的女性犯罪研究则有很大的转变。解放理论主张，基于女权运动的推行，女性的家庭角色、生活形态、职业形态、经济地位等均已得到提高或改变，产生与男性罪犯越相似的结果，代表着接触犯罪的机会越接近男性，进而提高了女性犯罪的可能，产生了所谓的新女性犯罪者。[3]他们主张，女性在劳动市场中地位的提高

---

〔1〕 关于斯玛特、克莱茨、鲍克等人理论学说的具体展开可参见 E. B. Leonard, *Women*, *Crime*, *and Society*: *Acritique of Theoretical Criminology*, Longman, 1982.

〔2〕 See M. Chesney-Lind, "Patriarchy, Crime, and Justice: Feminist Criminology in an Era of Backlash", *1Feminist Criminology 2006* (4): 258~282.

〔3〕 See F. T. Cullen, R. Agnew, *Criminological Theory*: *Pasttopresent*, Roxbury. 2006.

会为女性创造更多的就业机会，进而导致部分财产与职业犯罪中女性犯罪比例的增加，例如诈欺、侵占等；还主张女性在社会变迁、附属地位得到改变之后，男性与女性在各方面愈来愈相似，在文化与心理的意义上更男性化，因此各种类型的犯罪（包括过往以男性为主的暴力犯罪）都会提升。另外，黑人女性的犯罪率较高也可以被解释为是黑人女性的地位角色较自由。[1]纳夫芬（Naffine）教授提出了女性解放理论的假说：女性主义带来了女性的竞争性；女权运动打开了女性的结构机会，增加了女性可以犯罪的空间；女性积极争取且赢得了平等的战争；女性主义使女性想要像男性一样行动；犯罪本身根基于男子气概。[2]不过，上述假说也招致了一些批评：①实证资料并不支持。斯特芬斯迈尔（Steffensmeier）教授指出女性犯罪增加的类型是传统女性犯罪，至于暴力犯罪或者严重犯罪则尚未赶上男性，而且犯罪增加的原因可能是刑事司法体系人员较愿意逮捕并起诉女性犯罪者。[3]②女性犯罪者仍保有传统性别角色。[4]

4. 第四阶段：当代女性主义犯罪学的解释

20世纪80年代末至今的"新女性运动"。经过第一阶段与第二阶段的努力，女性主义者的信心更强了，得到的社会支持

---

〔1〕 具体展开可以参见 D. M. Britton, "Feminism in Criminology: Engendering the Outlaw", 571 *The ANNALS of the American Academy of Political and Social Science*, 2000 (1), pp. 57~76.

〔2〕 转引自 J. Belknap, *The Invisible Woman: Gender, Crime, and Justice*, Belmont, Wadsworth, 2001.

〔3〕 See D. M. Britton, "Feminism in Criminology: Engendering the Outlaw", 571 *The ANNALS of the American Academy of Political and Social Science*, 2000 (1), pp. 57~76.

〔4〕 See D. Steffensmeier, E. Allan, "The Nature of Female Offending: Patterns and Explanation", In R. T. Zaplin (Eds.), *Female Offenders: Critical Perspectives and Effective Interventions*, Aspen, 1998, pp. 5~27.

也更多了。因此，相关的论述开始从缓和的"平权"之战转为大胆地挑战"男性、父权"社会。自 20 世纪 80 年代末开始，女性运动的主要诉求在于批判父权、男性霸权的社会，进而期待改变这样的社会与制度。[1]当代美国女性主义研究女性犯罪与刑事司法制度如何差别地对待不同性别的犯罪者，主要可分为三种主流理论："骑士精神/英雄救美""父权思想/男性气概"与"家长制/驯化管教"。

第一种是"骑士精神/英雄救美"假说。该假说认为，刑事司法体系具有"骑士精神"或"英雄救美"精神，对待女性比较宽容仁慈。虽然有部分实证证据，但也存在争议。有时证据显示刑事司法体系对待女性的确比较宽容，但有时可能更严厉。刑事司法制度对待女性比男性更宽容，这可能是由于女性的犯行本来就比较轻微，但另一方面，女性主义犯罪学学者认为，因为刑事司法制度具有西方中古时代男性之"骑士精神"，中国文化的"英雄救美"，将女性视为其脚下的崇拜者，因此自我期许必须负起保护女性的责任。女性犯罪者到了以男性为主的刑事司法制度的保护，若展现的是"柔弱""不理性""情绪化""知错能改"等女性特征，便会被更宽容地对待，受到的刑罚较轻。有学者研究发现，在少年保护事件中，少年法庭法官给予男性的惩罚的确比女性更严厉，同样，少年观护人也会建议法官给予男性更严厉的惩罚。一旦女性犯罪者具有"不淑女""坏妻子""坏女人""坏母亲"等特性，刑事司法体系给予的惩罚将会更为严厉，因为这些女性不符合社会对女性的角色期待，也就不是"骑士"或"英雄"要拯救的"淑女"或"美人"了。

---

〔1〕 See M. Chesney-Lind, "Patriarchy, crime, and justice: Feminist criminology in an era of backlash", 1 *Feminist Criminology* 2006 (4): 258~282.

第二种是"父权思想/男性气概"假说。在强调男性气概与犯罪的关系研究方面，梅瑟施密特（Messerschmidt）的理论最为著名，其有四个主要命题：关注结构化的行动与性别化的犯罪。性别不只会影响女性的犯罪形态还会影响男性的犯罪形态。何谓社会结构？随着时间形成的规律与模式的互动，限制与引导行为到特定的方向，包括劳动的性别分工、权力的性别关系、性欲。阶级、种族与性别关系到互相关联与社会结构的数量，进而影响社会行动。在多样化的社会结构里，阶级、种族与性别如何互动进而鼓励年轻男性施加暴力的优势。该理论的最终目的是同时解释男性与女性犯罪，强调性别、种族与阶级对犯罪的影响，进而在社会结构下形塑个人的行动。[1]一般而言，"父权思想/男性气概"相关假说通常会从女性角度批判以男性为主的职场所营造出来的"强暴文化"（rape culture），以及"男子气概文化"（masculinity culture），以致创造了更多的女性被害人。过去的犯罪学所进行的犯罪被害调查与研究也发现，最常伤害女性的，通常不是躲在灌木丛内的陌生人，而是其最亲密的家人或朋友。女性主义犯罪学者也基于父权思想，批评刑事司法教育俨然已经成为传递男性思维并将女性边缘化的场域，在这个以男性为主要从业人员的世界里，女性不断被提醒。作为女性，她们适合的研究议题为"儿童受虐""性犯罪""家庭暴力""性骚扰"等，她们适合处理的实务问题为"交通事件""儿少事件""家庭事件""性犯罪事件"。此外，在女性受刑人的监狱教化方面，也充满了父权思想。美国密歇根州 1979 年经典的"Clover vs. Johnson 案"就显示了密歇根州内男性监狱的职业训练课程有 22 种，女子监狱却只有 3 种，导致女性受刑

---

[1] See M. Morash, *Understanding Gender, Crime, and Justice*, Sage, 2006, p. 384.

人对州政府提出性别歧视的控告。

第三种是"家长制/驯化管教"假说。该假说将刑事司法制度看得更为邪恶,认为女性只被视为喜欢挑战权威的"儿童"或精神失常者。1992 年切斯尼-林德(Chesney-Lind)和谢尔登(Sheldon)的研究发现,刑事司法制度面对这样的女性,不能只是宽容,还应该给予"治疗、管教与驯服",去其"野性",给予适当的"社会化"。因此,从司法制度中逃脱出来的女性,终究还是免不了走进刑事司法制度"善意"安排下的"安置辅导机构"或"医疗治疗",被进一步"驯化"。[1]切斯尼-林德在其早期的研究中发现,从事性行为的少年中,女性有 74%被逮捕的概率,男性则为 27%;被逮捕后法院要求少女接受体检的概率是 70%,男性则为 15%,且少女更容易被送入矫治或安置机构,监禁时间也较男性更长。[2]美国 2002 年发生的"叶慈小姐杀害五名子女案"显示只有"受虐妇女症候群"或"精神失常"的标签才能交换、救赎其杀夫杀子的"杀人"行为,也才能使其逃离刑事司法制度的制裁。

(二)基于传统犯罪理论的女性犯罪原因阐释

1. 控制理论与女性犯罪

(1)社会控制与女性犯罪。

以社会控制的观点来解释犯罪现象一直是犯罪学理论的主流,其中又以赫希(Hirschi)所建构的"社会控制理论"(Social Control Theory)最具影响力,赫希接受涂尔干(Durkheim)和霍布斯(Hobbes)对人性的基本假设,认为人是非理性、非道德

---

[1] See M. Chesney-Lind, R. Sheldon, *Girls Delinquency and Juvenile Justice*, Broosand Cole Publisher, 1992.

[2] See M. Chesney-Lind, "Girlsinjail", *34 Crime & Delinquency 1988* (2), pp. 150~68.

的动物，人是潜在性的犯罪者。因此，犯罪现象对赫希而言是不需要解释的，人为什么会遵从社会规范才是他要研究的社会事实。他认为，个人透过社会化的过程与社会产生强而有力的联结，除非个人的犯罪动机瓦解他和社会的联结，失去对重要他人期望的敏感度与顺从，否则人是不会轻易犯罪的。这种联结的内涵主要由依附（Attachment）、奉献（Commitment）、参与（Involvement）和信仰（Belief）四个基本要素构成。[1]克罗恩（Krohn）和玛希（Massey）在有关社会控制与青少年偏差行为的研究中发现，赫希的理论在解释女性少年偏差行为的效力强于男性少年。[2]陈（Chen）比较男女两性社会控制之差异，发现女性少年之家庭附着、朋友附着和学校附着均显著高于男性少年，换言之，男女两性的差异不仅是先天上生理结构的不同及社会化和社会控制过程的差异，这一观点在解释男女犯罪行为上的差异，以及女性犯罪的原因等方面值得深思。此外，若社会允许女性扮演和男性相似的角色，对于女性的监督与男性相近，给予她们相同的机会接触犯罪团体，则女性的犯罪可能会上升许多，随着时代变迁，对于女性犯罪率的提高与变化，其解释原因迄今莫衷一是，如从女性社会控制过程与机制的改变来探讨，或能找到一条出路。[3]

（2）自我控制与女性犯罪。

犯罪学家盖佛森（Gottfredsoni）与赫希（Hirschi）基于"人有追求快乐、避免痛苦的自利行为倾向"的基本假设，于

---

〔1〕 See T. Hirschi, *Causes of Delinquency*, University of California Press, 1969.

〔2〕 See M. D. Krohn, J. LMassey, "Social Control and Delinquent Behavior: An Examination of the Elements of the Social Bond", *21 Sociological Quarterly*, 1980 (3), pp. 529~543.

〔3〕 See Y. Chen, "Delinquency and Psychological Distress: Effects of Gender and Risk/Protective Factors", *Dissertation*, Durham, Duke University, 1997.

1990 年提出了"一般化犯罪理论"（A General Theory of Crime）。就犯罪而言，盖佛森与赫希运用晚近以来阐释犯罪发生条件的"日常活动理论"（Routine Activity）、"机会理论"（Opportunity Theory）、"生活形态理论"（Lifestyle Theory），来说明各主要犯罪类型的发生条件及结构。他们相信犯罪固然是行为者"犯罪性"的产物，但亦需环境条件的配合。因此两者是不互相矛盾的，而且他们认为，当我们了解犯罪发生的环境条件后，可以更正确地建构犯罪者的形象。从盖佛森与赫希的"一般化犯罪理论"观之，犯罪性别差异的产生系因在社会化过程中，低自我控制倾向的形成与机会因素交互作用导致男性犯罪显著高于女性犯罪；但就女性而言，具有低自我控制倾向且从事游乐生活形态者（或其他与犯罪有关之休闲）有较高机会从事偏差与犯罪行为。盖佛森与赫希的主张在国内与国外有关性别、偏差行为、犯罪和饮酒行为的研究中获得了大部分支持。[1]

2. 紧张理论与女性犯罪

1982 年伦纳德（Leonard）采取莫里斯（Morris）有关女性文化目标之观点，修正曼托（Merton）的理论，用以解释女性犯罪。莫里斯认为长久以来女性的犯罪率之所以低于男性，乃是因为女性与男性所追求的目标并不相同。相较于男性对于金钱、地位等经济目标的追求，女性所重视的是与他人维持良好的人际关系、婚姻生活、和谐的家庭等关系性目标。女性的目标比起男性通常较容易达成，社会对女性的期望较低，她们所感受的压力亦较少，因此犯罪率较男性低。而女性犯罪率增长，乃因妇女解放运动、两性平权思想的兴起，两性的文化目标已

---

〔1〕 See T. C. LaGrange, R. A. Silverman, "Low Self-control and Opportunity: Testing the General Theory of Crime as an Explanation for Gender Differences in Delinquency", *37 Criminology*, 1999 (1), pp. 41~73.

愈来愈接近，所承受的紧张及压力也愈来愈相似，所以犯罪率差距也因此而缩小。[1]

1997 年布罗伊德（Broidy）和阿格纽（Agnew）将一般性紧张理论应用于解释性别与犯罪的关系，他们认为当女性处于紧张状态时容易产生犯罪和偏差行为，如经济的失败、不良的人际关系、家人、朋友和老板对其的不公平待遇、失去亲人、性虐待等，这些紧张状态所带来的压力将会导致女性的各种不良适应，其中低社会经济地位的女性表现得尤为显著。此外，女性在紧张状态时，如其非偏差的反应机制失去功能，又有犯罪的机会，则易产生犯罪行为。布罗伊德和阿格纽接着探讨男女两性在犯罪行为上的差异问题，他们认为男女两性在犯罪率和种类上的差异与下列因素有关：男性和女性不同紧张状态的类型，会导致不同的行为结果；男性与女性在紧张状态下所采取的情绪反应方式不同，因而会产生不同的犯罪率。对于第一个问题，他们的实证研究结果显示，男性中有较多人会因经济问题而陷入紧张状态，因而会产生较多的财产犯罪行为，同时其亦经历较多的人际冲突，促使其从事较多的暴力犯罪。对女性而言，虽然他们也会陷入相似的紧张状态，但因其具有较高的社会控制和较少的犯罪机会，因此较常从事伤害自己的偏差行为（如药物滥用）。对于男女犯罪率差异的解释，布罗伊德和阿格纽研究发现，其与个人的情绪反应有关，男性在面临紧张时较容易有愤怒的情绪反应，所以男性有较高的犯罪率。一般而言，女性面临紧张时，其情绪反应大多为忧郁、焦虑或罪恶感，这些情绪反应降低了女性直接从事犯罪行为的概率，但却使

〔1〕 See E. B. Leonard, *Women, Crime, and Society: A Critique of Theoretical Criminology*, Longman, 1982.

女性转向其他的不良适应，如药物滥用、饮食偏差等。[1]

女性紧张压力的来源与其性别社会化过程中的过度控制有关，若不检视造成女性精神压力与生理变化的社会文化因素，例如性别社会化、男尊女卑与社会化控制等，则无法真正认识女性犯罪的本质。

女性会经历的紧张或压迫类型：

首先，达成正面价值目标的失败。有两个正面目标在文献上常被讨论，即"女性对于亲密关系的形成与维持特别关心"和"女性愈来愈关心财务上的成功或安全"。但是有研究指出，这些目标难以达成有很多原因：一是离婚与受虐的高比例，不只难以满足亲密感的欲望，失败的关系还是许多女性犯罪者紧张状态来源，另外青春期少女还容易遭受特定类型的家庭虐待，特别是性虐待。二是经济上被边缘化，女性的贫穷化、离婚与劳动市场的变化等导致了一个现象，大量的女性由于需要负担家务支出而生活于贫穷之中，而财务问题始终是女性犯罪者紧张状态的主要来源，并且在犯罪里扮演主要角色。三是在家庭、职场、人际关系方面，整体上使女性形成了一种不公正的感觉。女性在社会场域、空间等许多方面都面临比男性更多的障碍，受人际关系的影响比男性大，例如，朋友、家庭成员的过世或者与亲密伴侣离婚或分居。

其次，正面刺激的失败。在紧张反应的影响因素方面，并非所有感受紧张的女性都会变成犯罪者，那么为何只有少部分的女性会变成犯罪者？其主要受以下因素影响：经验的紧张类型差异，例如财务的紧张状态或者被害经验；对紧张状态的反应，拥有较多男性气概的女性，对紧张状态的反应更多的是鄙

---

[1] See L. Broidy, R. Agnew, "Gender and Crime: A General Strain Theory Perspective", 34, *Journal of Research in Crime and Delinquency*, 1997 (2), pp. 275~306.

视、轻蔑的愤怒；对紧张状态的反应条件，例如，社会支持、犯罪机会、涉入犯罪的倾向；紧张状态的程度与类型差异。上述差异可以用来解释低社会经济地位与少数族群女性的高犯罪率以及中产、白人女性为何多半采取自我伤害以及典型的非犯罪手段。

最后，无法逃避负面刺激。相关研究显示，曾经身处的受虐的压力情境与女性犯罪的关系相当密切，观察不同阶段的虐待对于偏差、犯罪等行为的影响，研究者将受虐阶段分为童年期、青春期以及从童年延续至青春期等。结果发现，青春期的持续性虐待相较于只有童年期的虐待对于青春期的行为有较为强烈的、持续性负面影响。还有研究者发现，女性暴力犯罪者较非暴力者在童年时期有较高的被害经验。无论是男性或女性犯罪，童年期与青春期的被害经验是解释暴力犯罪的重要因素，但对女性里则有更强的预测效果。女性暴力犯罪者在她们第一次犯罪前通常有遭受虐待的经验，这可能与受虐创伤、暴露于未受控制的压力源和因应压力的机制失能等有关。[1]

3. 学习理论与女性犯罪

在犯罪原因探讨中，接触有犯罪经验者进而学习犯罪价值观、合理化技术和犯罪方法/样态，一直是解释犯罪原因的重要因素。同侪对于女性犯罪意义为何？对女性而言，亲密伴侣（如配偶、同居人）在女性犯罪行为发展历程中扮演什么角色？是否所有的女性犯罪者均有接触其他犯罪者的经验？萨瑟兰（Sutherland）的差别接触理论和艾克斯（Akers）的社会学习理论，为犯罪学研究中最常被引述者。萨瑟兰认为，犯罪行为是否产生，得看行为人如何联结外在的经验。行为人接触到的不

[1] See E. Cauffman, "Understanding the Female Offender", 18 *The Future of Children*, 2008 (2), pp. 119~142.

同团体，对法律（主要是刑法）可能有不同的领悟，某些团体领悟到的法律意义是正面的，某些团体领悟到的法律意义则是负面的。如果行为人接触的团体所联结的法律观念是负面的，那么其就较易于犯罪。简言之，行为人所接触的亲密团体如何去赋予刑法意义，对行为人有很大的影响，至于影响的程度，则视行为人与这些亲密团体接近的频度、持久性等而定。萨瑟兰以此来解释不同团体或个人间犯罪率的差异，亦可说明何以有些犯罪行为会再持续，而有些则停止不再犯。艾克斯的社会学习理论系融合了史金纳（Skinner）及班都拉（Bandura）的学习理论，并修正了萨瑟兰理论。他认为，个人的学习社会行为是模仿他人的行为，并受其结果所影响（称之为操作化制约，Operant Conditioning）；行为因获得奖赏和避免惩罚而得到强化，但却因受到惩罚和奖赏的丧失而减弱。因此，偏差或犯罪行为是经由学习并且借制约行为予以维持，偏差或犯罪行为的开始及持续乃视该行为受到奖赏或惩罚的程度，以及其可能的替代性行为（alternative behavior）的奖赏及惩罚而定。根据艾克斯的说法，人们乃透过在日常生活中与有意义的他人或团体（如家人、朋友及工作伙伴等）的互动而评估自己的行为（即选择何种行为）。当一个人从其周围环境中认知到某项行为所受到的奖励高于惩罚时，便会选择该项行为。[1]

对女性犯罪者而言，犯罪行为发展过程中的同侪或亲密伴侣的主要影响力是接触关系的维系，抑或是行为与偏差价值的学习？在女性是单独抑或是与其他人共同犯罪方面，相关研究发现，较多的女性单独从事杀人与攻击性伤害，唯从事街头抢劫，经常与其他女性或男性结伙实施。在强盗抢夺的样本访谈

[1] See L. Broidy, R. Agnew, "Gender and Crime: A General Strain Theory Perspective", 34, *Journal of Research in Crime and Delinquency*, 1997 (2), pp. 275~306.

中，女性通常是出于自己决定，而非基于男朋友的关系。[1]一项关于亲密伴侣对女性犯罪影响的研究显示，不同于男性，女性嫁给反社会的伴侣会强化其成人时期的反社会行为。对于女性犯罪者而言，结婚与加重的毒品使用与犯罪有关联，而这类婚姻关系以冲突与不稳定为典型；对此，研究者在女孩的自陈偏差行为上也有相似的发现。相关研究显示，女孩会使用暴力来维持关系，然而通常不会成功，反而会被同侪排挤，成为慢性犯罪者的风险也会升高。[2]相关研究也指出，女性在犯罪时如果有男性同伴，该男性同伴多半是女性犯罪者的亲密伴侣。女性跟亲密伴侣在一起时，会倾向于实施违反男性特质的犯罪；相反，如果跟女性同伴在一起，则多实施轻微犯罪。此外，也有研究者发现，80%的女性犯罪者跟其他犯罪者一起犯罪，扮演的角色或者是领袖或者是追随者。在非传统的犯罪行为里，女性更可能与男性友伴一同犯罪，后者提供了进入偏差网络的机会。若是在传统的犯罪行为里，则女性多半是单独犯罪。[3]

第二节 美国女性受刑人概述

一、女性受刑人的概念

从广义上说，女性受刑人包括了所有因实施犯罪行为而被实施刑罚的女性罪犯。但由于本书主要研究女子监狱，非机构

---

[1] See B. A. Koons–Witt, P. J. Schram, "The Prevalence and Nature of Violent Offending by Females", *31 Journal of Criminal Justice*, 2003 (2), pp. 361~371.

[2] See E. Cauffman, "Understanding the Female Offender", *18 The Future of Children*, 2008 (2), pp. 119~142.

[3] See B. A. Koons–Witt, P. J. Schram, "The Prevalence and Nature of Violent Offending by Females", *31 Journal of Criminal Justice*, 2003 (2), pp. 361~371.

化的处罚措施并非本书的主要关注重点，因此本书所谓的女性受刑人主要是指因实施犯罪而入监的女性犯罪者，其涵盖的范围要小于犯罪学意义上女性犯罪者的范围，也小于广义上的女性受刑人的范围。从性别对比角度而言，其是相对于女性受刑人与男性受刑人之差异而特定之概念，也正是从此意义上凸显女性受刑人特殊需求之重要性，在女性受刑人和男性受刑人之间有着必要区分之观照意义，而并不适用于同一类型的刑罚与矫治理念以及由此而延伸之监狱设置。

美国对女性受刑人问题并不加以遮掩，各种司法统计数据均列出了女性受刑人的相关数据。近几十年来，在受刑人总数不断增加的大趋势下，女性受刑人的数量呈现惊人的增加，增加的速度要远高于男性受刑人。不过，女性受刑人数量的增加并不能直接表明女性犯罪行为增多，其与美国打击犯罪政策的变化有关系。美国向"毒品宣战"（war on drug）的刑事司法策略，使得女性更倾向于受到监禁刑罚，上述快速增加的数字中便有大量的女性毒品犯罪。

需要指出的是，本书所研究的女性受刑人还包括了未成年女性受刑人。未成年女性与成年女性虽然有着身心健康等方面的差异，但在性别需求方面仍然有同一共性。不过，未成年人和成年人的划分，在美国并没有一个统一的标准，在不同的州可能存在不同的年龄标准。美国法律承袭英国普通法传统，认为7岁以上儿童即有刑事责任能力。[1]美国最高法院在1967年的"In re Gault 案"中仍维持此观念，认为"在普通法中，7岁

---

〔1〕　在英国普通法体系中，推定7岁以下的儿童无犯意，称作"年幼抗辩"（infancy defense），是不可反驳的推定（irrebuttable presumption），故无刑责。7岁至14岁的儿童同样推定无犯意，但可反驳。14岁以上的少年即须为自己犯罪行为负全部刑责。参见王玉叶："美国少年犯处置制度的演进：Roper v. Simmons 案废除少年犯死刑之意义"，载《欧美研究》1998年第12期。

以下儿童被认为不能具有犯罪故意。超过这个年龄，即可被逮捕、审判和像成年人一样接受惩罚"。[1]具体而言，少年犯在美国有着年龄上限（upper age）、年龄下限（lower age）和延长年限（extended age）的范围规定。[2]

少年犯的年龄上限在联邦层面是根据《联邦少年犯罪法》确立的，《联邦少年犯罪法》规定少年犯罪就是低于 18 岁之人实施的犯罪行为。[3]但少年犯的年龄上限在美国各州的具体规定并不相同，多数州的规定为 17 岁，也有部分州为 15 岁或 16 岁。美国少年司法中心 2016 年的调查报告显示：在包括了美属萨摩亚、关岛、波多黎各、北马里亚纳群岛、维尔京群岛等五个属地的美国 56 个司法区中，[4]有 47 个州（司法区）少年犯的一般犯罪年龄上限是 17 岁，占大多数的佐治亚、路易斯安纳、密歇根、密苏里、南卡罗来纳、得克萨斯、威斯康星等 7 个州的少年犯一般犯罪年龄上限是 16 岁，纽约和北卡罗来纳 2 个州的少年犯一般犯罪年龄上限是 15 岁（参见表1）。在身份犯方面，除了南卡罗来纳州是 16 岁之外，其他州的少年犯年龄上限均是 17 岁。如果女性受刑人超越年龄上限，则要进入一般女性监狱，而非少年监禁机构。

在少年犯年龄下限方面，美国普通法在 "Allen v. United States 案"[5]中确立了少年犯的年龄下限，认为 7 岁以下的儿童不具有刑事犯罪意识，因而也就不构成犯罪。在各州（司法区）

---

　[1]　387U. S. 1, p16.

　[2]　参见刘洪峰："美国少年犯机构化处遇研究"，中国政法大学 2017 年博士学位论文。

　[3]　18USC，5031～5042.

　[4]　一般情况下，大多数司法报告中只统计美国 50 个州和哥伦比亚特区，不包括海外属地。但这里本书引用的是美国少年司法中心的统计数据。

　[5]　150 U. S. 551（1893）.

方面，有些州是通过少年法确立少年犯的年龄下限，有些州在实践中是通过普通法、法庭规则或刑法典来辅助确定少年犯的年龄下限。截至2016年，只有18个州（司法区）在少年法中具体规定了少年犯一般犯罪的年龄下限，分别为10岁、8岁、7岁、6岁不等（参见表1），其中北卡罗来纳州规定少年犯的一般犯罪年龄为6岁，比联邦判例法确定的7岁下限还要低，也是美国少年司法中少年犯一般犯罪年龄下限最低的州。在身份犯方面，大部分州均没有规定身份犯的年龄下限，只有5个州规定了年龄下限，分别为8岁、7岁、6岁，最低的为马萨诸塞州和北卡罗来纳州规定的6岁。

此外，美国还有一个延长年限的规定。所谓延长年限，是指在少年犯实施犯罪行为时不超过少年犯年龄上限的，为了更好地对少年进行矫治，少年法院可以援引延长年限对其适用少年司法程序，这一年龄阶段的女性受刑人可能因此进入少年监禁机构，而非成人女子监狱。[1] 截至2015年，7个州允许延长年限到18岁或19岁，40个州允许延长年限到21岁至24岁，还有3个州没有年龄限制（参见表1），即可以使整个判决确定的刑罚都在少年监禁机构执行。

---

〔1〕 例如，某州少年犯的年龄上限是17岁，延长年限是20岁，则某人14岁实施犯罪行为，如果在20岁之前起诉都可以适用少年司法程序。对于不同犯罪类型的少年司法处遇程序而言，延长年限的规定可能不同，在一些州中延长年限还需要少年的同意或者需要经过听证。参见刘洪峰："美国少年犯机构化处遇研究"，中国政法大学2017年博士学位论文。

表1　2016年美国各州（司法区）少年犯法定年龄范围统计[1]

州	一般犯罪上限	一般犯罪下限	身份犯上限	身份犯下限	延长年限
阿拉巴马	17	NS	17	NS	20
阿拉斯加	17	NS	17	NS	19
亚利桑那	17	8	17	8	20
阿肯色	17	10	17	NS	20
加利福尼亚	17	NS	17	NS	24
卡罗拉多	17	10	17	NS	FT
康涅狄格	17	7	17	7	19
特拉华	17	NS	17	NS	20
哥伦比亚特区	17	NS	17	NS	20
佛罗里达	17	NS	17	NS	20
佐治亚	16	NS	17	NS	20
夏威夷	17	NS	17	NS	FT
爱达华	17	NS	17	NS	20
伊利诺伊	17	NS	17	NS	20
印第安纳	17	NS	17	NS	20
爱荷华	17	NS	17	NS	20
堪萨斯	17	10	17	NS	22
肯塔基	17	NS	17	NS	20
路易斯安纳	16	10	17	NS	20

[1]　此表初始数据来源于刘洪峰博士的研究（参见刘洪峰"美国少年犯机构化处遇研究"，中国政法大学2017年博士学位论文），本书根据2017年、2018年美国各州最新立法数据进行了更新。

续表

州	一般犯罪上限	一般犯罪下限	身份犯上限	身份犯下限	延长年限
缅因	17	NS	17	NS	20
马里兰	17	7	17	NS	20
马萨诸塞	17	7	17	6	20
密歇根	16	NS	17	NS	20
明尼苏达	17	10	17	NS	20
密西西比	17	10	17	7	19
密苏里	16	NS	17	NS	20
蒙大拿	17	NS	17	NS	24
内不拉斯加	17	NS	17	NS	20
内华达	17	NS	17	NS	20 FT（性犯罪）
新汉普郡	17	NS	17	NS	20
新泽西	17	NS	17	NS	FT
新墨西哥	17	NS	17	NS	20
纽约	15	7	17	NS	20
北卡罗来纳	15	6	17	6	20
北达科他	17	7	17	NS	19
俄亥俄	17	NS	17	NS	20
俄克拉荷马	17	NS	17	NS	18
俄勒冈	17	NS	17	NS	24
宾夕法尼亚	17	10	17	NS	20
罗得岛	17	NS	17	NS	20

续表

州	一般犯罪上限	一般犯罪下限	身份犯罪上限	身份犯罪下限	延长年限
南卡罗来纳	16	NS	16	NS	20
南达科他	17	10	17	NS	20
田纳西	17	NS	17	NS	20
得克萨斯	16	10	17	NS	18
犹他	17	NS	17	NS	20
佛蒙特	17	10	17	NS	21
弗吉尼亚	17	NS	17	NS	20
华盛顿	17	NS	17	NS	20
西弗吉尼亚	17	NS	17	NS	20
威斯康星	16	10	17	NS	24
怀俄明	17	NS	17	NS	20

说明：NS 指没有年龄限制。FT 指适用于少年司法处遇项目整个期间。数据来源于 Angel Zang, "U. S. Age Boundaries of Delinquency 2015", *The National Center for Juvenile Justice*, 2016；刘洪峰："美国少年犯机构化处遇研究"，中国政法大学 2017 年博士学位论文。

二、女性受刑人的特征

(一) 女性受刑人安全风险更低但数量增长更快

与男性受刑人相比，女性受刑人表现出来的安全风险系数更低。这可以通过四个方面表现出来：一是女性受刑人所犯罪行一般都是非暴力犯罪，大多是毒品或与财产相关的犯罪；二是比男性受刑人拥有更少的犯罪历史；三是监狱里女性受刑人所实施的暴力或反抗事件非常少；四是复归社会的女性受刑人比男性受刑人的再犯率低很多。但是，女性受刑人的数量比男性受刑人的数量增长得更快。以州和联邦监狱系统中的女性受刑人数量变化为例：1985 年至 2012 年的 20 多年间，女性受刑人数的增长速度远快于男性受刑人数的增长速度，女性受刑人数增长了 404%，而男性受刑人数只增长了 209%。从各个州的数据看，女性受刑人的增长速度也都比男性受刑人的增长速度快。从被判处 1 年以上刑罚的女性受刑人数据统计来看：1997 年至 2004 年的 8 年之间，女性受刑人数增长了 75%，是男性受刑人数增长速度的 2 倍。不过，在总体女性受刑人膨胀化增长的同时，从事暴力犯罪的女性人数却比 1979 年少，这也从实证角度验证了女性受刑人的暴力风险较低。[1]可以说，在美国当代大规模监禁的发展中，女性受刑人有着重要"贡献"。

（二）女性受刑人群体有明显的种族特征

不仅进入刑事司法系统的有色人种比例整体偏高，而且美国女性受刑人群中有色人种的比例也偏高。在州和联邦的女子监狱中，黑人女性占比超过了 30%，而西班牙裔女性占比大约为 17%。[2]与白人未成年人相比，黑人或西班牙裔未成年人更可能有母亲或抚养人在监狱服刑，这对黑人或西班牙裔家庭或者社区造成了较大打击。根据美国司法部的统计：2014 年，每 100 000 名非裔女性中有 109 人受到监禁，而每 100 000 名白人女性中只有 53 名受到监禁，非裔女性的监禁率是白人女性的 2 倍还

〔1〕 See Alyssa Benedict, "Gender Responsive Approaches with Women: Improve Outcomes-Reduce Recidivism Transform Corrections", *Illinois State Commission on Criminal Justice & Sentencing Reform*, 2016.

〔2〕 See Alyssa Benedict, "Gender Responsive Approaches with Women: Improve Outcomes-Reduce Recidivism Transform Corrections", *Illinois State Commission on Criminal Justice & Sentencing Reform*, 2016.

多；西班牙裔女性 100 000 名中有 64 名受到监禁，其监禁率是白人女性的 1.2 倍。[1]尽管种族差异较大，但这种情况正在逐步得到改观，因为黑人女性的监禁率正在下降，自 2000 年至 2014 年，非裔女性监禁率已经下降了 47%，而白人女性的监禁率则增加了 56%，使得二者之间的差异被进一步缩小。与女性相比，黑人男性和白人男性的监禁率变化得更小，白人男性监禁率的变化甚至只有 4%。但值得注意的是，西班牙裔女性的监禁率在上升，西班牙裔男性的监禁率则有所下降。[2]

表2 2000 年 vs. 2014 年美国监禁率性别比较（每 10 万人）

		2000 年	2014 年	变化率（%）
白人	女性	34	53	56%升高
	男性	449	465	4%升高
黑人	女性	205	109	47%下降
	男性	3457	2724	21%下降
西班牙裔	女性	60	64	7%升高
	男性	1220	1091	11%下降

数据来源：The Sentencing Project, *Incarcerated Women and Girls*, The Sentencing Project, 2016.

（三）女性受刑人的特殊犯罪原因表明其存在特殊干预需求

与男性受刑人相比，大部分女性受刑人都来自于相对比较贫穷的社区和缺乏明显社会支持的社区。根据国家女性法律中

---

〔1〕 See The Sentencing Project, "Incarcerated Women and Girls", *The Sentencing Project*, 2016.

〔2〕 See The Sentencing Project, "Incarcerated Women and Girls", *The Sentencing Project*, 2016.

心于 2010 年所做的调查：17 200 000 名女性处于贫困状态。[1]
其次，大量的女性受刑人存在着严重的肉体健康疾病、精神健康疾病以及毒品滥用问题。肉体健康问题主要是生育问题、伤害问题等，例如，女性受刑人普遍存在创伤后应激综合征，导致女性受刑人在服刑前或服刑中经常自我伤害，而服刑前的治疗缺乏更是导致了这种健康状况的恶化。女性受刑人精神健康疾病主要是创伤后应激综合征、抑郁症、焦虑症、饮食紊乱症等，而精神健康疾病的存在会导致女性受刑人在服刑中更加容易触犯监狱规定或违法。存在毒品滥用情况的女性受刑人比男性受刑人有着更高的童年受虐（肉体伤害或性侵）经历比例，并且经常是精神疾病与毒品滥用问题双重交叉。此外，在入狱前，女性受刑人比男性受刑人更可能是其未成年子女的唯一依靠或主要抚养人，90% 的与女性受刑人一起生活的未成年人均因父亲受到监禁而与其母亲生活在一起，如果母亲入狱则可能导致其抚养成为严重问题，受到监禁的父母将无法较好地履行亲职。[2]这些与男性受刑人不同的特征，都表明其需要得到不同的矫治干预措施与处置方式。

（四）大量女性受刑人曾有被性虐待或受虐经历且在狱中更易继续受害

相当多数量的女性受刑人有严重的肉体受虐或性虐待经历，并且往往从童年期便已经开始，而正是这些肉体虐待或者性虐经历，导致其肉体伤害或精神疾病更加严重。根据研究者的总

---

[1]　See Alyssa Benedict, "Gender Responsive Approaches with Women: Improve Outcomes-Reduce Recidivism Transform Corrections", *Illinois State Commission on Criminal Justice & Sentencing Reform*, 2016.

[2]　See Alyssa Benedict, "Gender Responsive Approaches with Women: Improve Outcomes-Reduce Recidivism Transform Corrections", *Illinois State Commission on Criminal Justice & Sentencing Reform*, 2016.

结，女性受刑人的这些受虐或性虐待经历主要有 15 类：毒品滥用行为（Substance abuse）、自我伤害或自杀行为（Self-injurious and suicidal behaviors）、社会与人际交往功能伤害行为（Compromised social and interpersonal functioning）、不信任行为（Mistrust of others）、敌对或自闭行为（Aggression or withdrawal/isolation）、压力处理困境（Difficulty coping with stress）、智力受损（Compromised intellectual performance）、高危性行为[1]/不端性行为（High risk sexual behavior, sexual misconduct）、越轨行为（Defiance, "noncompliance"）、打架/吵架（Fighting, arguing）、间接敌对行为（Indirect aggression）、操控行为（Manipulation）、对同事或同辈的过于恭顺/服从行为（Over compliance, subservience to staff and/or peers）、情绪不稳定（Mood instability）、故意寻求关注的行为（High levels of attention seeking）。[2]尽管大量的数据能够证明虐待与女性参与实施犯罪活动、实施犯罪行为之间有着极为密切的关系，但是至少在女子监狱中，相关机构并没有特别重视这些之前受到过肉体虐待或者性虐待的女性并给予其积极的治疗和矫正。因此，这些女性在出狱之后可能因为之前的受虐心理创伤没有得到矫治而重新走上犯罪道路。

（五）女性受刑人参与犯罪行为与其社会联系有关

女性受刑人参与犯罪行为往往与其和他人之间的社会联系有关，包括家庭与亲戚之间的关系，无论是联系还是断绝联系，都可以造成女性受刑人参与犯罪行为。亲属之间的这种社会联系对女性受刑人而言非常重要，尽管这种联系可能是痛苦或者

---

〔1〕 主要指不采取任何保护措施的性行为。

〔2〕 See Alyssa Benedict, "Gender Responsive Approaches with Women: Improve Outcomes-Reduce Recidivism Transform Corrections", *Illinois State Commission on Criminal Justice & Sentencing Reform*, 2016.

侵害的来源，例如，与具有虐待或犯罪行为的同居对象之间的
关系，与子女、家庭或其他重要亲属之间的关系。亲属对女性
受刑人的虐待、侵害或者女性受刑人自己的毒品滥用经历往往
会影响女性受刑人形成或保持健康的能力，也会影响其对亲属
的信任关系。因此，如果要真的从根源促进对女性受刑人矫治
的成功，便需要对其家庭或者亲属关系进行矫治，甚至在其于
监狱中服刑时，也应当考虑到对其亲属关系的矫治。

三、女性受刑人的数量

（一）从全美层面看女性受刑人的数量变化：在 1978 年后 增长快速

从美国全国受刑人的总体数据来看，自 2009 年的大规模监
禁势头得到抑制之后，美国受刑人的总体监禁人口数量下降。
但在总性别上，监禁人口中下降的主要是男性受刑人，而女性
受刑人在 1978 年之后一直增长迅速，这在州立监狱和地方监狱
层面表现特别明显。[1]通过美国司法部统计局和美国调查局收
集到的美联邦、州和地方监狱中女性受刑人的数据，我们可以
看到自 1922 年以来美国监狱中女性受刑人的数据变化。

表 3　1922 年至 2015 年美国监狱女性受刑人监禁人数与监禁率统计

年份	女子监狱监禁人数			女子监狱监禁率		
	州立监狱	联邦监狱	地方监狱	州监禁率	联邦监禁率	地方监禁率
1922	3210	0	1982	5.9	0	3.6

---

〔1〕　See Wendy Sawyer, *The Gender Divide*: *Tracking Women's State Prison Growth*, Prison Policy Initiative, 2018.

续表

年份	女子监狱监禁人数			女子监狱监禁率		
	州立监狱	联邦监狱	地方监狱	州监禁率	联邦监禁率	地方监禁率
1925	3384	0	n/a	5.9	0.0	n/a
1926	3715	0	n/a	6.4	0.0	n/a
1927	4261	102	n/a	7.2	0.2	n/a
1928	4337	217	n/a	7.3	0.4	n/a
1929	4136	484	n/a	6.8	0.8	n/a
1930	4207	461	n/a	6.9	0.8	n/a
1931	3963	481	n/a	6.4	0.8	n/a
1932	3883	427	n/a	6.3	0.7	n/a
1933	3941	359	2571	6.3	0.6	4.1
1934	4281	356	n/a	6.8	0.6	n/a
1935	4340	498	n/a	6.8	0.8	n/a
1936	4445	513	n/a	7.0	0.8	n/a
1937	n/a	515	n/a	n/a	0.8	n/a
1938	4857	578	n/a	7.5	0.9	n/a
1939	n/a	558	n/a	n/a	0.9	n/a
1940	n/a	n/a	8932	n/a	n/a	13.5
1941	n/a	n/a	n/a	n/a	n/a	n/a
1942	n/a	n/a	n/a	n/a	n/a	n/a
1943	n/a	n/a	n/a	n/a	n/a	n/a
1944	5645	637	n/a	8.1	0.9	n/a
1945	5700	526	n/a	8.1	0.7	n/a

年份	女子监狱监禁人数			女子监狱监禁率		
	州立监狱	联邦监狱	地方监狱	州监禁率	联邦监禁率	地方监禁率
1946	5757	472	n/a	8.1	0.7	n/a
1947	6089	498	n/a	8.4	0.7	n/a
1948	6031	442	n/a	8.1	0.6	n/a
1949	5858	458	n/a	7.7	0.6	n/a
1950	5346	462	6,054	6.9	0.6	7.9
1951	5572	498	n/a	7.1	0.6	n/a
1952	5682	557	n/a	7.1	0.7	n/a
1953	6050	620	n/a	7.4	0.8	n/a
1954	6296	680	n/a	7.6	0.8	n/a
1955	6404	721	n/a	7.6	0.9	n/a
1956	6616	759	n/a	7.7	0.9	n/a
1957	6559	742	n/a	7.5	0.8	n/a
1958	6660	775	n/a	7.5	0.9	n/a
1959	6742	882	n/a	7.4	1.0	n/a
1960	6818	875	8376	7.4	0.9	9.1
1961	6988	890	n/a	7.5	0.9	n/a
1962	7071	931	n/a	7.4	1.0	n/a
1963	6832	913	n/a	7.1	0.9	n/a
1964	6898	827	n/a	7.0	0.8	n/a
1965	6925	779	n/a	7.0	0.8	n/a
1966	6304	647	n/a	6.3	0.6	n/a

续表

年份	女子监狱监禁人数			女子监狱监禁率		
	州立监狱	联邦监狱	地方监狱	州监禁率	联邦监禁率	地方监禁率
1967	5598	637	n/a	5.5	0.6	n/a
1968	5137	675	n/a	5.0	0.7	n/a
1969	5885	709	n/a	5.7	0.7	n/a
1970	4918	717	8043	4.7	0.7	7.6
1971	5561	768	n/a	5.2	0.7	n/a
1972	5475	794	n/a	5.1	0.7	n/a
1973	5752	932	n/a	5.3	0.9	n/a
1974	6395	994	n/a	5.8	0.9	n/a
1975	7570	1105	n/a	6.8	1.0	n/a
1976	8580	1459	n/a	7.6	1.3	n/a
1977	9518	1694	n/a	8.4	1.5	n/a
1978	9998	1585	9504	8.7	1.4	8.3
1979	10 679	1326	n/a	9.2	1.1	n/a
1980	11 158	1173	13 119	9.5	1.0	11.2
1981	13 025	1273	n/a	11.0	1.1	n/a
1982	15 080	1361	13 852	12.6	1.1	11.6
1983	15 951	1525	15 652	13.2	1.3	13.0
1984	17 561	1644	16 743	14.4	1.4	13.8
1985	19 229	2116	19 077	15.7	1.7	15.6
1986	22 086	2458	21 501	17.8	2.0	17.4
1987	24 189	2633	23 920	19.4	2.1	19.2

续表

年份	女子监狱监禁人数			女子监狱监禁率		
	州立监狱	联邦监狱	地方监狱	州监禁率	联邦监禁率	地方监禁率
1988	27 324	2821	30 299	21.7	2.2	24.2
1989	33 899	3365	37 253	26.6	2.6	29.4
1990	36 706	3858	37 198	28.5	3.0	29.1
1991	39 425	4377	39 501	30.2	3.4	30.5
1992	41 326	5175	40 674	31.3	3.9	31.0
1993	48 485	5552	44 100	36.2	4.2	33.2
1994	54 259	5866	48 500	40.1	4.3	36.1
1995	58 149	5814	51 300	42.5	4.2	37.7
1996	63 492	6107	55 700	45.9	4.4	40.5
1997	67 251	6539	59 296	48.0	4.7	42.6
1998	71 905	7326	63 791	50.8	5.2	45.3
1999	74 313	8056	67 487	52.0	5.6	47.4
2000	76 647	8397	71 000	53.1	5.8	49.4
2001	76 194	8990	72 621	52.3	6.2	50.1
2002	79 758	9308	76 817	54.2	6.3	52.5
2003	82 801	9770	81 650	55.8	6.6	55.3
2004	85 791	10 207	86 999	57.3	6.8	58.4
2005	88 193	10 495	94 600	58.4	6.9	62.9
2006	92 221	11 116	99 000	60.5	7.3	65.2
2007	94 235	11 528	100 520	61.2	7.5	65.6
2008	94 780	11 578	99 670	61.0	7.5	64.5

续表

年份	女子监狱监禁人数			女子监狱监禁率		
	州立监狱	联邦监狱	地方监狱	州监禁率	联邦监禁率	地方监禁率
2009	93 555	11 780	93 706	59.7	7.5	60.1
2010	93 054	11 849	92 400	58.9	7.5	58.8
2011	91 557	12 149	93 300	57.6	7.6	58.9
2012	89 038	12 316	98 600	55.6	7.7	61.8
2013	91 581	12 720	102 400	56.8	7.9	63.8
2014	93 536	12 560	109 100	57.6	7.7	67.4
2015	93 360	11 608	99 100	57.1	7.1	60.8

说明：表中的 n/a 表示数据缺失。数据来源：Bureau of Justice Statistics 和 Bureau of the Census 历年的统计数据。

为便于观察女性受刑人在监狱中的数量变化，本书将 1922 年至 2015 年美国女性受刑人数量图表化。从中我们可以明显看到，自 20 世纪 80 年代以来，美国女子受刑人数量总体呈增长趋势，其中州立监狱和地方监狱的数量增长速度远高于联邦监狱，大量的女性受刑人被安置在州立监狱和地方监狱。以 2015 年为例，州立监狱女性受刑人的数量接近联邦监狱的 9 倍，而地方监狱女受刑人的数量接近联邦监狱女受刑人数量的 10 倍。

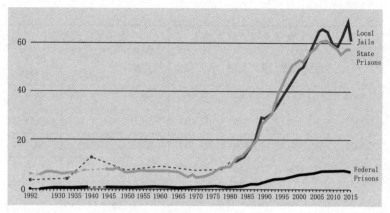

图1 1922年至2015年美国监狱女性受刑人监禁人数变化曲线

说明：本图数据来源于Bureau of Justice Statistics和Bureau of the Census历年的统计数据，其中虚线部分为数据缺失部分。local jai地方监狱女性受刑人人口，state prison为州立监狱女性受刑人人口，federal prison为联邦监狱女性受刑人人口。

（二）从各州的层面看女性受刑人的数量变化：女性受刑人的增长数量高于男性

从上文可以看出，州立监狱和地方监狱才是美国监狱中女性受刑人数量变化的主要推手，为便于更详细地分析美国监狱中女性受刑人数量的变化，本书将根据各州女性受刑人数据单独进行性别比较。在1978年至2015年的近四十年间，美国州立监狱人口一直在增长，但性别差异凸显。尽管女性受刑人占比较低，但是其增长速度比男性受刑人要快，1978年以来，州立监狱中女性受刑人的数量增长率是男性受刑人增长率的2倍还多，女性受刑人的数量总体增加了834%。[1]

---

〔1〕 See Wendy Sawyer, "The Gender Divide: Tracking Women's State Prison Growth", *Prison Policy Initiative*, 2018.

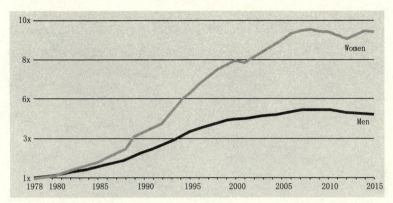

图2　1978年至2015年美国州立监狱受刑人人口变化率性别比较曲线

说明：本图数据来源于 Bureau of Justice Statistics 和 Bureau of the Census 历年统计数据。Women 为州立监狱女性受刑人人口，men 为州立监狱男性受刑人人口。

　　尽管全国各州女性受刑人总体增长率高于男性，并且增长比例很高，但是美国各州之间女性受刑人的人口数量变化并不完全一致。从1978年以来的数据来看，有些州立监狱中女性受刑人数增长较慢，例如缅因州；有些州则一致处于显著增长阶段，例如俄克拉荷马州、亚利桑那州；还有一些州在在近年来增长之后又有所降低，例如加利福尼亚州、新泽西州、纽约州，这与这些州近年来存在狱政改革措施有关。由于各州之间的较大差异，因此，对于不同的州而言，其改革措施也应给予差异对应。[1]

―――――――――

〔1〕　See Wendy Sawyer, "The Gender Divide: Tracking Women's State Prison Growth", *Prison Policy Initiative*, 2018.

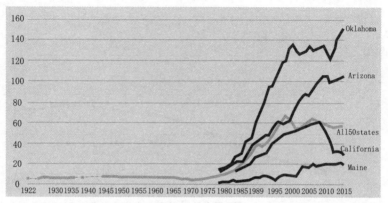

图3 1978年至2015年美国州立监狱女性受刑人人口变化率比较曲线

说明：本图数据来源于 Bureau of Justice Statistics 和 Bureau of the Census 历年统计数据，其中虚线部分为数据缺失部分。

第三节 美国女子监狱的概念范畴

一、美国女子监狱的概念

在历史上，女子监狱独立是为了让女收容人免于受到男收容人的恶性感染。因此，女子监狱被要求做一些洗衣、煮菜、清洁工作，就是要像个"淑女"。在20世纪末期，在刑期上、判决准则上、司法实行上女性受刑人的待遇越来越像男性。最近的监狱计划已经注意到一个事实：女性出监后需要靠自己支撑自己和小孩。因此，男子监狱和女子监狱之间的许多差异消失了，近来兴建的女子监狱，里面的设备与男子监狱设备没有差别。[1]

---

〔1〕 See J. M. Pollock, J. L. Mullings, B. M. Crouch, "Violent Women: Findings from the Texas Women Inmates Study", *21 Jounal of Interpersonal Violence*, 2006（3）, pp. 485～502.

但是女性犯罪者是不是真的就和男性犯罪者一样呢？人口特性研究指出，答案是否定的。女性犯罪较少，青少年违规记录较少且他们较可能是第一次进监狱，她们在同伙犯罪里的角色是较低的，通常较贫穷又需要照顾小孩子，常常出身于失去功能的家庭，在一堆议题中奋力挣扎，还常存在吸毒情况。因此，女子监狱的建立是为了使女性受刑人的处遇有别于男性受刑人这个特定目的。因此，女性并不能从盲目的平等中得到帮助，她们不是男性，她们并没有和男性活在同样的社会现实中，而且她们有不同的目标、需要和渴望。解决办法之一是去倾听女性内在的声音。在大部分情况下，当询及她们的需要时，她们的回应大多是渴望得到更多处遇计划与亲职课程，并且可以习得一技之长以谋生。许多人认为她们自己生命中的各种因素导致她们犯罪，许多人想要避免未来再活在犯罪形态下，但是她们需要帮助。[1]

二、美国女子监狱的特征

（一）女子监狱制度应当基于女性矫治需求而构建

由于女性受刑人与男性受刑人之间在性别上存在着差异，因此矫治需求也存在着差异，女子监狱应当基于女性矫治需求而构建，而不是仅仅将男性监狱的名字换成女子监狱，也不仅仅是将男女受刑人隔离开来，更不是将原来基于男性受刑人而设计的制度体系简单地套用于女子监狱。这样的操作或者可以在短时间内快速建立起看似完整的女子监狱体系，但实际上可能有名无实。当前的美国女子监狱也存在着对女性矫治需求关

---

〔1〕　See J. M. Pollock, J. L. Mullings, B. M. Crouch, "Violent Women: Findings from the Texas Women Inmates Study", *21 Jounal of Interpersonal Violence*, 2006 (3), pp. 485~502.

注不够的态势，适用于女性受刑人的各种项目或服务——无论是在监狱内或者在复归社会过程中——经常无法满足女性需求，例如，女性受刑人对于职业或教育训练、健康保障、安全住宿、家庭关系重建等方面的需求与男性有着很大差异。此外，在女子监狱内部的精神与肉体健康保障上，因为存在着渠道供给不足的问题，因此对女子监狱而言，应当改善和调整监狱体系，使其能够回应女性受刑人的风险与需求，以便促使矫治成功。

（二）女子监狱应当有可靠的分类制度

女子监狱与男子监狱不同，女性受刑人在监狱中的违反行为类型、监狱适应性与再犯情况等与男性受刑人也不相同，而将传统的监狱分类制度应用于女子监狱并不可靠。传统的监狱分类制度与工具是基于男性受刑人而设置的，并没有被证实适用于女性受刑人，但是它们却往往被用于指导女性受刑人的关键性安排。与当前依赖于犯罪行为严重性和犯罪历史要素的传统分类相比，女性受刑人在监狱内的行为违反类型、监狱适应性和再犯率与特殊干预需求的关系更为紧密，但是目前比较缺乏针对这些需求的服务与支持。正如 2016 年伊利诺伊州刑事司法与量刑改革委员会在一份名为《针对女性的性别回应进路：提升结果与降低再犯的矫正改革》（Gender Responsive Approaches with Women：Improve Outcomes-Reduce Recidivism Transform Corrections）的报告中所指出的："回应女性特殊风险因素与犯罪进入路径的工具能够为女性受刑人提供更可靠的风险认定以及更为良好的矫治结果预测。"[1]

---

[1] See Alyssa Benedict, "Gender Responsive Approaches with Women：Improve Outcomes-Reduce Recidivism Transform Corrections", *Illinois State Commission on Criminal Justice & Sentencing Reform*, 2016.

（三）基于性别回应的风险评估而强化个案管理

美国针对受刑人开发了完整的风险评估工具，但是这种风险评估工具一般主要是针对男性而非女性设置的。例如，COM-PAS、LSI 等著名的罪犯动态风险评估工具并没有收入女性关键因素，因此也就并不适合对女性受刑人开展动态风险评估。基于性别的风险评估应当包含与性别没有关系的括性别中立因素（gender neutral factors）和与女性具有特殊关联性的性别回应因素（gender responsive factors），性别信息评估非常关注女性的优势与强项，而这些优势与强项能够对女性起到保护作用，并能够抑制矫治过程中产生的负面效果。采取基于性别的风险评估工具能够帮助使用者识别女性受刑人最为显著的需求，从而将这些信息传递给个案管理和服务提供部门，使得针对女性受刑人的个人管理得到强化，矫治效果也会因此得到提升。美国当前比较著名的女性受刑人风险评估工具主要有辛辛那提大学开发的 WRNA，Orbis Partners 开发的 Service Planning Instrument for Women（SPIN-W），Northpointe 县开发的 COMPAS for Women。

（四）受刑母亲和未成年人子女的需求挑战较大

与男性受刑人不同，女性受刑人中有很多都是母亲，而母亲与子女的关系不同于男性与子女的关系，虽然男性受刑人作为父亲与子女之间也存在亲情维持的问题，但是女性受刑人与子女之间的生养抚育问题是男性受刑人无法比拟的。因此，女子监狱还要特殊关注受刑母亲与未成年子女的问题，很多女子监狱还允许携子入监，从而产生了未成年子女跟随母亲在监狱中一同受刑的问题。这些问题都是女子监狱独有的问题，男性监狱或者未成年监狱都不存在这些问题。这需要女子监狱对女性受刑人与社会、家庭之间的联系问题进行特殊关注，设置特殊措施以有效地帮助女性受刑人接受矫治和回归社会，这些相关措施必须基于导致女性受刑人毒品成瘾或卷入犯罪的贫穷、受虐、受害、选择等因素。也有些机构专门与女子监狱合作解决女性受刑人这方面的问题,例如,美国女性受刑人协会的 Matrix 复归项目就是帮助面临监禁的女性合理处理自己与家庭的关系,以及在其社区中实现自我满足和成功的生活。[1]

第四节 美国女子监狱的分布

一、联邦女子监狱的分布

自 1927 年美国第一座联邦女子监狱于西弗吉尼亚州奥尔德森(Alderson)成立之后,美国陆续建立了多个联邦女子监狱。根据美国联邦监狱局的统计,美国目前共有 28 座联邦女子监狱,分别为奥尔德森(Alderson)女子监狱、艾利斯维尔(Aliceville)女子监狱、布鲁克林(Brooklyn)女子监狱、布莱恩(Bryan)女子监狱、卡斯韦尔(Carswell)女子监狱、芝加哥(Chicago)女子监狱、科尔曼中级(Coleman Medium)女子监狱、丹伯里(Danbury)女子监狱、达布林(Dublin)女子监狱、格林维尔(Greenville)女子监狱、瓜伊纳博(Guaynabo)女子监狱、哈泽尔顿(Hazelton)女子监狱、檀香山(Honolulu)女子监狱、休斯敦(Houston)女子监狱、莱克星顿(Lexington)女子监狱、洛杉矶(Los Angeles)女子监狱、玛丽安娜(Marianna)女子监狱、迈阿密(Miami)女子监狱、纽约(New York)女子监狱、俄克拉荷马城(Oklahoma City)女子监狱、费城(Phila-

---

〔1〕 See Alyssa Benedict, "Gender Responsive Approaches with Women: Improve Outcomes - Reduce Recidivism Transform Corrections", *Illinois State Commission on Criminal Justice & Sentencing Reform*, 2016.

delphia）女子监狱、菲尼克斯（Phoenix）女子监狱、圣地亚哥
（San Diego）女子监狱、西塔克（SeaTac）女子监狱、塔拉哈西
（Tallahassee）女子监狱、土桑（Tucson）女子监狱、维克多维
尔第二中级（Victorville Medium Ⅱ）女子监狱、瓦塞卡
（Waseca）女子监狱。[1]联邦女子监狱分布于美国各州以及海
外属地，但并非均匀分布，主要集中在东部地区和西部沿海，
中北部地区没有联邦女子监狱。

图4　美国联邦女子监狱地理位置分布图

数据来源于 google 地图的地理位置标注。

二、州与地方女子监狱的分布

美国除了联邦女子监狱之外，更多的是州女子监狱和地方
女子监狱，大量的女性受刑人被安置于州和地方监狱，而不是
联邦监狱。一项 2000 年的研究显示：美国的女性受刑人目前被
收容于 141 间女子监狱、162 所男女混合监禁的监狱及约 3500

---

〔1〕　美国联邦女子监狱的数据来源于美国联邦监狱网站：https://www.bop.gov/
inmates/custody_ and_ care/female_ offenders. jsp#female_ facilities，2017 年 12 月 4 日
访问。

所的地方监狱。[1]但目前美国各州和地方具体有多少女子监狱，却并无相关准确统计数据，也无从知晓美国州与地方女子监狱的分布。不过我们可以从得克萨斯州州立女子监狱的数量窥见美国州与地方女子监狱之一斑。除去地方女子监狱之外，得克萨斯州境内共有 12 所女子监狱，其中 3 所联邦女子监狱，即坐落于布莱恩（Bryan）的联邦监狱营（Federal Prison Camp）、坐落于卡斯韦尔（Carswell）的联邦医疗中心（Federal Medical Center）、坐落于哥韦尔（Seagoville）的联邦矫正所（Federal Correctional Institution）。除此之外，得克萨斯州还有 9 所州立女子监狱，分别为 Christina Melton Crain Unit、Eastham Unit、Hilltop Unit、Huntsville Unit、Linda Woodman State Jail、Mountain View Unit、Dr. Lane Murray Unit、Thomas Goree Unit、William P. Hobby Unit。从区位上看，这些女子监狱在德克萨斯州境内的分布也并不均匀，例如 Christina Melton Crain Unit、Hilltop Unit、Dr. Lane Murray Unit、Linda Woodman Unit 这 4 所女子监狱在同一位置，而其他几所则较为分散。

表4 得克萨斯州境内联邦与州立女子监狱分布

名称	层级	接受对象
Federal Prison Camp	联邦	联邦女性受刑人
Federal Medical Center	联邦	联邦女性受刑人 （有医疗需求者）
Federal Correctional Institution	联邦	联邦女性受刑人
Christina Melton Crain Unit	州	州女性受刑人

---

〔1〕 See T. R. Clear, G. F. Cole, *American Corrections*, Wadsworth Publishing Company, 2000.

续表

名称	层级	接受对象
William P. Hobby Unit	州	州女性受刑人
Eastham Unit	州	州女性受刑人
Hilltop Unit	州	州女性受刑人
Huntsville Unit	州	州女性受刑人
Mountain View Unit	州	州女性受刑人
Dr. Lane Murray Unit	州	州女性受刑人
Thomas Goree Unit	州	州女性受刑人
Linda Woodman State Jail	州	被从地方监狱系统转移至州立监狱系统的女性受刑人

第五节　美国女子监狱的分类

一、女子监狱的安全等级划分

美国女子监狱的安全等级与男性监狱一样，也划分为不同的安全级别，不同安全级别的管束措施存在差异。联邦监狱用1~6来标识监狱安全等级，6是安全等级最高的监狱，1是安全等级最低的监狱。州立监狱系统采取与联邦监狱系统类似的划分方法，例如，加利福尼亚州监狱系统就采取1级至4级来划分监狱安全等级，数字越大，安全等级越高。而地方监狱一般都是安全等级相对比较高的监狱，多采取用封闭安全级或更高的安全级别。从学术上看，一般可以将美国女子监狱划分为5个安全等级：超级安全等级（Supermax）、高级安全等级（Maximum security）、封闭安全等级（Close security）、中级安全等级（Medium security）、低级安全等级（Minimum security）。

超级安全等级是女子监狱中最高的安全级别，这些监狱一般是用来关押最为危险的受刑人的，包括连续性杀人犯、谋杀犯、在低安全级别监狱中严重违反规定的罪犯以及属于狱内黑帮成员[1]的罪犯。这些监狱的关押条件都比较严苛，囚室只有7平方米（3.5米×2米），甚至没有窗户。不过这些监狱内的受刑人在完成一定项目的矫治且显示有成效之后可以转移到稍微宽松一点的高级安全等级监狱。

高级安全等级的女子监狱属于第二层级的安全级别，被关押的所有受刑人都有独立的囚室，不过通常情况下受刑人每天要在囚室内待够23小时以上，也有部分高级安全级别女子监狱允许受刑人在白天走出囚室。不过尽管会允许有一定的放风时间，但仍然是在一个封闭的监区内活动。在监区外的活动要受到严格限制，一般要由狱警押送或者管制。

封闭安全等级的女子监狱比高级安全等级的女子监狱相对宽松，受刑人一般会有1个至2个狱友，每个囚室会有厕所和洗浴盆。受刑人被允许到囚室之外的地方进行工作或者参与矫治项目，因此会被允许在监狱内的普通空间或者训练场进行活动。这类监狱一般会设置瞭望塔和持枪守卫的两层围墙，在两层围墙区域之间还会设有电网墙。

中级安全等级的女子监狱比封闭安全等级的女子监狱更为宽松，受刑人能够居住在集体居住的牢房内，并配有私人锁柜的上下铺，集体牢房内有公共淋浴、卫生间和洗漱间。集体牢房在晚上上锁，由1名至2名专门的狱警看管。在中级安全等级的女子监狱中，受刑人的狱内活动较少受到限制。监狱围墙一般也是双层，且有固定巡逻。

---

〔1〕 包括已经确认属于和被指控属于狱内犯罪黑帮成员的罪犯。

低度安全等级的女子监狱主要被用来关押对公共安全没有人身伤害风险的罪犯，主要是从事非暴力白领犯罪的犯罪。受刑人所居住的集体牢房受到的限制比中级安全级别女子监狱的更少，但仍有狱警进行固定巡逻。这些监狱一般只有一层由狱警监控的围墙，但没有固定巡逻。一些边远和郊区的低度安全女子监狱，甚至没有围墙。受刑人经常参与当地社区项目，例如和交通部门、野外环境部门共同进行道路垃圾清理等。许多低度安全等级的女子监狱一般位于军事基地、大型监狱或者其他政府部门的旁边，以便于为这些机构提供劳动。许多州还允许低度安全等级监狱内的受刑人上网。

二、美国女子监狱的公私划分

美国女子监狱从运营主体来看可以被分为公立女子监狱和私营女子监狱。公立女子监狱即由政府出资建立，并由政府工作人员运营管理，其运营经费等全部来自于政府财政支出。随着 20 世纪 70 年代末以来的"毒品战争"和"严打犯罪"政策的实施，美国监狱人口大量增长。由此不仅造成政府财政支出不断上涨，监狱也因为过度拥挤而导致矫治效果下降。因此，私营监狱逐渐兴盛，开始从简单的外包服务发展到完全管理和运营整个监狱。其实，美国监狱私营化最早可以被追溯到美国革命之后对于囚犯监禁和照看工作的外包。到了 20 世纪 80 年代，私营化进入了一个快速发展的阶段。1984 年，美国矫正公司得到了运营田纳西州汉密尔顿县一所监狱的合同。这是世界上首次出现一国政府将整个监狱的运营外包给私人管理者的情况。之后，美国矫正公司还提议以 2 亿美元的价码接管整个田纳西州的监狱系统，这引起了公众的广泛关注。基于公共机构雇员的反对和州立法机构持有的怀疑态度，该项交易最终被否决。尽管如此，美国矫正公司以及其他类似的营利性监狱公司在之后仍得以成功扩张。全美的私人公司共运作着 264 座矫正机构，可容纳约 99 000 名成人罪犯。其中就有一些私营女子监狱，虽然总体数量不多，但仍旧存在，例如，佛罗里达州唯一的州立私营女子监狱 Gadsden Correctional Facilitye 就是由 Management Training Corp. 公司运营，设计床位容量为 1544 人。

对于监狱的私有化，各界的争论颇多，支持私有化者强调成本的削减，而反对者则强调保障标准，并质疑市场经济运作的监狱会不会导致对囚犯的市场需求（延长刑期以获得低价劳动力）的增加。对于私人监狱的成本效率进行的 24 项研究得出的评估结果表明，在乐观情况下，无法得出结论，而在悲观情况下，成本效率并无任何区别。[1]专门针对公立女子监狱和私营女子监狱效果的比较不多，例如，学者查尔斯·洛根（Charles Logan）曾经对公立女子监狱和私营女子监狱的效果进行了比较。其认为，衡量监狱矫治效果的维度包括保安措施（security）、安全状况（safety）、秩序状态（order）、管护状态（care）、活动状态（activity）、公正情况（justice）、条件程度（conditions）和管理水平（management）八个方面。因此，其采用八个方面的指标对三个女子监狱进行了比较，即一个私营女子监狱、一个州立女子监狱、一个联邦女子监狱，结果发现州立女子监狱的管护水平更高，而私营女子监狱和联邦女子监狱的公正水平更高。[2]但是，查尔斯·洛根的研究被学者批评缺乏实证，因为其结果赖以存在的访谈和问卷可能存在私营监狱

---

[1] See J. Maahs, T. Pratt, "Are Private Prisons More Cost-Effective Than Public Prisons? A Meta-Analysis of Evaluation Research Studies", *45 Crime & Delinquency*, 1999 (3), pp. 358~371.

[2] See Charles H. Logan, "Well Kept: Comparing Quality of Confinement in Private and Public Prisons", *83 Journal of Criminal Law and Criminology*, 1992 (3), pp. 577~613.

管理人员的偏见。[1]美国私营监狱体系多年来饱受争议。近日，美国司法部终于表态，将不再续签私营监狱合同，并逐渐减少对它们的使用，直至最终全部转变。

---

[1] See Judith Greene, "Comparing Private and Public Prison Services and Programs in Minnesota: Findings from Prisoner Interviews", *2 Current Issues in Criminal Justice*, 2005（2），pp. 77~91.

历史流变：美国女子监狱制度的
演化进路

美国女子监狱的发展历史由数个阶段组成，并在某种程度上与男子监狱平行发展。例如，美国著名监狱学家辛迪·班克斯（Cyndi Banks）在《监狱中的女性》一书中按照时间线将美国女子监狱的发展分为三个阶段：第一阶段，即19世纪70年代以前，监禁作为刑罚（sanction）的一种被引入殖民地，所有女性犯罪者与男性犯罪者都在同一监狱混合关押；第二阶段，即1870年至1930年，部分女子监狱的生活条件在妇女解放运动取得成功后发生了改变，一种新的关于救赎与规训的理念产生；第三阶段，即1931年至今，女子监狱由女性监狱员工负责监督与管理工作。[1]但必须看到的是，这几个阶段的发展并不是无缝衔接的，不仅存在地域差异（例如20世纪70年代之前纽约州也已经出现独立的女子监狱），时间线发展也存在较多反复，在一些地区的女子监狱已有较大改善之时仍有为数众多的女性犯罪者被关押在与男子监狱相似的环境中，其情况并未得到改

---

[1] See Cyndi Banks, *Women in Prison: a Reference Handbook*, ABC-CLIO, Inc., 2003, p. 1.

善。基于此，本书将针对美国女子监狱的发展历史，结合时间线和监禁形式变化进行划分，而不单一按照时间划分发展阶段。

第一节　男女混合监禁：前改革时代女子监狱形态

在美国历史的早期，由于女性受刑人数量较少且缺乏对女性受刑人特殊性的关注，女性受刑人与男性受刑人并未分开监禁。

一、混合监狱中的"堕落女性"

海外和农村向城市的移民潮以及市场经济的发展造就了1815年至1860年间美国社会的重大变革，也改变了许多人的生活。彼时，妇女的就业机会有限，薪酬水平低下，城市增长为本就处于经济边缘地位的妇女带来了更深层的社会和经济问题。南北战争结束后紧缩的就业市场使许多妇女因迫于生计而沦为性工作者和财产犯罪者。因此，当时有多部法律针对女性性行为，如通奸、猥亵以及懒惰和妨害治安行为（idle and disorderly conduct）作出了相关规制。因上述行为被判处罪名的女性不仅要接受刑罚处罚，还会被永久打上"堕落女性"的犯罪化标签，一生都无法洗去。由于其他人拒绝与这样的女性交往或为之提供工作机会，这些在流浪困苦中挣扎的女性只能通过进一步的犯罪行为求生。

美国此时的当政者并不关注女性受刑人在监狱中的生活状况，这或许与"堕落女性"的地位低下有关。这些女性的数量不大，又普遍被认为是不可改造的，因而其境况仿佛隐形于公众视野。男性监狱官虽对女性犯罪者的特殊要求感到厌恶，但又认为雇佣女警卫纯属浪费资金。在那个时代，犯罪者被认为应以劳动支撑监狱的开支，而女性犯罪者则被认为是没有盈利能力的无贡献者。

对于女性犯罪者的不同处遇根植于将女性犯罪者看作是否定妇女自身纯洁性的堕落生物的观点。男性犯罪者不会受到这类观点的攻击，因而被认为是可救赎的。通常认为，女性的犯罪行为比男性更具危害性，因前者忽略了她作为妻子与母亲的家庭角色和影响，因此女性的犯罪行为还有鼓励其他男性犯罪的恶劣意涵。此外，"堕落的"女性会被视作是对社会和谐秩序的扰乱，因为他们是诱惑男性犯下原罪的罪魁祸首。上述观点与维多利亚时代的意识形态有密切联系，在该时代，女性被认为是家庭中的天使，也是家庭成员的榜样，同时也为维系精神与道德标准负责。

二、混合监狱中的女性犯罪惩罚实践

在此段时期，有更多的女性被卷入如酗酒、流浪、街头卖淫和轻盗窃等破坏公共秩序的犯罪。女性犯罪者因犯下上述罪行被关入当地拘留所（jails），而感化院（reformatory）则是留给更危险的犯罪者（如杀人犯、纵火犯和夜盗犯）的机构。一般认为，女性因其生育与照顾家庭的职责而比男性更少犯罪。但后来女性的监禁率陡增，例如马萨诸塞州与纽约州的女性犯罪者数量上升了1/3，而男性犯罪者的监禁率则下降了一半。之所以会出现上述现象，不仅是由于公共秩序犯罪（尤其是在南北战争期间进一步走进公众视野的卖淫犯罪）数量激增，其中还有为数不少的侵犯人身犯罪。严苛的法律和严格的执行似乎导致了女性犯罪者数量的增加，尽管有官员认为堕胎行为才是其中的关键影响因素。

早期的殖民者依据英国的刑罚实践，地方拘留所关押的通常是等待审判或判决者。对于男性犯罪者和女性犯罪者的刑罚不仅包括监禁，还包括其他可见的鞭刑、水刑、上颈手枷（stocks and pillories）等刑罚形式。直至 18 世纪末，美国才深受欧洲刑罚学发展的影响，开始用监禁替代死刑。推动这一变革的倡导者相信监禁有助于忏悔，同时还可以将犯罪者与社会隔离开，使其日常生活受到监督并迫使其劳动。

1815 年后，美国许多州的感化院基于两种对抗模式——单独监禁隔离犯罪者并要求囚室日夜保持肃静的宾夕法尼亚的教友派（Quakers）制度和 1817 年诞生于纽约州奥本（Auburn）监狱的，要求依据一套严格的纪律守则，夜间囚犯被单独监禁，日间则在严格的监督下安静劳动的奥本模式。男性犯罪者与女性犯罪者均在感化院中服刑，但直至 1840 年才开始有女性犯罪者被监禁的记录，记录显示在 1850 年 34 所州立监狱与县立监狱中，女性犯罪者的数量占监狱犯人总数的 3.6%。

第二节 女子独立囚室或监区：美国女子监狱的早期改革

在对女性犯罪者施行监禁的早期，男性犯罪者与女性犯罪者都被关押在同一所监狱设施中。这反映了殖民国家的处遇理念，殖民者只是将这一理念带入了美国。渐渐地，女性犯罪者与男性犯罪者开始被隔离关押，在同一所监狱的不同囚室或监区中服刑。

一、"女性部门倡议"：女性受刑人监禁改革思想兴起

1840 年至 1860 年期间的改革改良了部分女子监狱的物理设施条件。改革者质疑将女性犯罪者视为"堕落女性"的标签行

为。在更广泛的程度上，这些改革者是为英格兰女子监狱改革者伊丽莎白·弗莱（Elizabeth Fry）所感召。她于1813年探访伦敦纽哥特（Newgate）拘留所，探望了饥寒交迫、酗酒又衣衫褴褛的女性犯罪者。其在1827年的论文《探访、监督与管理女子监狱的观察》中提出了女子监狱的基本原则，为美国女子监狱改革的路线指明了方向。作为一名教友会信徒，弗莱认为应围绕宗教救赎、结构性日常时间安排、同情心等理念设计女子监狱的改革措施，强调女性普遍对她们的堕落姐妹负有救助的责任感。[1]

在19世纪的美国，曾有近30名来自中产和上流社会家庭的女性为女子监狱的改革积极奔走，其中约1/3都是教友会信徒，她们中的多数也参加了废除奴隶制、戒酒和妇女解放运动。她们在学校中被灌输"理想"女性的观念，即在婚前选择从事"有意义的工作"（如教学、传教、布道），部分女性在参与改革运动之前曾是护士和管理者。

19世纪20、30年代，改革者宣扬救世的理念并将监狱改革的范围扩大至生活运动（life movements），倡导对有罪者、酗酒者的救赎和道德改造。参与此项救世运动的女性认为，即使是最可憎的罪人，包含"堕落女性"，也可以得到救赎。她们坚信改造女性及儿童是她们的毕生责任。1823年，费城教友会信徒开始探访女子监狱，为其提供帮助、建立图书馆，并为其开设缝纫和书写学习班。

19世纪40年代，女性犯罪者的监狱生活条件尤其是监狱同意的性许可（sexual license），引起了纽约州的新教传教士和男性改革者的注意。纽约男子监狱联合会即建议女性改革者发起"女性部门（Female Department）"倡议，为女性提供救助并在

---

〔1〕 See Cyndi Banks, *Women in Prison: a Reference Handbook*, ABC-CLIO Inc., 2003, p. 20.

女子监狱中宣扬弗莱所倡导的宗教感情。早期的领导者为艾比·
霍珀·霍普金斯（Abby Hopper Hopkins），其与莎拉·多雷莫斯
（Sarah Doremus）等人共同提出了救助监狱中女性犯罪者的计
划，包括为女性犯罪者提供庇护和祈祷场所的中途之家，以避
免女犯再次犯罪。普遍来看，她们将内部训练（domestic training）
视作对女性犯罪者的救赎并认为救赎只能在"家中"进行，这
样"堕落"的女性犯罪者才能得到道德净化。玛格丽特·富勒
（Margarer Fuller）是早期一位杰出的女权运动者，同时也是《纽
约论坛》（*New York Tribune*）的编辑，其也曾公开表示过对此项
运动的支持。她走访纽约兴格监狱的女性犯罪者监区，提出狱
中的妇女也是受害者，需要帮助其克服导致犯罪的生存环境中
的困难。1845 年期间，富勒在《纽约论坛》刊发了一系列文
章，揭露了女子监狱的恶劣条件，对女性犯罪者不可救赎的观
点提出了质疑。她为刑满释放的女性犯罪者开放了中途之家，
长期为该项运动提供资金支持，并呼吁公众认同对"堕落"女
性的社会责任感。[1]

　　改革者不仅认为监狱中的女性犯罪者尚可被救赎且其行为
应得到监督，还指出许多女性犯罪者只是被男性引诱犯罪的无
辜受害者而非天生有罪的诱惑者。鉴于她们贫困的状况，女性
除了犯罪之外别无他路。19 世纪 50 年代，"女性部门"团体提
出反对男性对他们的运动施加影响，并在 1854 年成立了纽约州
女子监狱联合会（Women's Prison Association of New York）。在
此阶段，女子监狱改革运动仍局限于通过监狱探访和建立中途
之家改善女子监狱的生活条件并帮助女性犯罪者进行道德重建。

---

〔1〕 See Cyndi Banks, *Women in Prison: a Reference Handbook*, ABC-CLIO Inc.,
2003, p. 25.

二、各州男女囚室或监区分离肇始

在 19 世纪 20 年代，由于住宿条件的区别，奥本制度管束下的女性犯罪者所须遵守的监规已与男性犯罪者不同。女性犯罪者们集体住在一间远离男性犯罪者的牢房中，不仅牢房过分拥挤，女性犯罪者们还经常受到粗暴待遇和虐待。1828 年，一名被鞭打致死的女性犯罪者最终推动了纽约州的立法改革——纽约州开始要求县立监狱分开关押男性囚犯与女性囚犯。1832 年奥本监狱雇用了第一名女警卫。感化院中骇人而严苛的生活环境、性虐待、性侵以及非婚生育现象成了系统性的公开弊病。后来一些州开始雇用女狱警，但她们的职责多止于关押女性犯罪者。许多监狱均设有 1 名女狱警，负责监督所有女性犯罪者，其住在监狱中，24 小时待命，每周休息半天。女狱警或是上了年纪的寡妇，或由于经济萧条迫于生计才选择这份工作，有些则是男狱警的妻子。

位于圣昆廷的加利福尼亚州监狱（California State Prison）在成立之初，有一栋专门关押女性犯罪者的建筑，内有 9 间囚室，但在 19 世纪 50 年代，女性犯罪者在放风时间可以接触男性犯罪者，因而并未实现和男性犯罪者的完全隔离。有报告显示：至少有 1 名警卫和 1 名队长分别长期与 2 名女性犯罪者保持着性关系。除了监狱长或其他人的报告，没有公开报告提供加利福尼亚州佛森监狱（Folsom Prison）从 1885 年开始接收第一名女性犯罪者时的相关情况。1867 年，一名记者探访了圣昆廷监狱，发现 3 名女性犯罪者在周日男性犯罪者去教堂做礼拜时离开了女子监区。女性犯罪者获得的食物与监狱官的相同，因此比男性犯罪者的食物要好得多，但女性犯罪者仍无所事事，也没有警卫对其实施监督。另一名记者在 1888 年的一篇报道中认为，该监狱中的女性犯罪者由于刑期长又缺乏相应活动的参与而一直无所事事，是无法在释放后过上"诚实的生活"（honest living）的。[1]

圣昆廷监狱的女子监区由一个 50 英尺×90 英尺大小的"熊坑"（bear pit）和其中央一间 40 英尺×20 英尺的牢房组成。女性犯罪者以熊坑的周长为边界活动，但监狱从不允许其到室外运动，以防与男性发生交流。加利福尼亚州于 1919 年通过立法，在索诺马（Sonoma）兴建加利福尼亚州女子工业农场（California Industrial Farm for Women at Sonoma）。该监狱占地 645 英亩，其中超过 30 英亩由女性犯罪者耕种。1922 年，索诺马农场开放，接收第一批来自圣昆廷监狱和县拘留所的女性犯罪者，但 1923 年其主建筑在一场大火中被烧毁，立法机关却拒绝为其拨款重建。第一次世界大战后，监狱人口数量猛增，造成圣昆廷监狱的女子监区过于拥挤，关押人数由 1921 年的 34 人上升至 1923 年的 51 人。加利福尼亚州的女性改革家在 1925 年成功为圣昆廷监狱争取到拨款，方得以兴建单独的三层女性犯罪者大楼。楼内可以容纳 120 名女性犯罪者，和监狱的主要区域仅有一墙之隔，完全与男性犯罪者区域隔离。这栋大楼于 1927 年底完工，楼前和加利福尼亚州政府的其他设施一样，矗立着政府承包商公司的旗帜，共有 127 名女性犯罪者入住。女性犯罪者通过参与传统的女性活动而获得自豪感，以最终完成改造。[2]女性犯罪者还要完成洗衣、打扫囚室、腌制食物等管理者认为有利于培养服务家庭理念的活动。但州政府没有为任何女子监狱雇用教师拨款，女性犯罪者监区所提供的项目内容完全取决于她们自身所掌握的技能。比如，有女性犯罪者提供护理、打字和速录课

---

〔1〕 See Shelley Bookspan, *A Germ of Goodness*：*The California State Prison System*, *1851–1944*, University of Nebraska Press, 1991, pp. 70~73.

〔2〕 See Shelley Bookspan, *A Germ of Goodness*：*The California State Prison System*, *1851–1944*, University of Nebraska Press, 1991, pp. 75~83.

程，还有曾是美容师的女性犯罪者教授其他女性犯罪者美容护理技术。无论是学生还是老师都得不到任何形式的经济补助。

又如伊利诺伊州的乔利埃特监狱设置了女性犯罪者监区后，在 1860 年至 1896 年间共关押着约 700 名女性犯罪者。该监狱在设计之初就计划在主监区场地内部构筑围墙，当中设立 100 个女性犯罪者囚室。该监狱内部的女子监狱一共分为 2 层，每层有 50 个囚室分布，毗邻囚室的是一共 2 层的 "女性工作室"（the female workshop）。围墙将女性犯罪者完全与监狱的主要人口即男性犯罪者隔离，监狱主管方也认为这是管理两个群体犯人的合宜之法。然而，1861 年的监狱规则列明狱方并未禁止男性狱警与女性犯罪者交谈，这也表明监狱的性别隔离并非完全绝对，男狱警有可能接触到女性犯罪者。乔利埃特监狱在早期曾由监狱长的妻子负责监督女性犯罪者，但 1869 年开始由女性狱警接替其工作。1867 年，州政府中止了与乔利埃特监狱的承包商合作，次年新任监狱长提出为女性犯罪者建立独立于监狱之外的监狱大楼，以实现女性犯罪者与男子监狱的完全隔离。鉴于女性犯罪者在乔利埃特监狱内制造的诸多不便，监狱长也承认女性犯罪者监区需要更甚于男性犯罪者的护理与关注，而不应只被视为管理上的难关。牧师也表示同意监狱长的观点，认为 "别无他法将监狱的男性犯罪者与女性犯罪者隔离以免除前者受到女性犯罪者的恶劣影响"。很显然，女性犯罪者被狱方视为堕落的代理人而非男性犯罪者。1870 年，女性犯罪者被集体从监狱转移到监狱长所在的四层楼房内。牧师在报告中指出此举应得到赞赏，但最好的解决办法仍然是将女性犯罪者完全转移出去。[1]

---

〔1〕 See Mara Dodge, "'One Female Prisoner Is of More Trouble Than Twenty Males'：Women Convicts in Illinois Prisons, 1835-1896", *32 Journal of Social History 1999*, （4），pp. 907~930.

对于女性犯罪者与男性犯罪者的逐渐分离，各州均处在不同发展阶段，并具有自身特定的发展模式。从广泛意义上看，逐步分离的过程可被分为三个阶段：第一阶段是女性犯罪者与监狱犯人分开，被集中关押在大牢房中或单独关押在囚室中，但不会进一步隔离；第二阶段，女性犯罪者被置于混合监狱的单独监区中，与男性犯罪者的监区相邻；第三阶段，女性犯罪者被转移到远离监狱主要设施的一块场地中。美国东北部的改革进展尤其迅速，其次是中西部，再到南部，最后是西部。直至20世纪70年代末，一些西部州仍停留在第二阶段，即将女性犯罪者关押在紧邻男性犯罪者监区的牢房中。例如，上文所述19世纪加利福尼亚州监狱对女性犯罪者的忽视无不反映着西部监狱对待女性犯罪者的方式，多数西部地区都没有单独的女子监狱，这种情况一直延续到20世纪。事实上，直至20世纪70年代初，爱达华州还在借用俄勒冈州的监狱关押女性犯罪者，而蒙大拿州与北达科他、南达科他州都借用着内布拉斯加州的监狱接收其女性犯罪者。

第三节 从封闭走向开放：美国女子监狱教养院模式的兴起

一、1870年至1900年女性改革/教养运动（Reformatory Movement）思想的发起

在南北战争后提升囚犯监禁处遇与矫治运动的浪潮中，女性教养运动成为当时刑罚改革的一部分。许多进行刑罚改革的监狱对已有关押手段效果的幻想均告破灭，拒绝以犯人改造为刑罚新目的的报应哲学。此种新刑罚学于1870年被俄亥俄州辛辛那提市的监狱管理者与改革者座谈会提出，会议为下个世纪

美国监狱学的一系列原则进行了背书。其中提出将对囚犯的分类定位为为囚犯个体制定处遇计划的初步阶段，此种思想最终引领了将女性犯罪者从囚犯群体中识别并分离的改革。实际上，该会议作出的原则声明明确了"监狱和囚犯都应分类分级……将女性（犯人从囚犯中）分离"的原则。此项声明为女性改革者继续主张改变女子监狱处遇提供了理论根据。基于三项原则，改革者于1870年至1900年期间倡导了女性犯罪者监禁的替代模式，即与男性犯罪者分离、规定对女性的生理保健以及由女性员工掌管女子监狱/女子教养院。到19世纪末，改革者率先在印第安纳、马萨诸塞和纽约州实现了建立单独女子监狱的构想。

　　1860年后，改革发展成为旨在提升女子监狱专业性的运动，改革者被任命为管理监狱的监狱委员会成员。南北战争让更多女性加入到改革运动中，1870年艾比·霍珀·吉本斯（Abby Hopper Gibbons）加入了约瑟芬·肖·洛厄尔（Josephine Shaw Lowell）呼吁由女性管理纽约州女子监狱的运动。洛厄尔出生于波士顿最古老的家族之一，一直活跃于慈善事业。她曾前往女子监狱调查情况，并指出女性也应参与到公立监狱的管理运作中。1860年，教友会信徒开始在中西部地区进行监狱改革，其中最为活跃者属印第安纳州的罗达·科芬（Rhoda Coffin），其与莎拉·史密斯（Sarah Smith）共同提出了印第安纳州单独关押女性犯罪者的倡议活动。南北战争给妇女带来的启示是她们同样可以胜任男性的工作，许多妇女成了医生、护士和慈善工作者。这些妇女在战后想要运用自己的专业知识和技能，继续从事具有公益性质的专业工作，来自罗得岛的教友会信徒伊丽莎白·巴法姆·查斯（Elizabeth Buffum Chace）就是其中之一，其曾为妇女加入监狱委员会积极奔走。在她的努力下，罗得岛州于1870年通过了有关女性探访者委员会（Board of Lady Visitors）

的立法，以加强对狱中女性犯罪者的视察工作。类似的还有在康涅狄格州，州慈善委员会（Board of Charities）于 1876 年组建了女性成员部，以监督当地拘留所和监狱。

在全国性组织层面，女性成为全国监狱联合会（National Prison Association，后更名为 American Prison Association，简称 APA）以及全国慈善与矫正会议（National Conference on Charities and Corrections）成员。在 1870 年的会议上，APA 提出了女性应参与到监狱系统的提升改进工作之中。1875 年，罗达·科芬在会上作为该组织的第一名女性成员做了报告，强调由女性监管女子监狱的重要性："女子监狱应完全由女性掌控，无论是委员会管理层还是最低级别的官员。"[1]

立法规定因轻罪被判处短期监禁的女性应进入教养院，而不再像过去那样被送入拘役所。新的法律还规定，在同等情况下，女性犯罪者需要比男性犯罪者在监狱服更长时间的刑，并为女性犯罪者规定了完全不同于男性犯罪者的标准。教养院本来只为男性重罪犯人而设立，酗酒等轻罪犯人只能在州立监狱系统之外的拘留所服短期拘留刑。而改革者所忽略的事实是，他们其实是在男性犯罪者与女性犯罪者之间建立双重标准，被判处同样罪名的女性犯罪者反而要面对更严厉的刑罚。

二、教养院模式中女性受刑人的不同处遇

在 19 世纪 60 年代，新式的女性受刑人监区在全美各地被引入，美国改革者一直深受英国改革者的启发，其中 1864 年英格兰监狱改革者玛丽·卡彭特（Mary Carpenter）所著《我们的罪

---

[1] See Rhoda Coffin, "Systems of Discipline Suited to a Female Prison", *In Transactions of the Fourth National Prison Congress Held in New York*, June 6-9, 1876, New York.

犯》（*Our Convicts*）一书描绘了爱尔兰欢乐山女子监狱（Mount Joy Female Convict Prison）中的情景，指出女性犯罪者应被在监狱中集中关押，以考绩制度（merit system）准则规制她们受到的待遇和特权，同时应雇用女性而非男性监狱官管理监狱。美国改革者伊丽莎白·巴法姆·查斯于 1872 年会见了卡彭特，深受后者启发。罗达·科芬也探访了欢乐山女子监狱，盛赞其充分体现了家庭生活。同时，女性改革者仍在倡议监狱应依据不同性别关押犯罪者，男性监狱长官如底特律矫正之家（Detroit House of Corrections）主管泽布隆·布罗克韦（Zebulon Brockway）亦表示支持此举。1869 年，全国首部不定期量刑法在密歇根州生效，因卖淫而被定罪的女性犯罪者最多将在监狱中服刑 3 年，以期在此期间更好地受到改造。此种新的量刑方式并未被应用于男性犯罪者。3 年的刑期使假释成为可能，庇护之家（House of Shelter）成为被假释女性犯罪者的中途之家，接触到更成熟且受到敬重的女性并得到保健，直至刑期届满。布罗克韦尝试雇佣一名曾在底特律当地公立学校任职的教师艾玛·霍尔（Emma Hall）作为女狱警。霍尔建立了一整套考绩制度系统并组建了一个由 30 名女性犯罪者共同居住且布置完善的"家"。她强调精神学习、家庭生活和学术提升，并率先提出感化院的训练类型应分为礼仪（propriety）、得体（decorum）和将女性犯罪者引导向"良好女性（good womanly）"生活。但在 1874 年，布罗克韦和霍尔女士相继从底特律矫正之家辞职后，庇护之家也随之关闭。

倡导建立分离不同性别犯罪者监狱制度的运动并非一帆风顺。比如，在马萨诸塞州，改革者提出除非与男性犯罪者隔离并接受新的处遇，否则女性犯罪者将无法从犯罪的恶性中被"治愈"。她们强调这样的处遇是一种社会化的产物，不会比之前的刑罚轻缓，但却能达到不同于以往的效果。通过以维多利亚时代中产阶级纯洁、虔诚、奉献家庭和服从的女性观教诲，转化女性犯罪者的思想，鼓励其认识自身内在的女性特质。官方已经认识到女性较男性更为情绪化，相比于严厉的纪律管束更易接受温和的处遇，因而需要以不同于男性犯罪者的方式进行管理。柔和的熏陶包括花艺、农牧养殖、音乐和探访监狱内孤儿院。教育违法女性犯罪者的要旨在于首先教她们学会做一个女人，学会奉献家庭。改革者认为，家庭是转化的象征，是向女性犯罪者输送女性价值的关键所在。课程在研习圣经、晨起祷告、禁止亵渎神祇、禁止文身的基础上，还包括阅读、书写和缝纫修习，同时培养洁净和勤劳的生活习惯。洛厄尔和霍尔都倡导围绕家庭，提供柔和的关怀，拒绝环境死寂的感化院模式。得益于洛厄尔的努力，首个安置成年女性犯罪者的村舍式居住监狱——哈德森庇护之家（Hudson House of Refuge）——于1887年在纽约州开放，且全部由女性员工管理，居住其中的女性皆为被判处 2 年以内监禁的短期服刑犯。设立于 1893 年的纽约奥尔滨（Albion）西部庇护之家（Western House of Refuge）和 1901 年开放的纽约维斯特切斯特县贝德福德山（Bedford Hills）也是根据家庭居住模式运行的感化院（reformatory）。

三、女子教养院的管理改革

1. 教养院女性员工与管理

伊丽莎白·弗莱认为，由女性完全掌握女子监狱对建立适宜的监狱秩序与规则至关重要。早在 19 世纪初叶女子监狱部门建立时，美国监狱系统便引入了雇用警卫看守监狱的做法，但这些警卫既没有职责也没有权力改造狱中的"堕落"女性。此外，由男性组成的管理层通常只监督男警卫。20 世纪 70 年代，随着女性犯罪者数量的持续上升，监狱开始雇用更多的警卫。同一时期，女性所扮演的角色不再仅限于完成社会赋予其的哺育任务，而是开始进入专业领域，矫正工作也随之进入女性择业的接受范围。女性改革者认为，女性员工在管束女性犯罪者纪律尤其是保护女性犯罪者不在狱中受到性虐待方面更胜于男性员工。比如，由男狱警对女性犯罪者进行搜身曾是一件很平常的事，这使得女性犯罪者很容易成为男性的侵犯目标，女性犯罪者的非婚生育就是女子监狱中存在性活动的证据，甚至还有男狱警强迫州立监狱中的女性犯罪者卖淫。在这些证据面前，改革活动的倡导者指出，男性才是导致女性犯罪的原因并建议将女性与男性犯罪者、警卫和监狱官隔离开来，以移除男性对女性的影响，而女性的道德力量将促使女狱警更加胜任看守职责。然而，一些男性矫正官员对此持保留意见，他们认为女狱警太过柔弱，不适合与犯罪者打交道。对此，改革者的回应是女性具有不同于男性的特殊技能，有利于改造女性犯罪者。

男性也不愿意将女子监狱的控制权拱手相让，辩称女性不具备掌管监狱的相应能力，即使是女子监狱也不应排除男性参与。但最终只有女性更能以道德力量感化"堕落"女性的论点占据了上风，家庭生活模式最终得到了男子监狱官员的认可。1891年，马萨诸塞和印第安纳州高效的女子监狱管理工作得到了全国监狱联合会的认可，女性掌控女子监狱迈开了胜利的第一步：这两个州女子监狱的每一名员工和长官，从典狱长到最低级别的警卫，都是女性。

在这些女性员工管理的新式监狱中，尤为典型的是典狱长伊丽莎·莫舍（Eliza Mosher），其作为一名狱医，于1877年任职于纽约女子感化院。在看到狱中泛滥的性病、精神病、毒瘾和非婚生育现象后，她指出监狱长对女性犯罪者的纪律管束过于严苛（当时平均每天几乎都有 10 名女性犯罪者被单独监禁）。1879 年莫舍辞职，一年后其又重回监狱，接受了监狱长一职。她尝试改善监狱环境，对女性犯罪者表示尊重，称呼她们为女性而不是女孩，建立考绩制度，雇用能够教学和训练女性犯罪者的员工。1882 年，曾就职于红十字会的克拉拉·巴顿（Clara Barton）接任了莫舍的工作，莫舍此前善待和尊重女性犯罪者的政策得到延续，凡是有个人问题的女性都可以直接向巴顿求助。可以认为在那个年代，莫舍和巴顿两位监狱长都是杰出女性，为女子监狱的改革作出了重大贡献。巴顿卸任后，埃伦·约翰逊（Ellen Johnson）被任命为新的监狱长，在前任的基础上，约翰逊采用了以自控能力训练为主旨的改造模式，她认为矫治效果来源于监狱生活模式为犯人带来的自控能力，通过为女性犯罪者提供一种生活结构，让其自己努力改造。她在引入严格纪律的同时同样照顾到了女性特有的情绪。但女子教养院总是很难雇用到符合其需求而能胜任此种工作的员工。美国女子教养院在 19 世纪 70、80 年代树立的标准在此后的一个世纪中一直被沿用，对女性犯罪者区别处遇的原则一直是监狱女性犯罪者处遇的基本核心，直至 20 世纪 70 年代。

2. 教养院模式的女子监狱设计：村舍模式（cottage system）

教养院概念自提出伊始就被认为应在物理设施结构上体现监禁的特征。因此，监狱的结构设置往往宏大而威严，以反映其隔离、纪律和秩序的目的。通常的监狱设计以 1787 年边沁（Jeremy Bentham）的圆形监狱构想为基础，主体是一个中央主建筑，由长廊组成的辐射状散开组成各个监区，监狱长可以毫无阻碍地检视每一间牢房。牢房平均面积仅有 50 平方英尺，每名囚犯被单独安置，严格按照规定的时间安排活动，并始终保持肃静。

但改革者并不希望将这种监狱模式复制到女子教养院中去，

而是希望建立一个充满家庭理想氛围的场所。这种村舍模式早已在少年教养院中得到成功应用，因此也被改革者所倡导。虽然并非所有的女子监狱都有条件实施该制度，但女性改革者还是希望至少能将纪律的严苛程度降低，并以部队纪律改善代之。多数男性监狱官员也赞同纯粹为女性设计的监狱不需要运用和男子监狱相同的监督机制，而更应有居家氛围。例如，设在波士顿城以西 30 英里的马萨诸塞女子教养监狱（Massachusetts Reformatory Prison for Women），占地 30 英亩，是一所乡村田园式的新式女子监狱。在那里，面积为 15 平方英尺至 90 平方英尺的私人房间取代了牢房，铁架床上铺着白色亚麻，而不是只有通常牢房里配备的被芯。犯罪者还可以依照自己的意愿装饰她们的房间，甚至可以拆除窗子上的铁栏杆。又如，纽约庇护所（New York Refuges）也执行了村舍模式，尽可能将环境打造成普通住家的样子，每个房间都有自己的名称而不是编号，以使之看起来不像监狱。这些监狱还设有小教堂、工坊、图书馆和医务室。女性犯罪者被允许在公共区域走动并在监狱花园中耕作。儿童可以在狱中与母亲共同生活直至 2 岁，孩子的存在也为监狱制造出了家庭氛围。

当然，也有部分女子教养院并不认可上述模式，而是仍遵照传统理念在大型的翼状监狱中监禁女性犯罪者。但无论是上述哪一种监狱，通常都会面临空间问题，因为监狱总是过于拥挤，无法依据犯罪的轻重对女性犯罪者进行分类。

3. 女性犯罪与女性犯罪者

各州运用不同标准确定女性犯罪者是否应被送往监狱，比如印第安纳州的监狱只接收重罪者，纽约州会将年轻重罪者集中关押，而马萨诸塞州监狱则关押从顽固罪（stubbornness）到谋杀罪的各种犯罪者。几所女子监狱从开放至 1910 年间的监狱人口数据显示：多数女性犯罪者为当地白人，年龄都不到 25 岁。其中约 2/3 有婚史，虽然家庭生活不甚稳定，但仍有多数人接受过正规教育。多数女性犯罪者都没有前科，有前科的少数人也多仅因酗酒而留下犯罪记录。在纽约和马萨诸塞州的两所监狱里，因酗酒与卖淫而进入监狱的女性约占女性犯罪者总数的一半。违反公共秩序的轻罪通常被判处 2 年以下监禁，这些女性的平均服刑期为 1 年。

伊丽莎·莫舍对一份囚犯样本的分析显示当时犯罪者被分为三类：第一类是违反公共秩序的酗酒犯罪者，累犯率高，但多半被视作受害者而在狱中受到狱警的同情；第二类是违反贞操类犯罪，针对女性卖淫、通奸、猥亵和淫荡行为，"堕落"女性即属于这个群体，在狱中得到狱警同情并作为重点改造对象，此外还有犯顽固罪者，即其行为不受亲属控制（如离家出走等），这类犯罪中只有职业卖淫者等少数犯罪者被定义为"罪犯"，其行为多无被害人；第三类则是最危险的犯罪者，即财产犯罪和人身犯罪者，家庭佣人更易犯下财产犯罪，通常为针对雇主的小额盗窃，工厂工人则更容易针对人身进行犯罪，这类犯罪者还包含惯犯和职业犯，因此被判处的刑期最长。

4. 教养院中的女性犯罪者再训练（Retraining Women in Reformatories）

在富于同情心的女性员工的训练下，女子教养院监狱中的女性犯罪者将学会祷告、接受教育，融入家庭生活氛围。而传统监狱的潜在原理是控制囚犯，因此纪律在女子教养院中的地位愈发重要，但这也凸显了纪律与家庭氛围之间的天然矛盾。

为女性犯罪者提供的训练形式多种多样。改革者倾向于促使女性犯罪者掌握某些生活技能以在其出狱后维持稳定的收入，进而避免因经济问题再次犯罪。但在当时，由于多数有工作的女性也同时在家庭中劳动，因此监狱也会着重训练女性犯罪者的家庭生活技能。一般来看，为公众所熟知的各种监狱工业多存在于男子监狱，并不适用于女子监狱，因此女性犯罪者学习的重心在于家庭服务技能，辅以养鸡、种植蔬菜等可在监狱中进行的室外劳动。马萨诸塞州提出了一套独特的学徒计划，以训练女性犯罪者成为家庭帮佣，使其更多地受到家庭生活"真谛"的影响和熏陶。女性犯罪者学习帮佣工作的家庭多为波士顿本地城郊的城乡交界地区，以减少城市对女性犯罪者已知罪恶的影响。多数女性犯罪者都在完成训练后得到释放，没有中途逃脱者，因此该计划其实类似于某种形式的假释。

针对女性犯罪者的特点，教养院监狱官运用理想女性的理念对其进行引导。推崇贞洁、服务家庭和虔诚的美德，同时倡导女性犯罪者学会独立，以防止再犯。此种方式得以减少女性犯罪者对导致犯罪的生活方式的依赖。监狱员工像母亲一样，用爱帮助女性犯罪者重拾自我价值，认识到自己虽然过去犯过错误但现在已经循规蹈矩。此外，还有牧师会探访监狱，为女性犯罪者提供精神服务，替不识字的女性犯罪者写信，带领女性犯罪者进行日常祷告、聆听忏悔等宗教活动。总体来看，这种家庭策略为女性犯罪者创造了支持性的氛围，尤不同于男子监狱的严苛氛围。

如前所述，纪律与规则是监狱的重要部分。女子监狱对抽烟等不适合女性的恶习加以禁止，甚至连阅读宗教读物以外的报纸也不被许可。纽约教养院的监狱长埃伦·约翰逊甚至还禁止女性犯罪者在无人监督时聊天，代之以闲暇时在特定节日或纪念日进行聚会，交流思想。约翰逊的继任者弗朗西斯·莫顿（Frances Morton）则认为温和模式对严格的秩序与纪律不利，因而废除了休息时间。她强调只有建立在对女性犯罪者进行生活控制的基础上产生的纪律才能带来服从，而非姐妹会式的组织。

考绩制度使得女性犯罪者为维持在狱中的地位而努力。随着 19 世纪末不定期刑的引入，考绩制度成了实际刑期的决定因素。为激励女性犯罪者在狱中形成良好素行，改革者倡导为刑期设立上下限，此举也成了女性犯罪者紧张和压力的来源。对于教养院中不遵守规则的女性犯罪者，惩戒措施同样严厉，如言行流露不尊重、用餐时说话或企图逃跑的女性犯罪者都将被处以单独监禁，每餐只供应面包和水。每所监狱的惩戒措施不尽相同，有些还包含通过佩戴手铐或穿着拘束服进行肉体惩罚。但在总体上，多数女子监狱都通过考绩制度维持监狱秩序，以保证对监狱的控制力。

想要真实还原当时女子监狱的情况难度颇大，只能通过监狱官员和改革者提供的文件而非女性犯罪者本身的叙述予以间接了解。监狱记录多为犯罪者对监狱益处的认同，而女性犯罪者本身就是被迫遵守监狱规则的，以成为监狱官所期望的恭敬顺从的女儿。监狱环境造就了这样的结果：女性犯罪者早已因由性虐待等生活经历所带来的羞辱而变得顺从，从到达监狱之初即被剥夺了身份，由监狱对其进行重新分类，都曾经历过单独监禁。强制性的考绩制度规制了女性犯罪者生活的方方面面，任何反抗行为都会在教养院价值的强大力量下逐渐消失，女性犯罪者最终只能被动接受施加在其身上的每一种训练措施。

第四节　激进与衰落：美国教养院模式女子监狱的终结

一、美国教养院模式女子监狱的激进发展

1. 女性犯罪的社会、经济和心理学途径（approach）

19 世纪末，女子监狱改革进入停滞期。1890 年至 1910 年

间，改革的女性激进分子如吉本斯、科芬和查斯相继离世，而接任者多为监狱官员而非独立的活动家。但 10 年后，新的改革重焕生机。新一代改革者并不死守前人的哲学理念，而是在当时刚刚出现的犯罪学引导下开始对犯罪行为的本质提出质疑，不再只关注对理想女性观念的树立，着眼于导致女性卷入犯罪的社会和经济背景。值得一提的是，随着 19 世纪 90 年代芝加哥大学第一位女研究生的录取开始，新一代的改革者无一不受到过良好教育，当中的许多人都上过女子大学并拥有高等教育学位。接受社会科学、社会工作、法律和医学专业教育的新改革者不再过度依赖宗教手段和转变"堕落"女性的那套理念，而是更多地把女性犯罪者视为专业客户或研究对象。和少年犯罪者领域的改革一样，刑罚学的变革不仅为女性犯罪者带来了新的预防性社会服务措施，还设立了缓刑和特别法庭。

新一代的犯罪学家不再停留于性格和情感，而是致力于通过收集和分析犯罪和犯罪者数据探寻犯罪的科学依据。生理和心理因素被认为是犯罪活动的诱因，智商测试成了评估犯罪行为的工具。新的女性改革者也得以通过搜集女子监狱人口数据测试她们提出的理论。纽约贝德福德山等一些监狱都配备了诊所和实验室，以供心理学家搜集数据并研究犯罪者。作为一门新科学，心理学的出现使得女性犯罪者能够得到精神病诊断，并接受相应的专家治疗，监狱项目与训练计划也随之改变。在心理学领域之外，研究者与犯罪学家也开始注意到犯罪背景中的经济因素，指出社会也可能成为女性犯罪的重要诱因，如诱使妇女走上卖淫道路等情形。

在此进步时期，又有 17 所女子教养院在美国东北和中西部成立，改革者指出应将女性犯罪者从地方拘留所拯救出来，以防止其重操卖淫旧业、传播性病，进而得以保护社会秩序。事实上，女子教养院改革运动被认为是消灭卖淫活动的有效途径。

2. 预防途径的变换

随着社会经济因素代替性格缺陷和道德原罪被定义为女性的犯罪原因，新的改革者发现监狱并非是解决上述问题的正确方式。女性与男性的本质性差异并不及之前所认为的程度，因此传统教养院的改造目的也不再得到认可。监狱长开始采用一套更为精确的犯罪者分类制度，并提供更多的教育和更多样化的训练，以帮助女性犯罪者克服释放后所面临的经济困难。1910 年前后，打击卖淫成了监狱改革的内容之一，与早前改革者强调对"堕落"女性的救赎不同，新改革者着力于预防女性"堕落"。新的女性组织通过接触卖淫或有可能从事卖淫工作的女性，为其提供预防性服务。期间，警察部门开始雇佣女警，推动了上述工作的成功。1910 年至 1925 年间，超过 150 所城市雇用了女性警官，以保护妇女和儿童。现在，女子监狱联合会倡导对女性犯罪者判处缓刑或罚金以取代监禁，一些州还设立了女性法庭以审理某些有伤道德风化的犯罪案件。

3. 去机构化路径（Anti-Institutional Approach）的尝试

监狱外试验的目的在于识别引发犯罪的社会诱因并以此为基础构建女子监狱的去机构化改革框架。来自纽约的凯瑟琳·贝门特·戴维斯（Katherine Bement Davis）和来自马萨诸塞州的杰西·唐纳森·霍德（Jessie Donaldson Hodder）分别将这一试想付诸实践。她们尝试从两方面作出革新：一是强调以比之前更加开放的村舍模式打破监狱的机构主义（institutionalism）；二是拓展训练内容，减少家庭生活训练，以将非传统的新式训练项目纳入训练内容。1901 年，位于韦斯特切斯特县郊的贝德福德山监狱开放，戴维斯女士任监狱长。监狱四周没有围栏，成了村舍式监狱的经典模型。每一座村舍都有单独的花园，厨房里有棉麻布和瓷具，女性犯罪者可以自行装饰她们的单人间。戴维斯要求女性犯罪者研读法律，将法律学习作为生活的一部分，而非浅尝辄止，同时也向女性犯罪者讲授法律、民主和公民方面的知识。她认为，监狱的作用在于帮助犯人早日获得假释，并强调训练方式的多样性。此外，她还雇用了学术指导员为女性犯罪者提供木工、书籍装订、漆工等职业培训课程。但即便如此，由于就业的途径有限，女性犯罪者出狱后仍只能从事家政工作。戴维斯监狱长还开放了监狱的户外休闲场所，鼓励女性犯罪者进行运动、园艺和耕作，以使女性犯罪者保持身体健康。

霍德监狱长也引入了与戴维斯相似的监狱改革。霍德认为机构处遇的部分天然属性与犯人的利益相悖，努力争取州政府拨款，兴建新监狱建筑、废弃旧有建筑，以将女子监狱转变为女性工业训练机构，将教养院变为图书馆，供女性犯罪者学习犯罪学。虽然最终未得到州政府拨款，但她成功地拓展了部分了训练内容，将健身和务农课程纳入了训练计划。戴维斯和霍德两位监狱长的做法对其他监狱产生了深远的影响，如 1910 年建成的新泽西女子监狱就在外形上采用了去机构化的物理建筑结构，以村舍模式为蓝本，并于 1914 年引入了犯人自治（self-government）模式。

尽管这些改革打破了女子监狱长久以来的家庭模式并赋予了女性犯罪者更多的自由和学习一技之长的机会，但仍未完全实现改革者促使女性犯罪者实现自我独立从而使其在监狱外自主生活的构想。在部分州，改革者没有完全执行完整的改革计划，如贝德福德山监狱的监狱长戴维斯指出，由于声誉良好，纽约州各地的法院开始将各种复杂情况的女性犯罪者送入该监狱，其中许多女性犯罪者或有精神病，或有毒瘾，还有更多的曾遭受性虐待。这最终导致贝德福德山监狱监舍拥挤、人口膨胀，1915 年甚至超押了 100 名女性犯罪者，改造活动也因此受到影响，1919 年，该监狱中的女性犯罪者已多为累犯，与监狱长戴维斯的改革初衷相去甚远。最终，州政府于 1921 年任命了新的男典狱长。

二、20 世纪 30 年代之后美国教养院模式女子监狱的衰落

20 世纪 30 年代初，教养院改革运动已接近尾声。由于受到的改革影响不尽相同，各地区的女子监狱在实践中也体现出了明显差异。其中，美国东北部受改革运动的影响最为强烈，除新罕布什尔和佛蒙特外，各州都建立了教养院，并比其他州更倾向于革除监禁措施。中西部有 7 个州建立了教养院，另外 4 个则没有，但没有一所教养院能够贯彻改革运动的核心思想。南部各州建立的教养院数量少之又少，仅建立起了不成功的监狱制度。在西部，加利福尼亚州仅有一所女子教养院，并作为加利福尼亚州唯一一所女子监狱被沿用至 20 世纪 60 年代。总体上看，多数州仍将女性犯罪者关押于男子监狱。对于设有教养院的州来说，经费是一个主要问题，州政府往往无法负担教养院庞大的改造计划开支，因此后者只能通过寻求有保证的可持续资金保障自身运营。教养院耗资巨大，村舍式的设施要求配备独立的厨卫和起居设施，并雇用大量员工，还要设立教堂、教室、行政管理区域、员工宿舍、畜牧农场等，相比之下，其他成人监狱并不会占用如此之多的资源。

早期教养院在设立之初规模都较小，犯罪者数量少，监狱员工与犯罪者之间相处融洽，但几乎所有的教养院到后期都会超员，随之而来的是监狱员工与犯罪者之间关系的紧张。一旦法官开始将轻罪犯人送入教养院，就会有越来越多的人假释失

败，最终管理者只能将犯人矫治的失败归罪于教养院的根本理念。直至 20 世纪 30 年代，重罪犯才在教养院犯人中占据较大比例。几乎是在同时，许多州均选择关闭紧邻男子监狱的女子监区，以将重罪女性犯罪者转移至教养院，教养院名存实亡。例如，新泽西州特伦顿监狱的女子监区于 1929 年关闭，女性犯罪者被集体转移至位于克林顿农场（Clinton Farms）的一所教养院。同年，俄亥俄州教养院开始只接收重罪女性犯罪者，轻罪女性犯罪者从此亦不再进入州立监狱系统。最终，各州教养院轻罪女性犯罪者的比例相继下降，取而代之的是越来越多的重罪女性犯罪者，或者直接将轻罪女性犯罪者集体转移至地方拘留所。事实上，刑事司法制度又退回到了教养院运动之前的状态。

1929 年股市的崩盘和接踵而至的大萧条在教养院的衰落过程中起到了重要作用。原因不难理解，各州无法在这段时期再继续为关押轻罪犯罪支付更多开支了。随着男子监狱人口的上升，各监狱的监狱长开始挤压监狱空间，同时阻止女子监区关闭，并停止向教养院转移女性犯罪者，以为关押更多犯人腾出床位。第一次世界大战和随之而来的刑罚保守哲学思潮使得革新运动（the Progressive movement）也落下了帷幕，教养院运动走到了尽头，但其在过去 60 年的发展历程里，已经在某种程度上实现了建立独立女子监狱的目标。

第五节　从半独立走向全独立：封闭型女子监狱的发展

在教养院运动进行的同时，封闭式的美国女子监狱也在缓慢发展。在教养院模式出现后，全封闭的关押型女子监狱数量甚至仍有增加。尤其是在南部和西部，这类监狱塑造了女性犯罪者监禁的本质。由于它们都只关押重罪女性犯罪者，因此未能引发改革者的足够关注，而得以在整个 19 世纪保持缓慢增长，有些甚至发展成了独立的女子监狱。从发展层次上看，其逐渐从与男性监狱之间存在"人事依附、空间独立"的半独立模式，发展为了人事和空间完全独立的全独立模式。

一、半独立女子监狱

1. 美国第一所半独立女子监狱：芒特普莱森特（Mount Pleasant）女子监狱

1835 年，纽约州奥西宁（Ossining）芒特普莱森特（Mount Pleasant）女子监狱成立，成为美国历史上第一所与男子监狱在空间上完全分开的女子监狱。尽管其与另一所兴格（Sing Sing）监狱相距不远，并在行政上隶属于后者，但其有单独的监狱建筑并有自己的员工。因此，本书认为有学者将芒特普莱森特女子监狱称为美国历史上第一所女子监狱是不够严谨的。[1]

依据奥本计划，芒特普莱森特女子监狱被划分为 3 层区域，每层设有 24 间牢房，并分别配备育儿所和车间（workshop），此外还有用以施加惩戒措施的两间大牢房。该监狱由一名女狱警值守，负责监督狱警助理。女性犯罪者根据时间安排劳动，为男性犯罪者缝制纽扣、帽子等衣物。女性犯罪者无须像男性犯罪者那样遵守严苛的纪律（惩罚通常仅为禁言而非鞭笞），但更为通常的惩戒措施为单独关押并减少食物。该监狱 1846 年的纪律守则还包括了"制造室内噪声""开门时冲出囚室"等违反纪律的行为，违反上述规定会被处以 12 天单独监禁和被锁链拴在墙上的惩戒措施。

---

〔1〕 See Cyndi Banks, *Women in Prison: a Reference Handbook*, ABC-CLIO, Inc., 2003, p. 5.

2. 半独立女子监狱的逐渐增多

美国各州女性受刑人监禁的发展非常不均衡，关押型监狱模式在各地区的分布情况有所差异。东北部和中西部的女性犯罪者多被送入教养院，但南部各州则以关押型监狱为主导，逐渐从独立女子监区发展为具有一定独立性的半独立女子监狱。南部州在很大程度上代表了最差的女子关押型监区，除了女性犯罪者的身心健康常年被忽视，监狱甚至不保护受到暴力攻击的女性犯罪者。被判重劳役的女性犯罪者多数从事洗衣工作或在服装厂工作。此外，由于南部州的女子监狱缺乏合理的卫生设施，加之监狱拥挤，监狱的医疗服务只向患有严重疾病的女性犯罪者开放，西部州立监狱系统与之很相似，这种情况直到20世纪才有所改善。

3. 南方监狱农场：类似半独立女子监狱

部分南部州采用了向私人农场或公有监狱农场出租女性犯罪者劳动力的模式。一开始，这些农场只是在南北战争后作为配合其他监狱接收女性犯罪者的临时场所。例如，一些州教养院在战争中被摧毁，一些虽然得以保存，但却再也无法容纳大量被判处强制劳动的非裔女性犯罪者。这意味着，强制劳动的刑罚在实质上成了奴隶制的替代品。在世纪之交的得克萨斯州，女性犯罪者都被送入了距离亨茨维尔主监狱7英里的私人农场。女性犯罪者为农场主劳动，农场主则为女性犯罪者提供食物和衣衫，作为交换，农场主每年向州政府支付租金。通常来说，黑人女性犯罪者下地劳作，而白人女性犯罪者则在室内干活。农场内的女性犯罪者生活条件很原始，也没有医疗设施。在南北战争后的佐治亚州，女性犯罪者被全数出租，立法机关派来的调查者最终发现女性犯罪者被和男性犯罪者关押在一起，居住在同一间宿舍里，不仅如此，租赁犯罪者的农场主还时常鞭打女性犯罪者。

　　毫无疑问，无论是对男性犯罪者还是女性犯罪者来说，农场劳动都并非是解决监狱人口问题的正确途径。被送往农场的犯罪者必须长时间在田间和山上劳动，习惯因为小小的失误而被守卫用皮带鞭打、被警犬攻击或被守卫骚扰。不像北部州的监狱管理者，南方对处遇和矫治犯罪者毫无兴趣。不仅如此，压榨犯罪者劳动力被视作盈利的方式。这种奴隶哲学在南部州十分盛行，许多官员都自然而然地将监狱制度转换为奴隶制度。

　　例如，得克萨斯监狱农场原来是种植园，运用大量监狱劳动力种植棉花、甘蔗和其他庄稼以使监狱实现自给自足。农场环境骇人，囚犯拥挤、房屋破败、床铺污秽、蚊虫遍布。守卫经常用锁链将犯罪者吊挂起来，仅让其脚趾勉强接触地面。员工经常殴打犯罪者或命令狱犬攻击犯罪者，州法亦允许使用皮带或棒球棍鞭打犯罪者。对此，得克萨斯州联邦女性俱乐部（Texas Federation of Women's Clubs）的女子监狱改革运动者们要求所有州一律以人道的处遇方式对待犯罪者，并请求州长任命一名女性加入监狱主管委员会（Board of Prison Commissioners），同时赋予该名女性官员完全掌管女性犯罪者事务的排他性权力。女子监狱的改革者们希望矫治犯罪者而不是将其暴露在糟糕的监狱环境下却不提供任何解决问题的措施。1921 年初，得克萨斯州的女性改革者们开始推送撤销监狱与私营工厂主的一份合同，后者意在购买亨茨维尔农场生产的服装。同时，改革者们还提出了禁止对犯罪者使用锁链的动议。1926 年，伊丽莎白·斯佩尔（Elizabeth Speer）被人任命为得克萨斯州立监狱委员会（Texas Prison Board）的执行秘书，该州女性始得在监狱系统中发出有影响力的声音。在斯佩尔女士的领导下，委员会于 1927 年至 1929 年间开始进行限制体罚、消除虐待行为和鼓励监狱教育等方面的改革。尽管如此，得克萨斯州的监狱系统仍依赖于种植农场并保留着各种形式的残忍惩戒方式。

二、全独立女子监狱

1. 美国州和联邦第一所全独立女子监狱的诞生

（1）印第安纳女子监狱：美国州第一所完全独立的女子监狱。

1869 年，印第安纳女子监狱建立，于 1873 年首次收入 17 名女性受刑人。该女子监狱是美国历史上第一个在行政上完全独立且完全由女性员工运营管理的女子监狱。在此之前，女性犯罪者只能被关押于印第安纳州立监狱，美国女子监狱改革先驱罗达·科芬在参观州立监狱时发现女性犯罪者囚室皆是由男性警卫看守，对女性相当不利，同时也有报告显示有女囚贿赂狱警、在狱警在场时对其他犯人实施性虐待和殴打行为的情况，甚至有警卫强迫女性犯罪者在他们面前洗澡的情况。因此，科芬开始游说政府建立一个独立的女子监狱，并于随后加入了该监狱的首任访问委员会。印第安纳女子监狱最初是以教养院模式建立起来的，被称为印第安纳女性教养院（Indiana Reformatory for Women and Girls）。科芬与其他女子监狱改革倡导者一样，坚信女性才是管理女性犯罪者的最佳人选，也只有女性能够理解女性犯罪者的"弱点"和其周围所充斥的"诱惑"。印第安纳教养院拓展了家庭处遇的范围，允许女性犯罪者穿长裙并配备雅致的装潢和家具，日常活动也以盥洗衣物、缝纫和针织为主。教养院只接收成年重罪犯、违法青年女性以及其他被判处不定期刑的女性。此种制度无意通过教育训诫来改造女性犯罪者，被认为沿袭了底特律庇护之家的先进模式，因为其完全独立于男子监狱并完全由女性管理运营。作为首个由女性掌管的女性监狱，印第安纳教养院树立了该州甚至全国监狱改革的标准。[1]

目前，印第安纳女子监狱仍旧为印第安纳州最高安全级别的全独立女子监狱，且位于城区。它不再像其设立最初那样限制受刑人种类，而是接受本州之内所有女性受刑人，孕妇、病患、精神病患、青年女性、老年女性、高风险女性等各种类型的女性受刑人皆可被其接收。不过，正因为如此，其管理及矫治措施受到的挑战更大。[2]

（2）奥尔德森女子监狱：美国联邦第一所全独立女子监狱。

虽然美国 19 世纪 60 年代就已经建立了独立的女子监狱，但是联邦层面却一直未有所动。终于在 1927 年，全美第一所联邦女子监狱成立，其位于西弗吉尼亚的奥尔德森，占地 50 英亩。首任女监狱长为玛莉·哈里斯（Mary Belle Harris），她特别强调培养女性犯罪者的技能，要求她们在狱中必须习得一技之长，摆脱传统束缚并给予受刑人极大自尊心。这些主张遂成为该监狱矫治之目标，并迅速成为美国女子监狱矫正的主流模式。该监狱在未正式"开张"之时就已经备受推崇，其在 1928 年 11 月 14 日正式启用之前已经接受了 174 名女性受刑人。

由于该监狱在设计之初主要用来关押轻罪罪犯，大多数属于毒品、酒精类犯罪以及白领犯罪等，因此安全层级很低，依然采取了村舍模式，不设武装守卫，也不设立隔离墙。其建筑包括了 14 栋村舍式房屋，每栋村舍都有独立的厨房，可供 30 人居住。受刑人入住之后，每天会被按照规划进行编排，每个人都必须参加劳动。从设立之初，该监狱便一直都重视对受刑人

---

〔1〕　See Rebecca Onion, *Indiana Women's Prison a Revisionist History*, Slate, 2005(3).

〔2〕　参见印第安纳女子监狱官网：http://www.in.gov/idoc/3075.htm, 2018 年 1 月 14 日访问。

的职业培训和成长管理。在 2004 年之前，该监狱对受刑人的自由活动管理较为宽松，允许她们在监狱内自由活动，但是 2004 年之后则不再允许她们在全监区范围内自由活动，活动范围被限制于监狱的一定范围之内。此外，她们还可以进行一些娱乐活动，例如排球等。

2. 全独立女子监狱的发展总括

在印第安纳州之后，马萨诸塞州也于 1877 年成立了女子监狱（Reformatory-prison for Women），密歇根州也在 1893 年于阿勒比吊（Albion）成立了西方女子庇护所（Western House of Refuge）。当时的女子收容机构均规划为农村形态，是一所由若干收容 20 名至 50 名人犯的独立农舍围绕行政大楼组成的女子矫正机构。透过农舍形态，让身处这里的女性犯罪者有居家的感觉与气氛。根据统计，1870 年至 1935 年间，美国共有 6 所独立的关押型女子监狱成立：4 所是建立在有教养院的州，只接收那些不适合进入教养院的女性犯罪者；2 所则建立在只有女子监狱的州。尽管立法使得女子监狱从男子监狱中逐渐脱离、独立，但女性犯罪者无法在监狱制度中享受自由，教养院仍只是毗邻男子监狱的关押型女性犯罪者监区。多数女子监狱都只有最低的预算，一切以管理方便为中心，不会关注对女性犯罪者的改造。建立独立关押型女子监狱仅仅意味着在原有监狱基础上更改名称，唯一的区别只是这样的监狱不再关押男性犯罪者。然而，不同于男子监狱的是，女子监狱很少雇佣全职医生、牧师和老师，为女性犯罪者提供的项目也十分有限。守卫依据矫正系统中男性管理者的指令负责监督女性犯罪者。[1]

唯一的例外是纽约州的瓦里特（Valatie）女子农场（State

---

〔1〕 See Cyndi Banks, *Women in Prison: a Reference Handbook*, ABC-CLIO, Inc., 2003, p. 6.

Farm for Women），其运行模式与众不同。农场管理者尝试为年老的女性犯罪者探索新的关押模式，这些女性犯罪者都是轻罪的惯犯，因此被送入农场而非地方拘留所。瓦里特农场占地 315 英亩，两个农舍中共居住着 60 名女性犯罪者。立法要求除非基于工作性质而必须雇用男性员工，否则农场的所有官员均为女性，这也解释了监狱长是男性的原因。农场的所有女性犯罪者都被判处最高为 3 年的不定期刑。农场前后总共接收过的 146 名女性犯罪者犯罪时年龄多数在 30 岁至 60 岁之间，是本地白人，大都有过酗酒前科。农场的经费总是捉襟见肘，女性犯罪者从事务农或缝纫工作，可以干的活不多。直至 1918 年，农场被健康机构接管改造为专门收治感染性病女性犯罪者的处遇中心，所有的女性犯罪者随即获得假释。

　　不过这些独立女子监狱的建立并非一帆风顺，其往往建立在长久的实践和相关女子团体争取到的权利的基础上。例如，加利福尼亚州圣昆廷监狱设立女子监区，受到了女性犯罪者的欢迎，但这些改变并没有触及女性犯罪者长期被忽略的问题本质。加利福尼亚州的女子监狱改革家仍希望为女性犯罪者建立一个完全由女性矫正官管理的独立女子监狱。1929 年加利福尼亚州通过立法兴建单独的女子监狱，该监狱位于蒂哈查皮山（Tehachapi Mountains）的卡明斯山谷（Cummings Valley）占地 1600 英亩。根据其监管委员会（board of trustees）的构想，该监狱以矫正而非惩罚为核心，以西弗吉尼亚州的奥尔德森（Alderson）监狱模式为蓝本，牢房都是 10 英尺×8 英尺大小的私人房间，被粉刷成彩色，女性犯罪者也可以选择按照自己的意愿对房间进行个性化装饰。刚开始，加利福尼亚州女子监狱（California Institute for Women）的男性管理者提出的改造计划并未与监管委员会的设想相吻合，因而没有涵盖任何教育或训练项目。

但在 1934 年第一位女性监狱长上任和完全由女性成员组成的监管委员会成立后，女性犯罪者得到了与男性犯罪者相区别的处遇。

第六节　美国女子监狱的当代发展

一、女子监狱和女性受刑人数量大量增长

到了 20 世纪 80 年代，全美的女子监狱数量翻了 3 倍。[1] 与此同时，女性受刑人数量也一直快速增长，但女性受刑人的数量的增长几乎都源自盗窃等轻财产犯罪、毒品犯罪和其他公共秩序犯罪。由于女性监禁状况逐渐被曝光在公众视野之下，导致男子监狱中的女性犯罪者监区和专门的女子监狱因受到重视而数量增多。尽管女性犯罪者数量持续上升，但仍仅占全美监禁人口的 7%，且各州的女性犯罪者数量差异较大，分布不甚平均。截至 2000 年 12 月 31 日，俄克拉荷马州的女性犯罪者人数达到有记录以来的最高水平，即每 10 万名女性中有 138 人被监禁，紧接着的是密西西比州，每 10 万名女性中有 105 人被监禁，监禁率最低的是马萨诸塞州和明尼苏达州，分别为每 10 万名女性中有 7 人被监禁和每 10 万名女性中有 15 人被监禁。[2]

二、同时监禁男女受刑人的联合监狱重新出现

尽管大部分州都是逐渐将男女受刑人分离监禁，但是有些州则采取了相反的尝试方向。例如，得克萨斯州于 1971 年建立

---

〔1〕 See Cyndi Banks, *Women in Prison : a Reference Handbook*, ABC-CLIO, Inc., 2003, p. 40.

〔2〕 See Cyndi Banks, *Women in Prison : a Reference Handbook*, ABC-CLIO, Inc., 2003, p. 39.

了第一联合矫正（co-correction）监狱。这似乎是又回到了早期，同一所监狱重新开始混合接收男性和女性犯罪者，只是安排在不同的监区，但共享同样的监狱项目和服务。20世纪70年代美国曾兴建了5座这样的联合矫正监狱，截至1977年，共有15所这类州立监狱。[1]在20世纪80年代末，美国25%的女性受刑人还被监禁于此类联合监狱设施内。美国联邦司法部也尝试采取这种联合监禁模式，但是在全国范围内这种联合监禁模式的发展并不顺利，在20世纪90年代时这种联合监禁模式的监狱数量有所下降。

许多学者都认为将男女混合关押的弊端多于益处。虽然性别混合监狱可能更接近现实世界中的社会状态并且可能比女子监狱提供更多的矫治项目，但是研究发现女性犯罪者在这种条件中有较大可能受到限制，而很难享受到那些增加的项目。令管教人员最担忧的是，在进行异性互动的过程中，女性受刑人可能会因与男性受刑人发生"性关系"而怀孕。这种异性间的性行为，就同性监狱内普遍流行的同性恋行为而言，看起来反而变成了一种不可思议的行为。此外，受刑人间可能发生三角恋情，感情上的竞争反而会增加紧张的情绪。

不过，一项更深入的研究发现，男女共收监狱制度的"利"远多于"弊"，例如，可降低紧张心理、使男受刑人之间暴力的鸡奸行为几乎不再发生，亦会减少女受刑人之间的同性恋行为。在1984年的一项研究中，研究者发现，男女共收监狱制度的受刑人，较喜欢在这种制度的监狱内服刑，因为可免于在同性的监狱内遭受暴力及攻击。有位女性受刑人甚至表示，男女共收制度的监禁环境比她在监狱外面的住所邻近地区的环境还安全。

---

〔1〕 See Cyndi Banks, *Women in Prison: a Reference Handbook*, ABC-CLIO, Inc., 2003, p. 40.

受刑人对于能依规定同时和男女受刑人进行互动，皆持着肯定的看法。他（她）们认为，此制度打破了单调的监禁生活，帮助他（她）们间建立了友谊关系，并在监狱内建构了正常社会的气氛。[1]

三、女子监狱理念的性别回应考量

当代美国女子监狱的理念已经从差别待遇、平等待遇发展为性别回应。在美国女子监狱发展的早期，由于女性受刑人太少而从根本上漠视女性受刑人的存在。在教养院时期，女权主义者基于男性与女性差别提出了分开监禁的三个理由，即女性犯罪应归咎于男性；透过矫治教化手段，可以使女性去除从男性处感染到的恶习；强调女性职员有能力管理与感化女性人犯。这就是男女受刑人差别待遇理念的提出。而在20世纪70年代之后，不少学者则要求男性和女性不仅要分开监禁，还要在外出、监护等各种执行制度上被平等对待，此即平等待遇理念。而当代美国女子监狱的改革者则在差别待遇理念和平等待遇理念的基础上发展出了性别回应理念。

对于性别回应理念，美国学者波洛克主张"男女天生不同，在监处遇也应该有所不同"[2]。因此，政府应该发展不同处遇以迎合女性受刑人之需求。对于这种新的模式与主张，有人称为"社会正义策略"（Social Justice Approach）或"女性化刑罚学"（Women-wise Penology）。本质上，这一时期的女子监狱理念倡导者承认差别待遇时期与平等待遇时期对于女性受刑人的

---

〔1〕 参见吴正坤："从犯罪矫治观点看女性犯罪问题"，载 http://www.corrections-cca.org.tw/index.php? do=publications_ detail&id=14447，2017 年 11 月 14 日访问。

〔2〕 转引自黄征男在 2014 年犯罪矫正协会上的发言——"女子监狱历史回顾与次级文化探讨"。

有利主张，并撷取该两时期之精华而成其策略。根据这一逻辑，即可分出男性受刑人与女性受刑人的差异，进而去了解女性受刑人之需求，因此，所谓的"公平对待"并不等于"相同对待"，而是一种"更切合实际，满足女性受刑人需求的对待方式"。

不过，会有此一主张主要是因为平等时期厉行的许多制度具有许多缺陷。例如，在量刑平等方面，女性犯罪者可能因为在长期家庭暴力下而杀人，却被判处了与男性犯罪者相同的刑期；建造新监狱以收容女性受刑人，结果造成高、中、低度安全管理的人犯均被监禁于同一处所；安排适合女性犯罪者之职训科目，但却是不具市场导向，因此，在所谓"平等原则"的要求下，矫正部门却以男性犯罪者之标准作为女性犯罪者处遇改善之标准，反而造成处遇品质的低下与重返社会之困难，正是基于所谓的"要求平等，却是造成更不平等"的窘境，"性别回应"矫正原则才得以产生。

性别回应理念要求正视男女性特质之差异，应用不同之处遇标准，但与平等时期所不同的是，严禁以男性之标准作为规划女性处遇之标准。当判刑或决定处遇时，法官应迎合、考量女性之特质与需求。例如，法官在量刑时如果发现该名女性犯罪者所犯罪名轻微、再犯可能性低且符合社区处遇条件，即可判服社区处遇或中途之家。甚至有学者主张所谓的性别回应策略即是以"除机构化"来代替监禁，更能迎合女性需求。因此，20世纪90年代以来对于女性受刑人的矫正策略，诸如选定监禁或非监禁、戒护管理、矫治处遇计划等层面，均考量到采取更符合、满足女性特质与需要的矫正虚遇制度或措施为宜。[1]

---

〔1〕　转引自黄征男在2014年犯罪矫正协会上的发言——"女子监狱历史回顾与次级文化探讨"。

第三章
CHAPTER03

主体构造：美国女子监狱制度的主体及其地位

制度的活性依赖于主体的推动。美国女子监狱的运转，首先即有赖于其主体的填充与操控。因此，在考察了美国女子监狱的立法演变之后，本章将着重分析美国女子监狱制度的主体构造。

第一节　美国女性受刑人的权利与义务

虽然是作为受刑人进入女子监狱服刑，但受刑人在服刑期间并没有完全被剥夺权利与义务，仍然在法律和监狱规则的限度内享有明确的权利，并承担明确的义务。

一、女性受刑人的权利

无论女子监狱的具体规则如何变化，其都是基于受刑人权利和义务的基础来构建管束制度的。因此，本书将在此分析美国女子监狱受刑人的权利。根据美国奥尔德森女子监狱管理手册的罗列，美国女性受刑人的一般性权利主要有11项：①作为一个自然人，有权被所有人尊重地、公平地、公正地对待；②有权被告知关于监狱运作的规则、程序和安排；③有权享有宗教信仰自由并自愿参与宗教活动；④有权享有健康保障，包括营养饮食、合适住宿和得体穿着，洗衣的便利，经常淋浴的权利，合适的通风设备，固定的训练时间、如厕时间和医疗与牙科待遇；⑤有权与家庭成员和朋友会见与通信，在遵守司法部和监狱规定的条件下与媒体通信；⑥有权不受限制和保密地与法院通信，例如，关于判决合法性、公民权利、未决案件和监禁条件等问题的通信权利；⑦有权接受来自通过来访或者通信选择的律师咨询服务；⑧有权使用法律图书馆的参考资料帮助解决法律问题，也有权接受法律扶助项目的帮助；⑨有权基于教育或者个人兴趣阅读各种书籍资料，包括在一定条件下从社会上邮寄来的资料；⑩有权在资源可资利用的情况下参与教育、职业训练和工作，并与自己的兴趣、需求和能力符合；⑪有权在符合监狱安全与秩序的情况下利用自己的资金进行商业消费和其他交易，放款或存款以及扶助家庭。[1]

表5 美国女性受刑人一般性权利项目表

项目	一般性权利
1	作为一个自然人，有权被所有人尊重、公平、公正地对待。
2	有权被告知关于监狱运作的规则、程序和安排。
3	有权享有宗教信仰自由并自愿参与宗教活动。
4	有权获得健康保障，包括营养饮食、合适住宿和得体穿着，洗衣的便利，经常淋浴的权利，合适的通风设备，固定的训练时间、如厕时间和医疗与牙科待遇。
5	有权与家庭成员和朋友会见与通信，在遵守司法部和监狱规定的前提下与媒体通信。

〔1〕 See Inmate Handbook of FPC Alderson, 2014.

续表

项目	一般性权利
6	有权不受限制和保密地与法院通信，例如关于判决合法性、公民权利、未决案件和监禁条件等问题的通信权利。
7	有权接受通过来访或者通信选择的律师咨询服务。
8	有权使用法律图书馆的参考资料，也有权接受法律扶助项目的帮助。
9	有权基于教育或者个人兴趣阅读各种书籍资料，在一定条件下也包括从社会上邮寄来的资料。
10	有权在资源可资利用的情况下参与教育、职业训练和工作，且这些教育、职业训练和工作应与自己的兴趣、需求和能力相符。
11	有权在符合监狱安全与秩序的情况下利用自己的资金进行商业消费和其他交易，放款、存款以及扶助家庭。

本表由作者根据美国奥尔德森女子监狱管理手册进行整理。

　　由于监狱内医疗保健的特殊性，美国联邦女子监狱还专门就医疗保健过程中的权利与义务进行了详细规定和说明。女性受刑人在美国女子监狱服刑期间有权以被尊重基本人权的方式接受医疗保健服务，其医疗保健权利具体包括16项：①有权以其服刑监狱所在地之程序接受医疗保健服务，包括医疗服务、牙医服务以及其他所有支持性服务，医疗服务应当在监狱机关内部列明，如果受刑人遵守了监狱内现存的医疗规章制度，医疗保健服务便不能因为受刑人没有私人资金付账而拒绝医疗；②有权知道医疗保健服务提供者的姓名和职业身份，并且应当被以受尊重、谨慎和有尊严的方式对待；③有权告知医疗人员关于本人医疗保健的任何问题；④如果被允许在医院进行住院治疗时，有权获得联邦监狱局的帮助和指导进行预立遗嘱或者生前遗愿；⑤有权获知对自己的诊断、治疗或预测方面的信息，包括有权被告知与预料结果差异甚大的医疗保健结果；⑥有权获得自己健康记录中非保密部分的复印本；⑦有权在医疗中获得隐私尊重；⑧有权参与健康提升或疾病预防项目，包括传染病预防教育项目；⑨有权向自己的医疗保健提供者告知疼痛，有权获得及时评估和处理自己疼痛的权利，有权被告知疼痛和疼痛管理的问题以及关于疼痛治疗的有限性和负面作用；⑩有权及时获得处方药治疗和持续性获得推荐医疗提供者的权利；⑪有权获得健康和新鲜的食物和健康食谱的指导；⑫有权在 50 岁以下获得 3 年一次的预防性健康体检，在 50 岁以上获得每年一次的预防性健康体检；⑬有权按照联邦监狱局的规定获得预防性检查、紧急检查和常规检查等牙科服务；⑭有权获得安全、干净和健康的环境，包括无烟环境；⑮有权按照联邦监狱局的规定拒绝相关医疗服务（不过拒绝某些诊断检查可能会导致强制性检查），有权获得被自己所拒绝治疗之疾病的相关影响；⑯有权向对自己或被自己伤害之人的相关共同支付医疗提出疑问或申诉。这些权利，相对于一般性权利而言更加具体。

表 6　美国女性受刑人医疗保健权利

项目	医疗保健权利
1	有权依据服刑监狱所在地之程序接受医疗保健服务，包括医疗服务、牙医服务以及其他所有支持性服务，医疗服务应当在监狱机关内部列明，如果受刑人遵守了监狱内现存的医疗规章制度，医疗保健服务便不能因为受刑人没有私人资金付账而拒绝提供医疗。
2	有权知道医疗保健服务提供者的姓名和职业身份，并且应当被以受尊重、谨慎和有尊严的方式对待。
3	有权告知医疗人员关于本人医疗保健的任何问题。
4	如果被允许在医院进行住院治疗，有权在联邦监狱局的帮助和指导下预立遗嘱或者生前遗愿。

项目	医疗保健权利
5	有权获知对自己的诊断、治疗或预测方面的信息，包括有权被告知与预料结果差异甚大的医疗保健结果。
6	有权获得自己健康记录非保密部分的复印本。
7	有权在医疗中获得隐私尊重。
8	有权参与健康提升或疾病预防项目，包括传染病预防教育项目。
9	有权向自己的医疗保健提供者告知疼痛，有权获得及时评估和处理自己疼痛的权利，有权被告知疼痛和疼痛管理的问题以及关于疼痛治疗的有限性和负面作用。
10	有权及时获得处方药治疗和持续性获得推荐医疗提供者服务。
11	有权获得健康和新鲜的食物和健康食谱指导。
12	有权在 50 岁以下获得 3 年一次的预防性健康体检，在 50 岁以上获得每年一次的预防性健康体检。
13	有权按照联邦监狱局的规定享受预防性检查、紧急检查和常规检查等牙科服务。
14	有权获得安全、干净和健康的环境，包括无烟环境。
15	有权按照联邦监狱局的规定拒绝相关医疗服务（不过拒绝某些诊断检查可能会导致强制性检查），有权获知被自己拒绝治疗之疾病的相关影响。
16	有权向对自己或被自己伤害之人的相关共同支付医疗项目提出疑问或申诉。

本表由作者根据美国奥尔德森女子监狱管理手册进行整理。

二、女性受刑人的义务

受刑人的义务与权利相对应，在享有权利的同时，就应当承担与之相对应的义务。根据美国奥尔德森女子监狱管理手册的罗列，美国女性受刑人的一般性义务主要有 11 项：①有义务以尊重、公平、公正的方式对待监狱工作人员和其他受刑人；②有义务去了解监狱运作的规则、程序和安排并遵守规则；③有义务认知并尊重其他人的宗教自由权利；④有义务不能浪费食物、遵守洗衣和淋浴规定，保持住宿整洁，禁止私藏违禁品，仅在需要时寻求医疗和牙医服务；⑤有义务在会见过程中表现得体，不接受或者递送违禁品，在通信过程中不违反法律、司法部规则或监狱规则；⑥有义务诚实和公平地向法院申诉、咨询或发问；⑦有义务诚实和公平地使用律师服务；⑧有义务按照程序和约定时间使用这些资源并有义务尊重其他受刑人使用这些资源和帮助的权利；⑨有义务在不剥夺他人平等使用这些资料的前提下为个人利益寻求和使用这些资料；⑩有义务参与那些能够帮助自己在监狱和社会中成功生活和守法的活动，有义务在参与这些活动时遵守这些活动的规则；⑪有义务完成金融或法律责任，包括但不限于法庭命令的评估、赔偿或者罚款，也有义务保持自己的账户符合释放计划、家庭需求或者其他应当承担的义务。

为便于比较，我们依然通过列表方式对其相关的义务进行列表分析。从中可以发现，美国女性受刑人的一般性义务与其一般性权利其实是一一对应的关系，在享有某项权利的同时，即有与之对应的一项义务需要附随遵守。

表7　美国女性受刑人一般性义务项目表

项目	义务
1	有义务以尊重、公平、公正的方式对待监狱工作人员和其他受刑人。
2	有义务去了解监狱运作的规则、程序和安排并遵守之。

项目	义务
3	有义务认知并尊重其他人的宗教自由权利。
4	有义务不浪费食物、遵守洗衣和淋浴规定，保持住宿整洁，禁止私藏违禁品，仅在需要时寻求医疗和牙医服务。
5	有义务在会见过程中表现得体，不接受或者递送违禁品，在通信过程中不违反法律、司法部规则或监狱规则。
6	有义务诚实和公平地向法院申诉、咨询或发问。
7	有义务诚实和公平地使用律师服务。
8	有义务按照程序和约定时间使用这些资源并尊重其他受刑人使用这些资源和帮助的权利。
9	有义务在不剥夺他人平等使用这些资料的前提下为个人利益寻找和使用这些资料。
10	有义务参与那些能够帮助自己在监狱和社会中成功生活和守法的活动，有义务在参与这些活动时遵守这些活动的规则。
11	有义务完成金融或法律责任，包括但不限于法庭命令的评估、赔偿或者罚款，也有义务保持自己的账户符合释放计划、家庭需求或者其他应当承担的义务。

本表由作者根据美国奥尔德森女子监狱管理手册进行整理。

由于监狱内医疗保健的特殊性，美国联邦女子监狱还专门就医疗保健过程中的权利与义务进行了详细规定和说明。女性受刑人在医疗保健领域的义务主要包括16项：①有义务遵守服刑机构的医疗保健政策和遵守服刑机构根据医疗保健提供者的建议为自己所定制的治疗计划，有义务为自己主动引起的紧急服务之外的医疗保健问题付费，有义务为自己故意伤害的他人之医疗服务支付费用；②有义务尊重医疗保健服务提供者并按照他们的指导保持和改善健康；③有义务以可接受的方式表达自己的关切，例如向监狱管理人员咨询的方式、诉愿程序的方式等；④有义务向联邦监狱管理局提供准确的信息，以便于完成协议；⑤有义务对信息保密；⑥在获得非保密部分医疗记录的时候有义务熟悉当前的最新政策并遵守这些政策；⑦如果在密闭性检查期间有要求安全性的，则有义务遵守安全程序；⑧有义务保持健康，不参与可能导致传染病扩散或者感染的行为，以防自己或者他人被感染；⑨有义务向医疗保健服务提供者如实交流疼痛或者关于疼痛的担忧，有义务遵守治疗计划和医疗限制，有义务如实告知医疗保健服务提供者自身状况的积极与消极变化，以便于确保及时跟进治疗；⑩有义务如实告知医疗保健服务提供者、遵守处方治疗和处方说明，有义务不向其他人提供自己的药物；⑪有义务健康饮食，不能浪费粮食；⑫有义务在需要做检查时通知医务人员；⑬有义务保持口腔卫生和健康；⑭有义务保持个人和公共区域清洁，与他人和平相处，也有义务遵守禁烟规则；⑮有义务在因为拒绝治疗而发生相应疾病影响时及时通知医疗人员，也有义务签订书面的拒绝治疗书；⑯按照联邦监狱政策，有义务在咨询或申诉时支付 2 美元，也有义务为造成的他人伤害支付治疗费用。与医疗保健权利对照起来看，实际上二者也存在相对对应的关系。

表 8　美国女性受刑人医疗保健义务

项目	医疗保健义务
1	有义务遵守服刑机构的医疗保健政策和服刑机构根据医疗保健提供者的建议为受刑人所定制的治疗计划，为自己主动引起的紧急服务之外的医疗保健问题付费，为自己故意伤害的他人之医疗服务支付费用。
2	有义务尊重医疗保健服务提供者并按照他们的指导保持和改善健康状况。
3	有义务以可接受的方式表达自己的关切，例如向监狱管理人员咨询的方式、诉愿程序的方式等。

续表

项目	医疗保健义务
4	有义务向联邦监狱管理局提供准确的信息，以便于完成协议。
5	有义务对信息保密。
6	在获得非保密部分医疗记录的时候有义务熟悉当前的最新政策并遵守之。
7	如果在密闭性检查期间有安全性要求，则有义务遵守相关安全程序。
8	有义务保持健康，不参与可能导致传染病扩散的行为，以防自己或者他人被感染。
9	有义务向医疗保健服务提供者如实阐述疼痛或者关于疼痛的担忧，遵守治疗计划和医疗限制，如实告知医疗保健服务提供者自身状况的积极与消极变化，以便于医疗保健服务提供者及时给予跟进治疗。
10	有义务如实告知医疗保健服务提供者、遵守处方治疗和处方说明，不向其他人提供自己的药物。
11	有义务健康饮食，不能浪费粮食。
12	有义务在需要做检查时通知医务人员。
13	有义务保持口腔卫生和健康。
14	有义务保持个人和公共区域的清洁，与他人和平相处，遵守禁烟规则。
15	有义务在因为拒绝治疗而发生相应疾病影响时及时通知医疗人员，也有义务签订书面的拒绝治疗书。
16	按照联邦监狱政策，有义务在咨询或申诉时支付 2 美元，也有义务为造成的他人伤害支付治疗费用。

本表由作者根据美国奥尔德森女子监狱管理手册进行整理。

第二节　美国女子监狱管理人员及其职责

一、美国女子监狱管理人员

美国女子监狱对管理人员的分类较为明晰，除去狱警外，每个监狱都有大量的专业人员以提供专业服务。一般而言，美国女子监狱的管理人员可以被分为四大部分：监狱核心领导团队、监狱日常管理团队、监狱防卫管理团队、监区管理团队。

第一部分是监狱核心领导团队，主要包括监狱长、副监狱长等对女子监狱的整体运作全面负责的人员，一个监狱一般由 1 名监狱长和若干名副监狱长组成。

第二部分为监狱日常管理团队，主要包括负责监狱全区的个案管理、矫正资源、人力资源、外部协调、健康管理、心理管理、食品管理、毒品成瘾矫治、社会复归等相关事务的人员，每个监狱根据其定额受刑人人数分配日常管理团队人员。其中对女性受刑人矫治最为重要的是心理师、健康服务官、教育管理官等。心理师主要是作为专家为毒品矫治等受刑人矫治项目提供建议，健康服务官主要应根据受刑人的医疗需求提供必要的医疗服务，教育管理官则主要管理监狱内部的学术学习项目、职业培训项目并制定教育规划目标。

第三部分是监狱防卫管理团队，主要是狱警队伍，负责防卫监狱的内部日常运作和外部安全，对监狱的运作进行 24 小时防卫查巡，一般按季度轮换巡值不同的监区，对狱警队长负责。

第四部分是监区管理团队，监区管理团队是直接负责对女性受刑人进行矫治的团队，主要包括监区长、个案管理员、顾问员、监区秘书等。监区长对整个监区的内部安防、一般安全、共同卫生、规划以及监区项目的执行和评估等整体负责，决定监区活动的规划并担任监狱纪律委员会的主席。个案管理员主要负责女性受刑人的分类、项目审查等，为假释听证和释放计划做准备，并就相关培训、提前释放、通信请求、电话与信件收取等进行接洽，甚至在假释委员会或缓刑办公室有要求的时候提供报告等。顾问员的角色在不同的监区可能因为监区的指定或者规划安排而不同，可以指挥正式、非正式的端对、个人顾问项目以及作为其他监区成员的联络员，特别是在工作视察、设置来访名单、财政能力提升项目（Financial Responsibility Program）、住所与工作安排等方面进行协调和辅助。监区秘书主要负责监区的文书工作，包括保存文档、打印报告、回复信件等。此外，每个监区还会分配若干心理代表、健康服务代表、教育代表、普通狱警，以作为相关心理管理、健康服务、教育、安防管理的执行人和监区管理团队的合作人，并对上级业务主管官员负责。

　　为更详细地了解美国女子监狱的管理人员构成，本书将对美国奥尔德森女子监狱的管理手册进行整理。其管理团队主要有 40 名管理人员。核心领导团队：监狱长、副监狱长共 2 人。日常管理团队：个案管理协调官、矫正系统管理官、教育管理官、设施管理官、人力资源官、电脑服务官、投诉官、商业管理官、信托基金监督官、健康服务管理官、食品服务管理官、首席心理师、住宿式毒品滥用项目协调官、安全管理官、复归事务协调官等 16 人。防卫管理团队：狱警队长 1 人及若干普通狱警。两个监区管理团队核心人员分别为 10 人和 11 人，监区管理团队主要包括监区长、个案管理员、矫治顾问员、监区秘书以及专事酒精与毒品的特殊心理咨询人员。此外，每个监区还分配有若干心理代表、健康服务代表、教育代表、普通狱警。不过，这份数据没有能够显示相关总体狱警数量以及每个监区心理代表、健康服务代表、教育代表和狱警数量，这些未在管理手册中明示，而本书从美国奥尔德森女子监狱官方网站也并未查到相关数据。[1]

表9 奥尔德森女子监狱主要管理人员列表

类别	名称	数量
监狱核心领导团队	监狱长	1
	副监狱长	1
监狱日常管理团队	个案管理协调官	1
	矫正系统管理官	1
	教育管理官	1
	设施管理官	1
	人力资源官	1
	电脑服务官	1
	投诉官	1
	商业管理官	1
	信托基金监督官	1
	健康服务管理官	1
	食品服务管理官	1
	首席心理师	1
	住宿式毒品滥用项目协调官	2
	安全管理官	1
	复归事务协调官	1

---

〔1〕 See Inmate Handbook of FPC Alderson，2014.

类别	名称	数量
监狱防卫管理团队	狱警队长	1
	普通狱警	未知
Valley 监区 管理团队	监区长	1
	个案管理员	3
	酒精与其他毒品咨询员	1
	矫治顾问员	3
	监区秘书	2
	心理代表	未知
	健康服务代表	未知
	教育代表	未知
	普通狱警	未知
Ridge 监区 管理团队	监区长	1
	个案管理员	4
	矫治顾问员	3
	监区秘书	3
	心理代表	未知
	健康服务代表	未知
	教育代表	未知
	普通狱警	未知

本表数据由作者根据美国奥尔德森女子监狱管理手册进行整理。

二、美国女子监狱管理人员的具体职责

如上文所述，美国女子监狱管理人员种类繁琐，但是核心人员主要包括监区长、个案管理员、矫治顾问员、监区秘书、矫治官等五类人。这五类人员构成女子监狱日常管理的核心，各司其职、互相配合，成为一个管理整体。监狱内部管理只有落实到具体的监区，才能将职责具体化，因此，笔者重点关注构成监区的五类人员之职责。

监区长（Unit Manager）是女子监狱内部监区的行政长官，负责监督所有的项目和活动。在通常情况下，个案管理员、矫治顾问员、监区长以及教育雇工、心理雇工等共同组成一个管理委员会，而监区长就是这个管理委员会的主席。监区长审核监区团队的决策，也可能担任专门听审纪律违反行为的监区纪律委员的主席。监区长会在入监分类时起到掌控作用，也会在后续的项目中参与讨论相关人员的具体安置问题。

个案管理员（Case Manager）负责女子监狱内部所有的个案管理和服务工作，不仅要准备受刑人分类材料，还要准备进展报告、释放计划、通信以及其他与受刑人服刑有关的材料。其作用在于在行政主管部门、受刑人和社会之间架起沟通的桥梁。

矫治顾问员（Correctional Counselor）向监区内的女性受刑人提供制度调整（institutional adjustment）、个人困境（personal difficulties）、未来计划（plans for the future）等方面的咨询与导引，更多地起到一种心理疏导作用。矫治顾问员在女性受刑人服刑安置期间，在与受刑人活动有关的项目中处于不可或缺的核心地位。矫治顾问员也会将社会心理工作人员引入到受刑人的咨询中，或者将受刑人的心理咨询引向一般社会群体。

监区秘书（Unit Secretary）的职责主要是一些行政事务性工

作，例如准备即将刑满释放的女性受刑人的释放文书。

矫治官（Unit Officer）是直接面对女性受刑人的一线管理人员，对受刑人的日常监管和监狱规则与规范的强制执行直接负责，在女子监狱管理中发挥安全、安保与公共卫生的作用。因为矫治官需常规性地与受刑人进行联系，因此，在与受刑人的交流不会影响矫治官主要职责的前提下，管理层往往提倡矫治官与受刑人建立稳定的专业性关系。矫治官管理着受刑人进出监区，负责对违禁品进行日常检查。

第三节　美国女子监狱的监管机构

一、美国女子监狱的一般监管

美国女子监狱分属联邦、州和地方政府，因此，相应的不同类别的女子监狱就有不同的联邦、州和地方政府管理。

联邦所设立的女子监狱由联邦监狱局统一管理，至今已经有 28 座联邦女子监狱。1891 年，美国国会批准了《三监狱法案》（Three Prison Act），授权在堪萨斯州利文沃斯、佐治亚州亚特兰大以及华盛顿州麦克尼尔岛（McNeil Island）三处设立联邦重罪监狱，联邦监狱系统建立。1907 年，美国司法部设立监狱总监管一职，负责监督管理联邦监狱。1930 年 5 月 30 日，国会通过议案批准成立联邦监狱局（Federal Bureau of Prisons），负责管理联邦监狱系统。至此，美国联邦监狱管理体系才正式建立。

各州所设立的女子监狱由各州的监狱与矫正部门管辖，州层面的管辖单位很少被直接称为监狱管理局，而多数被称为矫正局，例如，内华达州管辖州立女子监狱的主管部门被称为矫正部（department of correction），加利福尼亚州管辖州立女子监狱的主管部门被称为加利福尼亚州矫正与复归部（department of correction and rehabilitation）。部分州有统一的监狱系统，将所有州立监狱和地方监狱均交由州统一运作。

地方女子监狱一般是由地方政府直接管辖，而实际上，地方女子监狱的数量也最为庞大，换言之，地方政府才是管控女性受刑人的最主要机关。不过，许多小的县和城市的地方监狱并不实行对男女受刑人的分类关押（也就是说，并不按照犯罪者所犯罪行的类别和其他因素将受刑人关押到不同区域）。除了部分小型地方监狱采取"近距离警戒"，以防控受刑人之间的暴力行为外，其他的监狱并不考虑受刑人的犯罪记录，而是直接将他们关押在同一间牢房中。部分地方监狱占地面积较大，划分为数个不同安全级别的关押区。例如，美国最大的地方监狱是伊利诺伊州库科县的库科县立监狱（Cook County Jail，位于芝加哥市）。[1]该监狱有 11 个不同的区域，包括一个医疗区和两个女性受刑人区，不同的区域安全级别不同，有开放式的宿舍型牢房，还有超高安全级别的禁闭牢房。在加利福尼亚州，为了防止暴力，县立监狱和加利福尼亚州矫正与康复部中心的受刑人被按照种族、民族和性取向分隔开。

二、特殊监管机构：女子监狱监管小组

在常规行政管辖部门之外，美国还设置了一些专门针对女子监狱运作进行监管的机构，其中纽约州女子监狱监管小组（women in prison project，WIPP）最为著名。女子监狱监管小组是 1846 年纽约州通过立法授权纽约州矫正协会建立的专门监管

---

〔1〕　详细介绍参见库克县立监狱官方网站：https://countyjail.net/Illinois/Cook-County-Jail，2017 年 8 月 14 日访问。

纽约州女子监狱状况的执法小组，于 1991 年正式创立，是对纽约州矫正协会独特立法授权的拓展利用。其目标主要包括四个：减少对女性使用监禁；确保针对女性的监禁条件尽可能人道和公正；努力促进创立能够对待人们及其家庭公正、尊重和正义的刑事司法体制；提升女性受刑人与前女性受刑人在改革直接影响她们生活的刑事司法政策中的参与度和领导力。

表 10　纽约州女子监狱监管小组的目标

1	减少对女性使用监禁。
2	确保针对女性的监禁条件尽可能人道和公正。
3	努力促进创立能够公正、尊重、正义地对待人们及其家庭公正、尊重和正义的刑事司法体制。
4	提升女性受刑人与前女性受刑人在改革直接影响她们生活的刑事司法政策中的参与度和领导力。

为达成上述目标，2003 年，女子监狱监管小组发起了"再联系"（ReConnect）项目，这是一个领导力培训项目，用以培训刚从监狱归家的女性受刑人，并为项目的完成者和其他参与项目活动的前女性受刑人提供广泛的机会，以帮助她们重新回归社会和家庭。此外，女子监狱监管小组还与拥有 1800 名成员的庞大的全国性组织——美国女性受刑人联盟（成员主要包括前女性受刑人和其他力促刑事司法回应女性权利和需求的倡导者）——进行合作。与女性受刑人联盟一起，女子监狱监管小组发起了多个项目，以对苛刻的司法政策进行改革。女子监狱监管小组的主要政策倡议集中于推进女性受刑人的生育正义，改革刑事司法对家庭暴力幸存者为进行自我保护而触犯刑法之行为的回应方式。[1]

---

〔1〕 See WIPP, *WIPP Brochure*, Correctional Association of New York, 2018.

三、私营女子监狱的行政介入

通常情况下私营女子监狱是根据与政府签订的合作协议或承包协议独立运营的。这种协议通常是和矫正局等监狱管理部门签订，但是其日常运营则由其他部门监管。例如，在佛罗里达州，和私营女子监狱 Gadsden Correctional Facility 签订运营协议的是佛罗里达州矫正局（Florida Department of Corrections），而监督 Gadsden Correctional Facility 日常运营的却是 Department of Management Services。但在发生紧急情况时，政府也有权力强制性介入私营女子监狱的运营。这种紧急情况下的介入属于行政部门的特殊权力，并不会被经常利用。

2017 年就有议员理查德森（Richardson）调查到私营女子监狱存在严重的公共卫生问题，要求州长直接使用紧急权力介入 Gadsden Correctional Facility 的运作。理查德森发现 Gadsden Correctional Facility 内 C 区的 284 名女性受刑人数个月都没有热水供应，也不能加热，浴室内水流成河，不得不忍受着每天定量供水的痛苦，洗漱池里甚至积满了食物残渣。随后，他将 Department of Management Services 部门长官乍得·波普尔（Chad Poppell）带到 Gadsden Correctional Facility，波普尔在经过调查之后立即更换了定点监管人员（on-site monitor）和州的首席监管员（state's chief inspector general），并重新派人调查 Gadsden Correctional Facility 的安保和安全问题。但是，理查德森对此并不满意，于是他给州长写信，要求州长动用紧急状态权力，免除 Gadsden Correctional Facility 的监狱长，由政府接管 Gadsden Correctional Facility。他在信中要求州长"命令佛罗里达州矫正局安排一个监狱长、安保长官以及其他恢复秩序所必须之人员，翻转 Gadsden

Correctional Facility 内的机制失控"。[1]

第四节　美国女子监狱与相关机构的关系

一、与警察部门的关系

要厘清美国女子监狱与警察部门的关系，需要先从结构上弄清美国警察体系的复杂关系。美国警察从整体上可以分为联邦警察、州警察和地方（县、市）警察以及学校等特殊区域的警察。

联邦警察主要分属于司法部、国土安全部以及国会警察局，其职能主要是执行联邦法律。国土安全部下属的警察部门主要包括：保护总统、副总统及其直系亲属，其他政府官员及外国使团的特勤局；保护美国飞机、乘客和机组人员进行空中安全防范的联邦空中警察；规范和促进国际贸易，征收进口关税，并且执行美国贸易法律的美国海关及边境保卫局等。司法部下属的警察部门主要包括：保护联邦法院、证人、追捕跨州罪犯、囚犯押送等任务的美国法警局；负责调查、执行三百多个联邦法律或严重威胁国家安全的犯罪行为的联邦调查局；执行有关毒品的法律和法规的缉毒局；负责监狱管理的联邦监狱局；负责烟酒枪支爆炸物等管制品执法的美国烟酒枪炮及爆炸物管理局。公立的 28 个联邦女子监狱都属于联邦监狱局下属单位，与联邦监狱局之间是上下级关系，联邦女子监狱中的执法人员即属于警察——狱警（Correctional Officers），在监狱、少年管教所

---

〔1〕See Mary Ellen Klas, "Florida's Largest Privately-operated Women's Prison is in Danger Zone Lawmaker Wants Gov. Scott to Act", http://www. miamiherald. com/news/politics-government/state-politics/article140446938. html#storylink=cpy.

和收容所，看守犯人和被管教人员，维护监狱治安，在监狱以外地区没有执法权。在地方上，各州都有自己的警察机构，他们和联邦警察之间不存在隶属和上下级关系，由各州直接领导。各州的公立女子监狱都是由各州矫正局等执法部门管辖，依然属于警察类别。市、县警察机构的数量虽然不少，但是大多规模较小，同时还要负责做好地方的监狱管理工作，有些县的警察局长还兼任监狱的监狱长。

但需要注意的是，虽然从管理机制上看，无论是联邦还是地方，只要是公立的女子监狱就都属于警察执法部门之分支，不过公立女子监狱中并非只有警察一类人员，很多心理咨询人员、医护人员、社工人员、宗教人士、心灵导师、教育人员等均并非警察，而是属于雇员或者社会组织工作人员，甚至还有义工。

此外，对于美国一直存在的私营女子监狱，该类监狱与美国政府之间是通过协议方式合作的。这类监狱中的执法人员不属于警察，与警察部门也没有关系，工作人员很多都是保安公司的武装雇员。

二、与法院的关系

在通常情况下，女子监狱与法院之间属于刑事司法的上下承接关系，被告被法院判处监禁刑、死刑后会被送交至监狱机关执行刑期或者等待死刑上诉、执行等。在这样一个关系中，监狱总是被动的一方，而法院总是主动的一方。但是，根据《美国法典》第 18 章第 3582 条规定的"同情释放或量刑折扣"（Compassionate Release/Reduction in Sentence）条款，美国联邦监狱局局长可以在受刑人当前所展现出的特殊与特定条件下主动向量刑法庭提起对受刑人的减刑申请。虽然这类特殊条件经常发生在受刑人具有特殊医疗需求的情况下，但是特殊条件并不限于医疗条件。

在监狱主动提起受刑人减刑申请时，监狱方会与受刑人的控诉方进行商量，也会通知案件的被害人。如果受刑人的减刑申请被量刑法庭批准，法官会同时签发一个有条件释放令，受刑人通过监管性释放（supervised release）的方式执行完剩余刑期。如果受刑人的减刑申请被驳回，则会告知驳回的理由。受刑人也可以通过行政救济程序（Administrative Remedy Procedure）对减刑驳回的决定进行申诉。如果是总检察长或者联邦监狱局局长的驳回，则不可上诉。

三、与总统或州长的关系

在美国，总统或州长拥有的特殊行政赦免权，使得女子监狱与总统或州长也有着特殊关系，因为正在服刑的女性受刑人可能因为总统或州长的减刑或赦免而提前出狱或改变刑期。行政赦免权的实现主要包括两种形式[1]：一是行政赦免（Pardon），即象征着原谅的行政宽宥行为；二是行政减刑（Commutation of Sentence），将受刑人的刑期减去一定期限。不过受刑人要想获得行政赦免，需要通过申请，所以受刑人应当及时通过个案管理员了解申请行政赦免的相关信息。

对受刑人的行政赦免既不表明受刑人无辜，也不会删除受刑人的犯罪记录，但会恢复其公民权利，促进因为犯罪行为而失去的专业或者其他证照的恢复。在联邦层面，行政赦免往往需要服满 5 年以上刑期才能申请。对于一些比较严重的罪行（例如，毒品犯罪、枪支犯罪、税收犯罪、伪证罪、背信罪、重

---

〔1〕 除了赦免和减刑之外其实还有一种暂缓执行（reprieve）。

大诈骗罪、有组织犯罪等），则通常需要等到限刑 7 年以上才能申请。

行政减刑也是监狱方建议受刑人申请的一类行政赦免。行政减刑往往是矫正已经在刑事司法程序中发生了的量刑不公的最后机会。不过，就联邦层面而言，行政减刑的申请非常烦琐，需要填写很多表格，所以不少联邦女子监狱都会有专门的团队帮助受刑人申请行政减刑。各州的行政减刑申请条件与程序繁简不一。[1]

四、与假释委员会的关系

美国女子监狱与假释委员会（Parole Commission）也有密切关系，因为受刑人服刑到一定期限且达到一定条件之后就可以通过假释的方式提前回归社会，这一过程离不开监狱本身的参与。假释是根据美国假释委员会设定的条件将受刑人释放，既不是行政赦免也不是行政减刑，获得假释的受刑人出狱后需要在假释官的监督之下完成剩余刑期。

各州规定的假释条件有所差异，本书以联邦女子监狱的假释为例进行说明。要获得假释需要受刑人申请，申请人可以选择开庭听证，也可以选择不开庭听证，不过如果选择不开庭听证，则申请人应当在假释听证开庭前将放弃书交给其个案管理员，并将放弃书作为申请材料的核心部分一并附随。但是放弃开庭听证在原定开庭听证日期之前任何时间都可以反悔，进而重新选择开庭听证。假释委员会在大部分的监狱会每 2 个月开庭听证一次。

---

〔1〕 See J Grcic, "The Rule of Law and Presidential Pardon", *20 International Journal of Applied Philosophy*, 2006（1），pp. 97~105.

申请开庭听证是申请人的责任，但是个案管理员一般都要参与其中。个案管理员需要准备申请人一直以来的表现记录以及其他在假释听证时需要展示的信息。个案管理员通常需要出席申请人的假释听证，但其功能只是回答假释官的提问，而不是监狱方的代表。

在假释听证之后，申请人会被告知假释官作出的暂时性决定，该暂时性决定还需要经过假释委员会地区办公室的确认才能成为最终结果。这个确认过程通常需要3周至4周，并且不是通过面对面的方式宣布，而是通过申请通知书（Notice of Action）的方式告知申请人。如果对决定不满，可以就假释决定进行上诉。如果批准了假释的预估日期，则监狱方需要在假释期限开始之前3个月至6个月将申请人的假释进展报告（parole progress report）报送给假释委员会。[1]

〔1〕 See S. X. Zhang, R. E. L. Roberts, D. Farabee, "An Analysis of Prisoner Reentry and Parole Risk Using COMPAS and Traditional Criminal History Measures", *60 Crime & Delinquency*, 2014（2）, pp. 167~192.

通类考量：美国女子监狱制度的基本架构

　　构成美国女子监狱制度基础的首先是基于通类考量的共性制度，包括分类制度、通联制度、投诉制度等，这些制度虽然与男性监狱有着通性，但在具体措施上也仍然存在差异。本章将对美国女子监狱制度的通类考量制度进行系统分析，进而构建美国女子监狱制度的基本框架。

第一节　分类制度

　　分类制度是受刑人矫治实践的基础，矫治机构要根据受刑人的不同类型对受刑人采取不同的矫治和管理措施，因此，在所有矫治设施里分类制度都是最基本的制度。美国女子监狱也不例外，各个女子监狱针对受刑人都设置有自己的分类制度。

一、身份卡确定

　　每个刚入监的受刑人都会被分配一个专属于自己的身份信息卡，即 ID 卡（Identification Card，I. D.），上面有专属于自己的数字号码，这就相当于是受刑人在监狱中的身份号码。监狱要求受刑人在超出囚室之外的任何地方、任何时候都必须佩带ID卡，如果狱警要求受刑人交出ID卡，受刑人必须遵从。特别是受刑人在监区之外的时候都必须要佩带ID卡，例如参加娱乐活动、进餐、接受健康检查、散步等。这个ID卡对受刑人来说是唯一的，每个人只允许有一个ID卡，除非参与特殊的矫治项目而被分配了其他ID卡。

至于ID卡的佩带位置，不同的监狱有不同的要求。例如奥尔德森女子监狱要求"受刑人必须将身份信息卡别在最外层衣服的胸部位置上方处，使狱警能够清晰地看到，且必须使用监狱方配发的系带。受刑人不允许自制佩带工具"。[1]

受刑人如果违反了ID卡的使用规则，便属于违规，不仅可能受到纪律惩罚，还可能影响假释、减刑。这些违规行为主要包括无法出示ID卡、错误使用ID卡。例如，缺失ID卡、不能向狱警上交ID卡、非法持有他人ID卡或者非法污损、变造、改造自己的ID卡等。

如果受刑人发现自己的ID卡丢失、遗忘或者受到破坏、改造等，必须立即向自己所在监区的狱警报告，由监狱核实身份后下发新的ID卡。但是，重新发放的ID卡并不是免费的，而是需要收费的，价格在不同的监狱有所差异。例如，缅因州女子监狱重新发放ID卡的价格为5美元。如果受刑人在拿到新卡之后又找到了旧卡，则旧卡就必须要上交。

二、受刑人分类

所有受刑人在进入监狱之后都要接受评估，并根据评估对

---

[1] See Inmate Handbook of FPC Alderson, p. 4.

受刑人进行分类，根据分类安排受刑人入住相应的监区。在服刑过程中也会根据受刑人的风险与需求评估对受刑人的居住监区和参与项目等进行调整。从总体上看，受刑人分类是一个从入监到服刑完毕的动态过程。

1. 入狱分类

受刑人进入监狱之后往往不会直接进入某一监区，而是先进入女子监狱的接收与定向部门（A&O Program）暂住一段时间，在这一过程中接受监狱方面［一般是接收分类委员会（Reception Classification Committee）］的评估。由接收与定向部门对受刑人进行数天至数周的"观察居住"，然后根据与受刑人的交流等作出评估。不过，并非每一个监狱都有单独的接收与定向部门，有的女子监狱由于规模较小，可能会与其他普通监狱或女子监狱共用接收与定向部门，也可能由自己监狱内部的其他部门发挥此项功能。在此，笔者将以奥尔德森女子监狱的接收与定向部门为例进行详细解析。奥尔德森女子监狱设有单独的接收与定向部门，有自己的独立建筑"A"。受刑人进入监狱之后都首先要进入"A"建筑短暂居住，参与接收与定向项目，时间大约为2周。在参与定向期间，受刑人会与狱警进行较多接触，并对监狱内的整体布局进行熟悉。受刑人也可能被预先分类或安排好其未来将要固定居住的监区。[1]

2. 动态分类

除入狱的首次分类之外，还有长期的连续动态调整分类。分类实际上是一个动态且持续性的收集和评估受刑人信息的过程，并以之对受刑人的风险与需求进行评级，以便决定受刑人适合被安置于哪个监区以及参与何种矫治项目。在女子监狱中

---

[1] See Inmate Handbook of FPC Alderson, p. 3.

承担这种动态分类监测的人员一般被称为分类官（Classification Officer），也被称为分类专员（Designee）。分类官一般在受刑人入狱首次分类的时候就已经参与，在入狱分类的时候一般已经担任入狱分类考察委员会（Reception Classification Committee）的主席。

一般女子监狱中负责受刑人动态分类事务的机构被称为监区分类委员会（Unit Classification Committee）。监区分类委员会由各种工作人员共同参与组成，具体决定受刑人的类型身份划分、工作安排、需求评估、风险评估、项目参与等事项。监区分类委员会一般由监区的工作人员组成，由监区长担任主席，或者由特别的指定人员担任主席。

受刑人也可以主动要求改变自己的分类，称为分类移转（Transfer）。分类移转一般是监狱长根据具体情况基于自由裁量作出决定。如果受刑人认为应当对自己的分类作出调整，则应当向监区分类委员会提出书面的移转申请（Transfer Request），该申请经过监区分类委员会的审查，最后由监狱长决定是否作出分类移转。

三、受刑人记录

在女子监狱服刑期间，所有受刑人的表现都会被详细记录下来，保存为档案（Prisoner Records）。从最初入狱时的量刑（包括任何未决的起诉等）到入狱后的所有表现，全部都记录在案，直接交给受刑人的个案管理官或者矫治官。

这些记录将会成为矫正局对受刑人进行减刑、假释的依据。受刑人记录会被做成定期的监狱服刑表现表（Good Time Sheet），并成为量刑改变的具体依据和计算标准，受刑人在监狱中的任何问题和表现都会被反映在这个表上。美国女子监狱要求受刑人自己上报在正式量刑前已经在地方拘留所被拘留的时间，而这些时间会冲抵正式的量刑时间。当然，自己上报也并非意味着可以随意为之，因为这些都有详细记录可查，而监狱要求受刑人上报一方面是为了建立与受刑人之间的信任，另一方面则是出于管理便捷。

不过，受刑人记录并非可以随意接触。要想获得自己关于精神健康和毒品滥用记录之外的记录文档，受刑人需要向个案管理官提出书面申请，且获得这些文档的复印件并不是免费的，需要花费一定成本。例如，缅因州女子监狱复印一页档案的成本是 0.25 美分。[1]精神健康和毒品滥用记录并非只要申请就可以获取，具体负责审查的精神疾病学家或者心理学家如果认为阅读这些档案对受刑人的精神健康有危害，可以拒绝受刑人获取这些文档。申请精神健康和毒品滥用记录也需要提交书面申请，批准申请的不是个案管理官，而是医疗部或矫正康复学会（Medical Department or Correctional Recovery Academy）。

第二节 通联制度

一、通信制度

1. 通信一般规定

由于遵守的具体法律不同，通信制度在联邦女子监狱和各州女子监狱在某些具体问题上存在差异，例如，允许邮寄的书籍的种类等。各个女子监狱的图书馆一般也会将自己所应当遵守的通信制度具体列明为小册子，以供受刑人查阅。

女子监狱对于邮件的数量并没有加以限制，只要受刑人有

---

[1] See Female Prisoner Handbook of Maine Correctional Center, 2014.

足够的邮资即可。女子监狱一般会允许受刑人在每周有一定数量的免费邮寄信件的机会，但是各个女子监狱的规定不同，例如，缅因州女子监狱规定受刑人可以在每周一免费邮寄2封信件。[1]

女子监狱的通信对象比较宽泛，在不违反联邦监狱管理局和各州矫正局（监狱管理局）政策和程序限制的前提下，受刑人可以与除其他监狱内受刑人之外的任何人进行通信。此外，还有一些通信对象的限制，即受刑人一般不允许与下列之人通信：同案受害人、法庭命令禁止接触之人、有效期内之缓刑条件禁止接触之人、即将生效之缓刑条件禁止接触之人、因为被撤销而失效之缓刑条件禁止接触之人。不过，对于受刑人与受害人之间的通信存在缓和的情况，在有些州，受刑人可以通过向受害人部门写信申请弃权书而与受害人通信。[2]

所有的接收信件都将被拆开和检查，以防存在违禁内容（contraband）。不过监狱接收的特许通信[3]之拆解和检查只能于受刑人在场时进行。受刑人从监狱内发出之信件并不是每封必查，而是由监狱长或者专门负责人员随机抽查或者在有合理理由怀疑信件存在违禁内容或违反其他政策与程序时进行检查。对于监狱内发出的特许通信，可在有合理理由怀疑信件存在违禁内容或违反其他政策与程序时进行检查，但只能在受刑人在场时进行检查。如果信件故意采用监狱方或检查方无法翻译的语言或密码，则会被认为构成内容违禁。

女子监狱在除周末之外的时间内一般都提供信件收发服务，

---

〔1〕 See Female Prisoner Handbook of Maine Correctional Center, 2014.

〔2〕 See Female Prisoner Handbook of Maine Correctional Center, 2014.

〔3〕 受刑人与相关人员之间就官方管理事务或法律问题进行的通信，See Female Prisoner Handbook of Maine Correctional Center, 2014.

信件也不能被基于检查或阅读之外的原因截留，除非是作为证据保存。

　　所有接收的信件都必须详细注明回寄地址，否则将不会被投递且将由监狱长开拆检查和阅读。

　　2. 发出信件

　　每一个女子监狱都会给受刑人提供足够的信封和纸张等写信所需材料，以保障受刑人的合理通信权益。有些监狱每周还有免邮资的通信机会，但这些免费通信机会一般不能累计。

　　一般情况下，受刑人在发出信件时需要自己将全部信件内容放置于专门的受刑人信箱之内（designated secure prisoner mailbox）。但如果受刑人自己无法接触到该专门信箱（例如在紧闭期间），则可以将信件交给监区工作人员，由监区工作人员将其转投于专门的受刑人信箱之内。

　　所有的一般通信必须符合如下三个格式标准：①在信封左上角注明姓名全称、ID 卡编号、监狱名称、监狱地址，在信封上只能写明收信人名字、收信人地址、回信地址和贴足邮资，所有的信件都必须达到这个要求，否则将会被退回受刑人，除非这些信件是作为违反监狱规则或犯罪行为、违反法庭命令和有效缓刑条件的证据；②信件里不能夹带违禁内容，也不能夹带给收件人之外的任何人的东西，包括给收件人之外之人的信件，任何违反这些规定的信件都将会没收，以作为行政程序或法庭程序的证据；③信件必须自己密封。

```
Your Committed Name
Register #_____, Living unit # (and Range #, if A/B Bldg.)
Federal Prison Camp
Post Office Box A
Alderson, WV  24910
```

图 5　奥尔德森女子监狱手册中发件人信息格式示例

监狱方由专人通过肉眼或触摸来查看每一封发出信件是否存在违禁内容，并确保信封上盖有对于夹带违禁内容的监狱方免责声明。例如，缅因州女子监狱的信封上印有免责声明："这封信件从缅因州女子监狱发出，其内容并没有被评估，缅因州女子监狱并不对该密封通信中之材料或内容负责。"[1]

3. 接收信件

监狱方对于所有接收的信件都要逐一进行开拆和检查，以检查是否夹带支票、汇票或违禁物品。如果发现有支票和汇票，则会取出放入受刑人账户。如果发现违禁内容，则会将其取出并按照司法部的政策和程序上报和上交。需要注意的是，美国监狱并不允许夹带现金，如果发现现金，则会按照程序上报和上交，并不会存入受刑人账户。受刑人收到的信件只允许自己分发自己的，不允许代拿。

4. 特许通信

特许通信（Privileged correspondence）是受刑人与相关人员之间就与其本人有关的政府管理事务或法律问题进行的通信，此处的相关人员一般是律师、政府部门的长官以及法律公益组织等。根据缅因州女子监狱手册的说明，这些相关人员主要包括：律师（Attorneys）；法院法官或书记员（Judges and Clerks of Courts）；受到指派或选择的联邦、州、部落或地方政府官员，包括但不限于总统、州长、政府部门长官、联邦和州参议员和众议员、部落首长、市长、市镇长官等（Appointed and Elected Federal, State, Tribal, and Local Government Officials, including but not limited to, the President, the Governor, Commissioners of State Departments, Federal and State Senators and Representatives,

---

［1］ See Female Prisoner Handbook of Maine Correctional Center, 2014.

130

Tribal Chiefs, and Mayors and Town and City Councilors）；矫正局的首席辩护人或其他政府部门的辩护人（Chief Advocate of the Department of Corrections and Advocates of other Government Agencies）；法律辩护组织，包括但不限于美国公民自由联盟、缅因州平等司法合作组织、缅因州公民自由联盟、残疾人权利中心、美国有色人种协会法律辩护基金会（Legal Advocacy Organizations, including, but not limited to: American Civil Liberties Union, Maine Equal Justice Partners, Maine Civil Liberties Union, Disability Rights Center, and NAACP Legal Defense Fund）。[1]

受刑人发出的特许信件的要求格式与普通信件的要求格式相同，但是受刑人应当在信封上写明"特许信件"（Privileged Mail）字样。监狱方也会采取与普通信件同样的处理方式来处理受刑人的特许信件，但是如果受刑人没有足够的资金支持，特许信件则可以免费邮寄。受刑人不允许滥用特许信件邮寄机会，例如，利用特许信件邮寄普通信件，如果违反，则监狱方会限制受刑人发出特许信件的次数，监狱长也可以根据具体情况采取其他的限制措施。

对于接收信件，只有在信件是采取官方信封并具有有效回寄地址且清晰表明其是从相关特殊机构发出的情况下才会被监狱方视为特许信件。监狱方在一般情况下对特许通信采取的处理方式与普通通信相同，但其开拆只能在受刑人在场方可进行。不过，当特许信件是由矫正局发出时，则可以不必于受刑人在场时开拆。如果特许信件无意间在受刑人不在场时被开拆，则应当在信封上做出标记并在通信记录簿中记录。监狱方应当于受刑人在场时开拆检查信件是否存在支票、汇票或违禁内容，

---

〔1〕 See Female Prisoner Handbook of Maine Correctional Center, 2014.

如果发现有支票和汇票则会取出并放入受刑人账户，如果发现违禁内容则会将其取出并按照司法部的政策和程序上报和上交。监狱方应当确保受刑人在收到特许信件之后亲自进行签收，除非特许信件来自矫正局，此时要求不能进行签字。[1]

5. 出版物邮寄

女子监狱邮寄出版物在来源上也有规定，杂志和报纸只有从出版社或零售商处邮寄才可，而书籍只有从那些经过允许的卖方邮寄才可。针对这些出版社、零售商或经过允许的卖方，各州都有不同的规定范围。如果杂志或报纸不是从出版社或零售商处邮寄，或者书籍不是从经过允许的卖方邮寄，受刑人会被书面告知，而相关出版物则会被立即没收。声频 CD 和 PS 邮寄 CD 则必须是以出厂包装的形式邮寄，并接受内容检查，这些 CD 会被开拆并且标记受刑人姓名和 ID 卡编号。女子监狱一般不允许邮寄 DVD，如果发现 DVD 则会以包含违禁内容为由没收，PS 游戏系统如果用于其本来的目的用途也会被以包含违禁内容为由而没收，监狱内部允许购买其他游戏系统。无论何种邮寄形式，只要有明确名字和回寄地址的主要是用以讨论宗教、法律、政治或教育主题的邮件，都会被详细检查。无论何种邮费形式，监狱方都会没收商业性垃圾邮件，例如，商业广告、商品目录、商品服务邀约、CD 俱乐部会员邀请等。

符合形式邮寄规定的出版物在一般情况下是允许受刑人阅读的，但在监狱方认为书籍存在以下四种情况时，受刑人会被禁止阅读：①出版物构成对监狱的安全、保安或秩序管理的威胁；②出版物包含有详细的性描写内容，以至于会对监狱管理秩序造成威胁；③出版物有助于实施犯罪行为；④出版物对受

---

〔1〕 See Female Prisoner Handbook of Maine Correctional Center, 2014.

刑人矫治改造存在本质危害，例如，性犯罪者收到包含有儿童仅着内裤或其他不完整着装的杂志等。具体而言，监狱方会假定出版物中只要包含如下任何内容，便都是对受刑人或监狱管理不利的，进而都会被禁止：①包含描绘或描画详细的性行为、兽交或未成年色情等内容；②包含受虐内容；③包含描画或描绘毒品、酒精类物品、枪支、炸药、武器、安全系统以及能够影响越狱、对他人或财产造成伤害的技能、工具或其他信息的内容；④有关于犯罪组织或犯罪组织活动的内容；⑤可能诱发仇恨、暴力和偏见的内容。

6. 包裹邮寄

受刑人只能通过联邦邮政系统或其他监狱许可或拥有的邮政体系。监狱方会检查每一个包裹，以查看是否存在违禁内容，如果发现违禁内容则会将其取出并按照司法部的政策和程序上报和上交。所有邮寄订货的包裹都会返回寄件人。监狱收到包裹之后首先会将包裹转给监狱财产官或其他类似职责的管理人员。监狱财产官会确保邮寄给受刑人本人的包裹被添加到受刑人的私人财产清单，并将更新后的财产清单复印件交给受刑人所在监区的管理人员。任何不是邮寄给受刑人的东西都将会被没收并按照程序上报和上交。监狱财产官要确保任何受刑人从监狱内邮寄出去的东西都属于受刑人本人，并将这些物品从受刑人的私人财产清单中抹除，将更新后的财产清单复印件交给受刑人所在监区的管理人员。监狱财产官要确保任何被从监狱邮寄出去的包裹都是密封的，并且在包裹左上方有清晰的回寄地址签名，然后将地址标签固定在包裹上。

7. 挂号信件

女子监狱内也可以邮寄和接收挂号信件。对于收到的挂号信件，一般情况下处理程序和一般信件相同，除非挂号信件要求收件人亲自签收。如果要求收件人亲自签收,则监狱工作人员在没有受刑人事前书面授权的情况下不能代替签收。如果是邮寄挂号信件,则需要完成必要的形式并多付额外的挂号费用。

8. 受刑人间通信

如前所述,在一般情况下,受刑人与在其他监狱之内的受刑人之间是不允许通信的。只有两种例外:第一种是受刑人可以同在监狱之内的家庭成员通信,但仅限于近亲属;第二种是受刑人可以与同在监狱之内的非亲属的同案被告就共同的未决法律问题进行通信,但也仅限于就此问题进行通信。每一次通信都必须事先经过监狱的允许,由受刑人按照规定的格式提出申请。[1]

二、电话制度

在美国,不同的女子监狱针对电话制度有着不同的具体规定,例如针对电话的设置地址、使用程序等的规定都存在差异。为便于详细了解女子监狱电话制度的具体内容,本书将以缅因州女子监狱为例对女子监狱的电话制度进行详细说明。

1. 女子监狱电话系统的一般规定

所有的电话都必须通过监狱电话系统进行安排,除非经过监狱长的特别允许。监狱电话不允许拨打接听方付费电话,不允许使用信用卡或借记卡,不允许拨打第三方呼叫电话(three way calling),也不允许参加电话会议,更不允许随意拨打免费电话。对于存在物理缺陷的受刑人,监狱方专门为其准备了特殊服务与设施,以方便满足其特殊的电话交流需求。特别电话服务或设施包括但不限于翻译等。

---

[1] See Inmate Handbook of FPC Alderson, 2014.

在接到来自受刑人家庭成员的紧急电话且监狱能够联系到合适的机构确认紧急情况存在时，受刑人的个案管理官或矫正服务官等人会通知受刑人，并且批准特别使用电话，但在受刑人存在针对未成年人的性犯罪等条件时监狱会阻止紧急电话的使用。[1]

受刑人应当注意监区内张贴的电话时间安排表，所有通过监狱电话系统安排的电话都必须在规定的时间内拨打。除非受刑人处于高风险管理、管理隔离或者纪律隔离状态，否则拨打电话的数量不会受到限制，不过监狱方在合理情况下可以决定其他受刑人优先使用电话。所有电话都必须在一定时间内完成。例如，缅因州女子监狱规定电话必须在 15 分钟以内完成，受刑人必须尊重其他需要使用电话的受刑人。[2]

监狱方不为通过监狱电话系统拨打的电话所涉及的内容负责，无论是否拨打成功。如果受刑人在拨打电话时存在技术性问题，则应当向监狱方提交监狱电话系统故障报告。针对保外就医、入驻中途之家的受刑人，由监狱长决定其拨打电话的权利。

2. 女子监狱电话拨打程序

监狱电话系统没有对方付费功能，因此拨打电话必须付费。个人账户中没有存款的受刑人可以通过提交电话补贴申请（Phone Call Allowance Application）和近亲属通电话。监狱方收到申请后会尽快完成审批程序，并书面告知受刑人是否批准其补贴申请。至于具体的补贴标准，不同的监狱所规定的数额存在差异。例如，在缅因州女子监狱，所有的电话补贴申请都必须被提交给受刑人的个案管理官或矫正服务官，如果受刑人账

---

〔1〕　下文详述。

〔2〕　See Female Prisoner Handbook of Maine Correctional Center, 2014.

户上的存款额超过 10 美元，则不属于申请电话补贴的适格申请人。受刑人电话补贴申请得到批准以后，每周在个人账户上就有 2.5 美元的电话补贴（或者 2 周 5 美元），但在任何时候个人账户的金额都不能超过 10 美元，即以 10 美元为上限。[1]不过，对于电话补贴，受刑人应当于一定期限内偿还，如果超过一定期限无法偿还，则会从受刑人账户上删除此项债务。例如，在缅因州女子监狱，受刑人的一笔电话补贴基金将在受刑人账户上存在 6 个月时间，期间将用受刑人账户上收到的资金进行抵偿，如果超过 6 个月，则该笔债务就会被消除。但其他笔电话补贴将继续存在于受刑人账户。[2]受刑人的电话补贴只能被用于给近亲属拨打电话，近亲属包括配偶、家庭伴侣、父母、子女、兄弟姐妹、祖父母、孙子女，无论其是基于血缘、收养、寄养还是通过婚姻而形成的近亲属关系。

在特殊情况下，受刑人可能存在拨打电话的限制名单，受刑人会被禁止拨打限制名单上的电话号码。这些情形主要包括：受刑人因实施针对未成年人的性犯罪或虐待行为而被定罪，或从其他途径确认受刑人存在该类行为；监护令、保护令等法院命令禁止受刑人与某人联系；受刑人亲权被终止；因为任一人的缓刑条件而被禁止与另一人进行联系；监狱长可以在合理怀疑允许电话将可能有助于犯罪行为实施或违反监狱规则或对监狱内的人身安全、安保或秩序管理造成风险时禁止受刑人与另一人电话联系；监狱长可以在合理怀疑受刑人或他人违反或将违反电话程序时禁止受刑人与他人电话联系。

3. 电话终止和电话权暂停

可以基于监狱内的人身安全、安保或秩序管理造成风险等

---

〔1〕 See Female Prisoner Handbook of Maine Correctional Center, 2014.

〔2〕 See Female Prisoner Handbook of Maine Correctional Center, 2014.

原因终止受刑人正在拨打的电话。在受刑人的行为造成前述电话终止时，监狱长可以决定是否暂时剥夺或限制受刑人拨打电话的权利。如果受刑人拨打电话的权利被暂时剥夺或受到限制，则会收到监狱方的书面通知。

4. 法律电话

所谓法律电话就是受刑人与其律师或法律辩护组织之间拨打的电话。例如，在缅因州，主要包括但不限于与美国公民自由联盟、缅因州平等司法合作组织、缅因州公民自由联盟、残疾人权利中心、美国有色人种协会法律辩护基金会等机构和组织之间拨打的电话。[1]法律电话是保密电话，受刑人可以向监区工作人员提交相关申请，由监狱决定是否批准。法律电话的时间长度一般也不受限制，除非监狱工作人员决定有必要允许其他受刑人使用电话。在其他方面，法律电话与一般电话的限制规则相同。

5. 电话监管

除法律电话之外，受刑人的一般电话都会被记录和监听。电话内容如果违反矫正部门的政策和程序，则可能成为受刑人从事犯罪行为或给予纪律惩罚的证据。[2]

三、探视制度

美国女子监狱允许受刑人与其亲属、朋友或专业人士进行会见，但要在保障监狱人身安全、安保或管理秩序的条件下进行。

1. 探视制度一般规定

探视并非随时可以进行，受刑人必须根据监狱的探视时间

---

〔1〕　See Female Prisoner Handbook of Maine Correctional Center, 2014.

〔2〕　See Female Prisoner Handbook of Maine Correctional Center, 2014.

安排接受探视，监区的公告栏一般都张贴有受刑人个人的探视时间安排表。受刑人会被告知监狱的时间安排与规则，其应当将这些内容告知会见人。多目标监区（Multi-Purpose Unit）的受刑人每周允许会见一个人。所有的会见都会在24小时之内持续张贴注意。如果受刑人自己对会见有任何限制（无论基于何种原因），则应当主动告知会见人。监狱长有权决定在监狱之外的受刑人的会见权利，也有权决定是否批准探视安排表之外的例外和来访人的会见授权要求。

2. 常规探视批准程序和批准探视者名单

受刑人有责任向自己的潜在探视者提供探视申请表格。在探视人要求安排探视的时候，若空间允许，受刑人每周最多可以有2个探视人，一个在周二至周五之间，一个在周六或周日。潜在探视人要按照要求填写探视申请表格，对成年探视人要进行背景调查，18岁以下的已婚者或被法院命令排除者可以被视为成年人，但在填写探视申请表格时要附加结婚证书或法院命令的复印件，在背景调查通过后，没有背景问题者可以被列入受刑人的批准探视者名单。受刑人可以在任何时候向监狱方主管探视人员书面申请将某一个探视者从批准名单上剔除。

3. 受限探视者名单

在一定条件下，某一个人可能会被列入受刑人的受限探视者名单，一旦被列入该名单，其便不能探视受刑人。主要包括六类：依据监护令、保护令等法院命令而禁止与受刑人进行接触的人；受刑人亲权被剥夺；依据任一缓刑条件而被禁止与他人进行接触，此处的缓刑条件包括当前有效的、即将生效的、因为撤销缓刑而导致缓刑条件失效的缓刑；探视人在任一监狱的探视权处于被暂停期间；探视人是从某一监狱被释放一年之内的前受刑人，且其探视权尚未被监狱长批准；探视人处于有效缓刑期间、延期处置或有未决起诉。

4. 探视程序化规定

所有探视者都应当接受有关违禁物品或者武器的搜身。所有的探视者在被允许进入监狱之前都可被要求出具政府发放的带有头像的身份证明（例如驾照等）。律师等职业探视者应当与受刑人的个案管理官联系，以便于进行特殊安排。

5. 接触性探视与非接触性探视

如果受刑人在纪律隔离、管理隔离或者高风险管理期间，则只能进行非接触性探视。在探视人由于需要佩戴假肢、氧气瓶、轮椅或其他医疗设备而无法进行充分搜查的情况下，也应当进行非接触性探视。也可基于监狱内部的人身安全、安保需要或者秩序管理而要求非接触性探视。

6. 探视终止或探视权剥夺

只要监狱方认为有需要，便可以在任何时候拒绝受刑人和探视人开始探视或者继续探视，从而导致探视终止。监狱可能基于探视人或受刑人的行为会对监狱内部人员的人身安全、安保需要或者秩序管理造成危险而结束探视，因上述行为而结束探视者，其探视权利可能被暂时剥夺或者限制。探视权利暂停或限制可以针对受刑人或者探视人单独实施，也可以同时实施。

7. 未成年人探视

18 岁以下的未成年人允许访问受刑人，但已经结婚或法院命令禁止者则不在此列。未成年人不能单独来访，必须由其成年的父母或法定监护人陪同。

8. 探视室规则

在探视室进行探视期间，受刑人和探视人应当遵守监狱方制定的探视规则。例如，缅因州女子监狱规定的探视室规则有15 条之多，包括各个方面，大到探视的开始与结束，小到探视的语气等，都有详细的规范。

表 11　缅因州女子监狱探视室规则〔1〕

1	任何被怀疑携带武器之人、饮用麻醉物品之人或受到控制类要求影响之人都不被允许进入探视室。在州财产之内无论是喝酒还是持有酒精、毒品都违反州法规定。
2	探视期间探视人可以使用探视室附带的洗澡间，但受刑人不可以使用。受刑人一旦离开探视室，即意味着探视结束。
3	在接触性探视过程中，受刑人与探视人可以在探视开始和结束时简单拥抱或亲吻。受刑人与探视人在探视过程中可以相互握手。如果存在抚摸或性行为则会被监狱方考虑强制结束探视。在探视过程中，双方的手必须处于可见的地方。在没有受到其他限制的情况下，受刑人的未成年人子女在探视过程中可以坐在受刑人腿上。
4	所有的未成年人都必须坐在其父母或者监护人附近，不能无人看管，也不能攀爬设施或打扰其他探视人，诸如大声吼叫、尖叫或扔东西等行为都不被允许。
5	在探视室里必须轻声细语，尊重其他人。
6	探视双方不能给予任何物品，烟草属于违禁物品。
7	探视双方不能移动探视房间或者与其他受刑人或探视人交谈。
8	受刑人不能携带任何物品进入探视室，除非有书面授权。受刑人必须在进入探视室之前的身体检查过程中将外套和其他东西放在检查室。不允许拍照。
9	除去经过探视官确认无误的法律文书之外，探视人不允许将任何东西交给受刑人。探视室有储物柜和衣架。但是，监狱不对探视人带进监狱的任何物品负责。婴儿摇椅、车座、婴儿车、导盲犬等都不允许带进探视区域。
10	受刑人应当在探视人穿上外套起身离开探视室之后起身，并应当将探视室的椅子摆正，将探视室的垃圾带离。

---

〔1〕　See Female Prisoner Handbook of Maine Correctional Center, 2014.

11	受刑人应当着装得体，蓝色衬衣应当扣好并扎进裤子，外套和包不允许带进探视室。
12	所有进入探视室的人都应当接受预先的搜查，这是探视的条件之一。搜查主要是为了检查违禁物品，包括危险武器、有助于越狱的任何工具或其他东西、其他任何受到监禁之人依法不应当制作或拥有的东西。例如，武器、刀片、毒品、大麻、酒精、锉刀、纸币和烟草。违反此一行为之人将被暂停探视权并被刑事追诉。
13	所有探视人都应当出示州或联邦制作的带有照片的身份信息卡。无法出示、拒绝出示或篡改信息者将被拒绝探视。
14	探视人也应当着装得体。可接受的着装：牛仔裤、便裤，超过膝盖的短裙或长裙；膝盖长度的短裤；上衣和短袖应当宽松合身，能够完全盖住上体。不可接受的着装：运动短裤、拳击短裤、超短裤或任何其他带有碎条、破洞的衣服；具有毒品、性、暴力暗示的衣服或其他粗野、淫秽的文字的衣服；光着腹部、半截衬衫、吊带上衣、女士内衣、女士睡衣、透明装等；不允许赤脚。
15	当探视人小于 10 岁或者大于 60 岁时，可获得着装规则豁免。监狱方则采取通常观念进行衡量和决定。在有疑问的情况下，探视官会通知狱警，有狱警通过肉眼观察着装是否得体，以决定是否允许探视人探视。如果探视被拒绝，则探视人应当离开监狱。此项拒绝不允许申诉。

第三节 生活制度

一、餐饮服务

美国女子监狱的日常餐饮都是固定的食谱（Main Line），张贴在食堂等集体场合。例如，奥尔德森女子监狱的日常食谱和普通食物食谱（Common Fare Diet）都被张贴在中央餐厅（Central

Dining Room），日常食谱对所有人都适用，但普通食物食谱需要咨询牧师，猪肉或猪肉制品的食谱会在每周食谱上用"＊"注明。[1]

女子监狱的就餐时间也是固定的，时长一般为1小时左右。在周末或节假日的时候可能在三餐之外增加咖啡时间、早午餐时间等。例如，奥尔德森女子监狱的三餐就餐时间分别为：早餐6：30~7：30；午餐10：40~11：40，在培训期间，午餐会从11：05分开始，如果被安排某一项长期工作，午餐时间便会根据其工作安排来确定；晚餐是在4：15分监狱报数清点人数完成之后开始，一般在5：00左右，晚餐一般持续1小时左右。周六、周日和节假日，奥尔德森女子监狱会提供咖啡和早午餐，咖啡时间为下午6：30~7：30，在上午10：00清点人数之后提供早午餐，一般在10：45左右，早午餐持续1小时左右。[2]

在就餐之后，监狱一般会要求受刑人将餐具带到厨余垃圾收拾区，将食物残渣清理干净之后将托盘交给工作人员或者放在固定的柜台。在一般情况下，由于监狱空间的限制，监狱都会鼓励受刑人在取餐之后尽快就餐完毕。

在就餐过程中，也有很多规则需要遵守，例如食物的数量、食物的种类等。例如奥尔德森女子监狱的餐厅就餐纪律包括以下十二个方面：①可以从中央餐厅带走不超过一整颗新鲜水果；②中央餐厅不允许使用饮料容器；③垃圾、食物残渣、盐与胡椒瓶、糖盒等不允许带出中央餐厅；④中央餐厅提供残疾人桌椅与洗手间；⑤就餐期间不允许交易或交换物品；⑥不准浪费食物，按需取餐；⑦不允许与他人共享桌椅；⑧必须着装得体，卷发不允许进入中央餐厅，超短裤、淋浴鞋、凉拖等不允许在

---

〔1〕 See Inmate Handbook of FPC Alderson, 2014.

〔2〕 See Inmate Handbook of FPC Alderson, 2014.

中央餐厅出现，帽子必须取掉，外套和夹克必须解开扣子；⑨主菜和饭后甜点以一份为限，超过份数的其他食物在热品柜，受刑人在重新返回餐厅的热品柜之前必须从餐厅管理员那里取一个干净的餐盘；⑩受刑人在离开餐厅之前必须确保就餐过程中使用的所有用具完整，如果遗失任何物件，必须向餐厅管理员出示自己的餐盘以便于对自己的餐盘进行纠正；⑪监狱商店的物品不能带进餐厅；⑫任何关于餐饮服务的问题都必须直接向餐厅管理员或者食品服务官咨询，不能向受刑人工作员工咨询。[1]

二、监狱商店

美国女子监狱内一般都设置有监狱商店，但是监狱商店的运作模式各不相同。从交易模式上看，可以分为以现货交易为主的模式和以订购为主的模式。

在以现货交易为主的模式中，监狱商店内备有现货，受刑人可以根据需要选购。例如，奥尔德森女子监狱的监狱商店就以现货交易模式为主，其称为杂货售卖中心（Commissary Sales Unit）。奥尔德森女子监狱的杂货售卖中心位于其餐厅旁边，商店入口处写有购物时间，每 6 个月更换一次购物时间。杂货售卖中心提供附带价格的购物清单，并根据市场行情进行价格调整。在购物之前这个价格清单即已经完成，清单提交上去之后不接受口头订购。邮票、照片票、复制贺卡等在平常购物日就可以购买到。中心不提供购物袋，可以购买购物袋，也可以使用洗衣包。在中心购物时，不允许从他人处借或者接受购物中

---

[1] See Inmate Handbook of FPC Alderson, 2014.

心的物品。[1]

在以订购为主的模式中，监狱商店内列明所订购物品的价格，由受刑人提前订购，监狱商店根据订购需求定时将货物发送给受刑人。例如，美国缅因州女子监狱的监狱商店采取以订购为主的交易模式。可以订购的商品范围由监狱长决定，相关限制也会被张贴在监狱内。受刑人只有当账户上有余额时才可以订购商品，所有的订购都必须通过设置在监区内的售货亭完成，订购程序于每周四下午4：00截止，没有设置售货亭的监区应当在截止前提交订货书面申请。对于订购的货物，监狱不能以错误为由进行调换。订购的货物在每周一送到。在收货的时候，受刑人必须出示ID卡编号，检查所收货物内容并确认收据。没有收到的货物款项会在48小时之内返回受刑人账户。如果收到错误的货物，可以选择接受或者拒绝。如果订购货物之后不再需要，则应当整单拒绝。财产性物品订购与食品订购被分开运送，会在订购之后大约2周内通过接待处运送过来。商店商品不能被堆积在囚室或者起居室，超过规定限制的货物都会被没收。所有货物都应当被锁在储物柜里或者用袋子封存起来。对于型号错误、有害的或者不具备功能的财产性物品，可以拒收或者返回订购商，货款会通过订货商直接返还，而不是通过监狱。[2]

三、结婚服务

根据美国女子监狱的规定，在监狱内服刑的受刑人也可以结婚。如果受刑人要结婚，则需要先同监狱管理人员讨论结婚

---

[1] See Inmate Handbook of FPC Alderson, 2014.
[2] See Female Prisoner Handbook of Maine Correctional Center, 2014.

的可能性，由监狱管理人员详细解释结婚的程序，并向其个案管理官或矫正管理官提交书面申请书。书面申请书包括打算结婚的新郎或者新娘的名字[1]，以及对方的常住地址。打算结婚的对象只有在被特别告知可以结婚的时候才能申请结婚证。

受刑人需要满足美国联邦和州关于结婚的一般规定和程序以及监狱的特殊规定。在具备如下四个条件时，受刑人的结婚申请将被允许：①收到打算结婚的对象确认同意的信件；②具备结婚的法律资格；③必须精神健康；④结婚必须对监狱安全、公序良俗、公益保护等没有威胁。

结婚的费用需要受刑人自己、结婚对象、受刑人家庭或者其他监狱长批准的其他合适人员或机构来承担，国家不承担受刑人的结婚花费。

四、休闲服务

女子监狱的休闲服务一般由休闲主管负责（Recreation Director）。受刑人可以根据各个女子监狱的具体情况，选择最适合自己的休闲活动。休闲项目一般包括户外/户内活动，范围从个体艺术和手工项目到篮球、垒球、排球等集体活动。一些监狱还有身体塑形和快走项目，对受刑人的身份健康、人际关系和压力释放都非常有益。这些活动内容包括但不限于艺术与工艺课程、有氧运动、踏步有氧运动、健美操、普拉提、运动达人、混合运动、低速转圈活动、排球（室内/室外）、游泳、篮球、乒乓球、慢跑、快走、垒球、轮滑、桌上游戏、地掷球、游戏秀、渐进性放松和才艺展示等。除此之外，监狱还会定期举行比赛，对优胜者进行奖励。

---

[1]　由于美国允许同性恋结婚，因此女性受刑人的结婚对象也可能是女性。

常规性休闲活动每天都会进行，一般在固定的休闲运动场所或者受刑人自己所在监区内进行。如果是固定的休闲场所，则有固定的开放时间，一般是周一至周日的白天，但在监狱工作人员休假的时候可能会有所调整。例如，奥尔德森女子监狱休闲中心（Recreation Center）的开放时间为周日至周五的上午6：30～下午8：45，周六的开放时间为中午12：45～下午8：45。

监狱内休闲活动的安排和相关规则都会在监区进行公布。休闲主管一般会针对受刑人的休闲活动制定很多规则。例如，缅因州女子监狱针对休闲活动提出了九项规则：不允许嬉戏打闹或作出有失运动员风范的行为；不允许滥用休闲设施或者监狱设施；不允许移动休闲中心的任何设施；不允许在体育活动中使用在监狱商店购买的袋子；不允许在游戏桌上饮食；不允许在没有安全警示带时进行举重；不允许在没有观察人员在场时进行自由举重；不允许一直在不穿T恤衫的情况下进行举重；不允许在不遵守着装规定时进行休闲运动。[1]

休闲设施在各自监区内就可以使用，受刑人使用休闲设施的时候应当签字，并且应当以完好的状态返还休闲设施。在户外的活动中，受刑人必须在规定的休闲场所范围内活动。

五、日常着装

女子监狱受刑人必须统一着装，有的监狱的囚服是黑白条纹的，有的则是卡其色的。在周一至周五的每天上午6：30～下午4：00之间，所有的受刑人都必须统一穿着监狱规定的服装，扎腰带，穿工作靴，将衬衫扎进腰带。在这期间，其他颜色的衬衫不允许穿，但是在矫治项目以外时间，受刑人可以穿其他

---

[1] See Female Prisoner Handbook of Maine Correctional Center, 2014.

训练服。统一制服在外出护送期间和探视室会见期间也必须穿，在被安排于晚上进行工作时也必须穿。特殊的例外是受刑人经过批准可以穿医用鞋，不在工作期间或者正在参与娱乐活动时也可以不穿统一制服。从监狱商店购买的灰色夹克或者绿色冬大衣经过允许也可以穿。

在每天下午 4：00 以后或者周末、节假日期间，受刑人可以选择穿统一制服、训练服或者二者交叉穿。除去运动衫之外的其他制服上衣在娱乐场所之外的任何时候穿都必须被扎进腰带。不过，周一至周五的每天上午 6：30 至下午 4：00 之间、探视时间、宗教服务时间、团队会议时间、监狱商店购买时间、教育部提供的晚课时间，都属于项目参与时间，都需要统一穿着制服。

在穿衣服的时候，受刑人不能将裤腿挽上去，腰带必须一致扎紧，鞋子必须系鞋带并且系紧。受刑人允许穿机构发放的或监狱商店购买的短袖衫，但必须将短袖衫扎进裤子，并且不能挽起袖筒。此外，受刑人的短袖无论是个人的还是机构发放的，都不允许更改样式。需要注意的是，受刑人被要求除了睡觉时间之外必须穿胸罩。

从监狱商店购买的运动服饰可以在非项目时间于活动室穿着，例如晚上、周末、节假日等。凉鞋、淋浴鞋、家居鞋则一般不被允许，但是从监狱商店购买的凉鞋被允许在非项目时间和假期穿着。凉鞋还被允许在球场、休息室或宿舍前后的一定距离内穿着。不过，在发送邮件、吃药、休闲的时候不能穿着凉鞋。

运动衣和运动裤可以在非项目时间的活动室穿着。在冬季月份，受刑人被允许在她们的制服上面穿着拉上拉链的运动衫，或者在她们的制服下面穿着任何种类的运动裤。

在非项目时间内，受刑人可以穿着制服或者私人的衣服，包括短裤、毛衣、无袖衬衫等。但内衣必须一直穿着，睡衣裤不能在监狱宿舍外穿着，淋浴鞋和拖鞋也不能在监狱宿舍外穿着，监狱商店购买的毛衣或者短裤可以在监狱外一直穿着，具有暴露性的衣服、紧身衣服或其他具有挑逗性的衣服在任何时候都不能穿。受刑人在监狱宿舍之外不能带发卡、尼龙头箍，不过系基于宗教需求的则除外。

在晚上11：00～早上6：00之间，受刑人进出其囚室和活动室不需要遮盖其睡衣裤。但在这之外的时间，受刑人离开囚室时会被要求用长袍、制服或者其他衬衫遮盖睡衣裤。不过，无论在任何时候，受刑人在普通区域、电视间或者宿舍区之外的任何地方都不能单独穿着睡衣裤。

第四节　工作制度

一、工作安排

受刑人在监狱中不能从事一般商业工作，如果其在监狱外有商业运作，则需要委托监狱外的其他人代为执行。但是，监狱内部会给受刑人安排一些工作，受刑人也可以从中获得收入。

1. 工作程序

女性受刑人在进入女子监狱并收到医疗检查没有问题的报告之后，会被尽快安排具体的工作。在一般情况下，女性受刑人的起始工作主要是满足监狱的日常需求，例如食堂服务和园艺工作。这项起始工作是强制性的，一般需要持续至少60天。在完成这项强制工作之后，受刑人可以自由选择一些自己喜欢的工作。工作选择一般是向自己监区管理团队提出，除病患之外的所有受刑人都必须要从事一项全职工作（full-time job）。

2. 工作类型

在强制性的初始工作之外，女性受刑人可以选择的工作类型被分为一般工作和学徒工作两类。

（1）一般工作。

一般工作包括食堂服务、监狱设施服务、商业文员、健康服务、教育服务、洗衣房、内勤工作等。食堂服务包括厨师（Cooks）、烘焙师（bakers）、屠宰工（butchers）、洗菜工（vegetable preparation）、沙拉工（salad bar）、清洁工（dishwasher operators）、饮料工（beverage workers）、联络员（maintenance workers）、库房管理员（warehouse workers）、餐厅员工（dining room workers）、洗碗工（pots and pans workers）等。监狱设施服务包括电工（Electricians,）、管道工（plumbers）、技师（mechanics）、冷藏设备工（refrigeration）、空调工（air-conditioning）、焊工（welders）、漆工（painters）、木工（carpenters）、园艺工（landscape workers）、动力助理（powerhouse helpers）、管道助理（pipefitter helpers）、一般联络员（general maintenance laborers）等。商业文员包括打字员（typists）、会计助理（accounting clerks）、联络员（maintenance workers）等。健康服务包括联络员（maintenance workers）等。教育服务包括图书馆员（librarians）、教学助理（teacher's aides）、联络员（maintenance workers）、研究助理（recreation assistants）、法律馆员（law librarians）、陶艺助理（ceramics aides）、健康助理（fitness aides）等。洗衣房包括运送与接收人员（shipping and receiving workers）、洗衣工（laundry workers）等。内勤工作包括护理员（Orderlies）和办公室接待员（office clerks）等。

（2）学徒工作。

除一般工作外，女子监狱一般还提供学徒工作（Apprenticeship programs），以便受刑人学习一些特殊的工作技能，这些工作比一般工作的要求更高。监狱一般在空调、厨房、电路、管道、动力房、教学助理等具有技能性的工作方面提供学徒工作。受刑人参与某一学徒工作后，每天要受到 7 个小时的训练，并且每年至少要修完 144 个小时的学徒课时。在受刑人完成课程后，美国劳动部会向其颁发某一行业的从业资格证。在正式签署学徒契约之前，受刑人应当在美国劳动部进行书面注册，与劳动部签署一个正式契约。申请人要想申请学徒工作，至少应当有 1 年的剩余刑期，具有高中或同等以上学历，且至少从事了 60 天该学徒工作。

3. 工作安全守则

女子监狱还会给受刑人订制工作安全守则，以保证生活场所、工作场所和工具的安全。对于这些工作安全守则，受刑人在工作过程中必须遵守。例如，奥尔德森女子监狱的工作安全守则包括七个方面：①只能从事自己被安排从事的工作，禁止使用没有经过授权的机器、工具和从事没有经过特别允许的工作，受刑人违反这些规则会受到纪律惩罚，同时，工作中的机器和工具不能被用于制作和修复个人物品；②必须使用监狱提供的安全措施，以防止身体受伤和危害健康，例如安全帽、耳塞、护目镜、防毒面具、护肘、围裙、隔离电网手套、安全靴等必须在规定的场所穿戴并且要正确穿戴；③从事打磨、雕刻、锉刀或沙子工作时必须带护目镜，在使用除草机或修边机时也应当带护目镜和耳塞；④交通工具驾驶者应当遵守交通规则，乘客不允许位于卡车后方，乘客必须按照交通工具核定座位乘坐；⑤禁止乘坐拖拉机、叉车或其他牵引车，操作员是这些工具的唯一合法使用人；⑥发生健康危险时应当立即向监工报告，如果监工不认为存在健康危险，则应当向监狱安全总监报告；

⑦如果在工作中受伤且伤害导致一定程度的身体损伤，可以申请受刑人损伤补偿，且要在释放或者被转移至社区项目的约45天前联系监狱安全总监，监狱安全总监应协助受刑人完成申请，并且针对申请中所陈述之伤害情况进行医疗评估。[1]

二、收入管理

1. 工作薪水

受刑人在监狱内从事的长期工作并非全部无偿，而是有一定薪水的。在一般情况下，受刑人只要被安排了长期工作便都会按照工作时长获得薪水。监狱内不同的工作岗位的薪水也不同，联络员等辅助性工作的薪水最低，一个月可能只有几美元，而教育助理等工作的薪水则比较高，可能接近每小时半美元。例如，奥尔德森女子监狱内受刑人薪水最低的联络员类工作为每月5.25美元，薪水最高的工作为每小时0.40美元，并且随着时间的推移，薪水还会有变化。被金融责任项目（IFRP）拒绝身份的受刑人，每个月的薪水不能超过5.25美元。[2]

工作薪水一般会按月发给受刑人，直接发放至受刑人个人账户。具体发放时间各个监狱的规定并不相同，例如奥尔德森女子监狱的受刑人薪水发放时间为每个月工资计算截止日期后的10日内。[3]

2. 受刑人个人账户

每个受刑人在监狱内都有一个个人账户，其所有的金钱都会进入这个个人账户，受刑人可以使用其个人账户上的资金在监狱内消费。受刑人个人账户资金的一个重要来源是受刑人在

---

〔1〕 See Inmate Handbook of FPC Alderson, 2014.

〔2〕 See Inmate Handbook of FPC Alderson, 2014.

〔3〕 See Inmate Handbook of FPC Alderson, 2014.

监狱内工作时领到的薪水，由监狱按照其工作岗位和表现直接打进受刑人个人账户。

受刑人个人账户还有一个来源就是外来资金，受刑人个人账户可以接受经过确认的外来资金。监狱方一般会建议外来资金通过美国邮政汇票的方式邮寄给受刑人，14天有效期内的个人汇票或者支票都可以接受。受刑人会收到外来资金的签收单。所有的来自于政府机关的支票均需要签发机关核实效力。受刑人个人账户不接受现金，如果邮件中夹带现金，则会将现金放入受刑人账户，同时将收据寄给寄件人。所有汇票、支票等都必须包括寄件人的姓名和地址，否则不会被接受。

不过，受刑人也可以将个人账户内的资金寄给经过批准的他人。如果要将账户内的资金寄给他人，则需要填写资金移转要求单（Money Request Transfer），同时附上填写完整地址、粘贴好邮票的信封。受刑人账户管理方会提供根据特别要求将资金从受刑人账户转移给他人的所有收据。[1]

第五节　学习制度

一、教育制度

1. 教育项目

现代矫治哲学认为，学术、职业训练以及休闲项目可以为受刑人提供必要的自我提升技能和资源，能够为未来的工作以及精神健康和生活经验提供积淀。因此，在美国，所有的女子监狱都提供教育项目，其中，联邦女子监狱表现得更为明显。

一般女子监狱提供的教育项目包括普通教育提升项目

---

[1] See Female Prisoner Handbook of Maine Correctional Center, 2014.

（General Education Development）、中学后教育（Post-Secondary Education）[1]、职业培训（Vocational Training）、继续教育（Continuing Education）、学徒训练（Apprenticeship Training）、休闲教育（Recreational Activities）、英语第二语言教育（English-As-A-Second Language）、大学教育（College）等。

监狱会在受刑人完成普通教育提升项目、英语第二语言教育以及其他职业培训项目后会向其颁发证书。至于受刑人可以参与哪种教育项目，则取决于受刑人已经完成的读写教育程度。此外，监狱还会根据需要提供特殊需求课程，例如某项技能课程等。教育建议官一般会和受刑人共同制定课程注册计划。为了激励受刑人接受教育，监狱还会为完成某项课程的受刑人提供学费减免、特殊奖学金以及特别仪式，例如在监狱中举行毕业典礼等。

2. 水平测试

监狱方一般会在受刑人进入监狱的 60 日内对没有学历证书的受刑人进行成人基础教育考试（Tests of Adult Basic Education）。对于不具备英语语言能力的受刑人则通过综合成人学员评估系统（Comprehensive Adult Student Assessment System）测试受刑人，决定其基本能力水平。在综合成人学员评估系统测试中分数低于225 分的受刑人将会被强制要求参与英语第二语言教育项目的基础课程。从其他监狱转入的受刑人，如果没有参加过正式的测试，则由监狱根据受刑人的英语读说能力水平决定其是参加成人基础教育考试还是参加综合成人学员评估系统测试。监狱方也可以按照受刑人原来的测试成绩和教育项目计划来决定是否重新进行测试。

---

〔1〕 一般是采取空中教育的形式，类似于中国开放大学的教育模式。

如果受刑人没有高中毕业文凭或者普通教育提升文凭，则会被要求参加成人读写能力项目（Adult Literacy Program），并完成最低要求时长。根据法律规定，受刑人有义务完成高中或普通教育提升项目。根据《暴力犯罪控制法强化法案》（The Violent Crime Control Law Enforcement Act）的规定，在 1994 年 9 月 13 日之后至 1996 年 4 月 26 日之间犯罪的没有高中文凭的受刑人必须参与普通教育提升项目并且努力获得文凭，以便在监狱中更好地接受改造。根据《监狱诉讼改革法》（The Prison Litigation Reform Act）的规定，在决定受刑人的表现等级时，监狱管理部门应当考虑在 1996 年 4 月 26 日之后犯罪的受刑人是否已经获得或者正在努力获得普通教育提升文凭。[1]

二、宗教服务

作为一个普遍信仰基督教的国家，美国向来认为宗教在受刑人改造中有着很强的教化作用。女子监狱都会提供宗教服务，有专门的牧师办公室和宗教活动场所，有专门用于进行礼拜、祷告、宗教学习、宗教活动的场所及办公室，有些监狱还有专门的宗教图书室。除此之外，监狱一般还配备有专职的牧师，例如奥尔德森女子监狱就配备有一个专职的牧师和一个宗教服务助理。

女子监狱中的宗教项目包括礼拜、祷告、宗教学习以及宗教劝导、精神引导。宗教服务和活动的日常安排一般会在每个监区进行张贴，每周更新一次。宗教活动的参与不需要申请，对所有人开放，无论是受刑人还是狱警。每隔一段时间，监狱内的宗教管理人员还会安排社区内与受刑人具有共同信仰的志

---

〔1〕 See Inmate Handbook of FPC Alderson, 2014.

愿者一起进行礼拜。但是，监狱禁止受刑人在没有经过牧师允许的情况下参与任何形式的祷告团体。

监狱内的牧师还会提供宗教劝导服务，劝导服务有助于强化受刑人的精神，并讨论怀孕、结婚等特殊需求问题。牧师会在危机事件中参与实施宗教活动，对受刑人进行引导。例如，在受刑人家庭中有人病重或者死亡而对受刑人造成严重精神创伤时。

三、监狱图书馆

每个女子监狱都建有图书馆，一般情况下分休闲图书室和法律图书室两个部分。

1. 休闲图书室

休闲图书室提供大量的休闲图书，包括但不限于杂志、报纸、小说、非小说类纪实作品、参考书、CD、视频卡带等。女子监狱还经常会与当地、州或大学图书馆进行馆际合作，也会经常合作提供移动图书阅读服务。图书室会定期检查和更新数目，对于一些图书室中没有的参考书，可以通过馆际合作的方式从当地的社区图书馆借阅。

各个监狱对休闲图书室开放时间的规定并不统一。例如，奥尔德森女子监狱的休闲图书室在周一不开放，在周日、周二至周五开放时间段为上午 9：00~下午 3：30 和下午 6：00~8：45，周六和节假日开放时间为上午 12：45~下午 3：35 和下午 4：15~下午 8：45。[1]

2. 法律图书室

在休闲图书室之外，每一个女子监狱都提供了法律图书室，

---

〔1〕　See Inmate Handbook of FPC Alderson, 2014.

有些监狱有实体的法律图书室，但是大多数监狱的法律图书室均是电子阅览室。在法律图书室，受刑人能够阅读大量的法律书籍，能够在其中准备自己的法律文书。有些监狱还通过信托基金的形式为受刑人提供法律文书准备服务。法律图书室一般备有复印机，供受刑人复印需要的材料，不过并不是免费的。例如，奥尔德森女子监狱的法律图书室的复印价格为0.1美元一张。[1]

对于法律图书室的开放时间，各个监狱的规定并不统一。例如，奥尔德森女子监狱的法律图书室，周日至周五的开放时间为上午9：00~下午8：45，周六为中午12：45~下午8：45，报数时间除外。[2]

3. 图书馆守则

图书馆的守则主要有三个方面：一是图书馆中的各类书籍、电子光盘等不允许借出或被移动到图书馆之外的其他地方，阅读期间受刑人必须待在图书馆内，除非被监狱工作人员通知其需要去其他地方报告；二是受刑人在图书馆中阅读的时候不能聚集在一起，只能分散阅读；三是进出图书馆要接受检查。

第六节　惩戒制度

惩戒制度对于维护监狱的秩序非常重要，因此，女子监狱建立了基于受刑人权利和义务的惩戒制度，以规范监狱秩序。受刑人首先要自律，如果不能够自律，则可能会受到监狱的惩罚。每个监狱都有自己的一套非常详细的管理规则，大到在监狱里的杀人放火，小到日常作息，受刑人一旦违反便可能受到惩戒。

---

〔1〕 See Inmate Handbook of FPC Alderson, 2014.
〔2〕 See Inmate Handbook of FPC Alderson, 2014.

一、惩戒程序

受刑人违反监狱规定之后，要按照一定程序接受惩戒。一般而言，监狱内的惩戒程序包括事件报告、监区惩戒委员会审查、惩戒听证官听证、惩戒申诉等。[1]

事件报告（Incident Report）是惩戒程序的第一步。受刑人违反纪律之后，告诉人一般会起草书面报告。在发现受刑人违反纪律之后的 24 小时之内，狱警一般会将该书面报告的内容告知受刑人本人。之后，监狱方会举行非正式的解决会议，报告起草人、调查官和处理该事件的监区工作人员都会参与该会议。如果通过非正式会议可以解决问题，事件报告就会被撤销。如果非正式的会议不能解决问题，报告便会被呈交监区惩戒委员会进行初步听证。

监区惩戒委员会（Unit Disciplinary Committee）审查是惩戒的第二步。在一般情况下，在狱警发现受刑人涉及事件之后的 5 个工作日内，监区惩戒委员会将举行听证，不包括狱警发现受刑人涉及事件的当天、周末和假日。受刑人需要出席听证，并针对自己的行为提供证据或作出说明。在当天的听证会议之后，监区惩戒委员会会作出书面的惩戒决定。不过，在有充足理由的前提下，监区惩戒委员会举行听证可以超过上述 5 天的时间限制，监狱长必须在不超过 5 天的基础上批准延长时间。受刑人会被书面告知延长时间的理由。监区惩戒委员会可能会正式解决问题并作出最终处置决定，也可以将报告上报给惩戒听证官作出最终决定。

惩戒听证官听证（Discipline Hearing Officer）是惩戒程序的

[1] See Inmate Handbook of FPC Alderson, 2014.

第三步。惩戒听证官是监狱管理局设立的专门处理监狱内部惩戒事件的官员，只受理那些已经被监区惩戒委员会听证过的案件。在惩戒听证官听证过程中，受刑人可以选择一个全职人士成为自己的代理人。受刑人可以为自己作出辩护陈述和提供书面证据，也有权列出证人名单和要求证人出庭作证，但是受刑人在听证过程中不能够问询证人。受刑人的代理人可以代替其问询。在没有代理人时，受刑人可以将自己的问询问题提交给惩戒听证官，惩戒听证官会要求所有的证人给出书面陈述，除非证人提供的信息是重复的。受刑人有权在听证过程中全程出席，但审议程序除外。惩戒听证官可能基于充足的理由推迟或者继续听证，但推迟的理由应当被记录在案。惩戒听证官作出的决定是最终决定，但是可以通过行政救济程序继续申诉。

行政救济申诉程序（Administrative Remedy Procedures）是惩戒程序的第四步。监狱在任何阶段作出的决定都可以被上诉，但不是所有的上诉都会被接受，只有在涉及以下三个问题时上诉才有可能被考虑接受：①监区惩戒委员会或者惩戒听证官是否实质上遵守规范；②监区惩戒委员会或者惩戒听证官是否基于实质证据作出决定；③作出的处罚决定是否与禁止行为的严重性相适应。

二、惩戒方式

美国女子监狱将受刑人违反纪律的行为分为四类：极端严重的行为，例如杀人、越狱等行为；高级严重的行为，例如逃工、盗窃等行为；中等严重的行为，例如滥用医疗设施、违反社区项目规定等行为；中低等严重的行为，例如装病等行为。针对不同严重程度的行为，监狱方会实施不同程度的惩戒方式。

具体而言，主要包括如下种类：[1]

（1）取消或延迟假释日期。所有被提交给惩戒听证官的违规事件都会被报告给联邦或者州假释委员会，这可能导致受刑人的假释日期被延迟或者取消。

（2）剥夺受刑人法定挣时或者终止、剥夺额外挣时。所谓挣时是受刑人在监狱内通过良好表现来减少刑期的制度，而这种处罚就是将受刑人因良好表现而积累的时长进行一定程度的削减。终止或者剥夺额外挣时一般只针对发生在额外挣时时间内的违规行为。

（3）挣时驳回。根据《综合犯罪控制法》（Comprehensive Crime Control Act），被判刑的罪犯每年有权获得 54 天的"表现良好时长记录"（good conduct time），而挣时驳回处罚就是驳回受刑人的这一优惠。

（4）惩戒隔离。惩戒隔离就是将受刑人安置或者限制于单独隔离的囚室或者区域。惩戒隔离时间的长短由其违规行为的严重程度决定。在隔离惩戒期间，受刑人不允许转移监狱或者转移监禁方式。

（5）金钱赔偿。金钱赔偿一般针对破坏财物类违规行为，受刑人被要求就其破坏的财产进行赔偿，在赔偿之前，其消费权利会受到限制。

（6）拒绝给予法定表现良好时长。拒绝给予法定表现良好时长是指受刑人在一定期限内的表现将不被计入监狱行为表现，但是拒绝给予的时长不能超过违规行为发生当月的最长时间。

（7）剥夺权利。即在一定期限内剥夺受刑人消费、电影、娱乐或者教育培训的权利等，一般是在什么类型行为中违规，

---

〔1〕 See Inmate Handbook of FPC Alderson, 2014.

便剥夺什么类型的权利。

（8）变换囚室或监区。监狱方可以将受刑人从原来的囚室或者监区转移到其他囚室或者监区。

（9）禁止参与项目或者集体活动。监狱方可以禁止受刑人在一定时间内参与某一项目或者集体活动。

（10）剥夺工作。即剥夺受刑人目前在监狱内承担的工作，将其转移到其他工作岗位。

（11）扣押受刑人私人财产。即在一定期限内扣押受刑人在监狱内存放的个人财产，此财产必须与违规行为有关。

（12）没收违禁品。监狱方在任何时候发现受刑人持有违禁品，都应当随时予以没收。

（13）禁足。即命令受刑人在一定期限内只能在一定区域内或者区域附近活动。

（14）增加责任。即在其日常工作之外另外增加其工作任务。

第七节　问题处理制度

一、信息公布

监狱内的一般信息都可以通过公开途径获取。信息一般在两个地方公布：一个地方是公告板，一般监区内都设置有公开的公告板，以发布监狱内的各种信息，关于监狱运作的信息会定期更新。不过，只有经过授权的信息才能在公告板张贴，如果随意张贴则可能会构成监狱违规行为，要受到违纪处罚。另一个地方是监区管理团队，受刑人如果需要知道任何不在公告板上的信息，可以联系监区工作人员获取信息。

在上述公开途径之外，还有一些非正式的信息获取途径，例如有些监狱建立有受刑人请求系统（Prisoner Request System）。该系统提供了一个获取由监狱管理工作人员提供的关于监狱政策、程序或实践方面的信息、问题或难题的书面答案的非正式渠道。如果想要请求回答，受刑人需要填写申请书。此外，受刑人不能就同一问题同时向多个监狱工作人员请求咨询，只有在得到一个人回答之后才能向另一个人咨询同一主题的问题。

二、投诉程序

大部分问题都可以通过与监狱内的主管人员进行口头交流得到处理，例如监区长、个案管理官、监区医疗官、监狱总监可以对相关问题进行解释，并按照监狱的操作规程进行处理。但是，有些问题并不一定能够得到满意答复，或者不能够满足受刑人的需求。因此，监狱方往往建有投诉程序。

投诉程序为审查和解决受刑人的投诉提供了一个一般性程序机制，在没有建立单独投诉程序或者申诉程序的问题领域，受刑人可以求助于一般投诉程序。监狱一般都会设置一个投诉协调人（Grievance Coordinator）来处理投诉，投诉协调人的信息都会被公布在公告板上。

投诉需要先填写投诉表（Prisoner Grievance Form）。需要填写的信息包括受刑人的名字、ID 卡编号、居住监区等，其核心是写明详细的投诉事项内容、参与人数、投诉诉求等。

PRISONER GRIEVANCE FORM
Policies 29.1 and 29.2

MAINE DEPARTMENT OF CORRECTIONS

TO BE COMPLETED BY
GRIEVANCE REVIEW OFFICER:

DATE RECEIVED_____

LOG NUMBER

Name	MDOC Number	Housing Unit

A grievance must be filed with the Grievance Review Officer within fifteen (15) days of the matter being grieved. If you are filing after the expiration of the fifteen (15) day limit because it was not possible for you to have filed a grievance within the fifteen (15) day limit, explain what prevented filing within the time limit in the space below.
Explanation:

USE ONLY THE SPACE BELOW
Concisely state the specific nature of your complaint, including all persons and dates involved, and state the specific remedy requested. You must include information showing when the fifteen (15) day time limit began:

Signature of Prisoner   Date

Before filing a grievance with the Grievance Review Officer, you must have made an attempt at an informal resolution, by submitting this form to a supervisor designated by the facility Chief Administrative Officer within five (5) days of the matter being grieved.

Print Name of Supervisor (or HSA, if applicable)	Signature of Supervisor (or HSA, if applicable)	Date of Receipt of Form

☐ Complaint Resolved. Describe resolution, including implementation date: _____

Signature of Staff Resolving Complaint   Signature of Prisoner Agreeing to Resolution

☐ Complaint Not Resolved. Describe actions taken in attempt to resolve:

Signature of Staff Attempting Resolution   Date Form Returned to Prisoner
Original to Grievance Officer
Prisoner to keep copy

Prisoner - Grievance Form
Attachment A

DOC FORM
08/15/2012R
29.1 and 29.2 (AF)

图 6　投诉表格式

投诉程序一般包括非正式调解、第一级审查、第二级审查、第三级审查等多重程序。在正式提交投诉表之前，受刑人应当首先联系相关工作人员进行非正式的调解，以便于快速将问题解决。如果非正式程序不能解决问题，则进入第一级审查程序，由投诉审查官审查受刑人的投诉是否属于投诉事项，投诉表格是否在形式上适格。如果适格，则接受投诉，如果不适格，则拒绝投诉。接受投诉后，投诉检察官应当调查事项并作出处理，如果发现是犯罪行为，投诉检察官还需要联系联邦检察官。在收到第一次审查的处理结果后，受刑人如果对结果不满意还希望上诉的，则还可以上诉，通过投诉上诉表申明上诉理由，进入第二级审查程序。受刑人只能就第一次投诉的事项进行上诉，不能在上诉中提出其他在第一次投诉时没有提出的事项。第二级审查程序一般在 25 天内由监狱长作出。如果对于监狱长的处理结果不满意，则还可以进入第三级审查程序，由矫正局局长就申诉事项作出最终处理。

此外，投诉程序中还包括加急投诉（Expedited Grievance）。如果受刑人认为自己存在加急投诉事项，应当注意投诉表格上的特别事项，写明其要求启用加急投诉程序的理由。一般情况下，需要加急投诉的事项是指那些在常规处理时间内可能造成受刑人身体伤害、精神健康或人身安全的具有实质风险的事项。

三、紧急事态处理

监狱内在特殊情况下也会发生火灾、地震、骚乱等紧急事件，在紧急事件发生时，各方需要遵守特殊处理程序。在发生紧急事件或者骚乱时，受刑人无论身处监狱内的任何地方，都应当首先遵守临近工作人员的具体指挥。除此之外，在发生紧急事态时受刑人在不同的场所还应当遵守如下一些规则。

（1）在走廊时。受刑人应当立即跑向走廊一边，背对着墙的方向，保持静默，遵守该区域狱警的具体指挥。

（2）在监区时。当处于 TV 房间、淋浴间、深思间、洗衣房、生活间、洗澡间等监区时，受刑人应当立即返回自己的囚室并锁上房间门，保持静默。需要注意的是，如果骚乱发生地离自己所在囚室非常近，受刑人应当遵守狱警的指挥到其他地方去。

（3）在餐厅时。受刑人如果已经坐下，则应坐下保持不动。如果没有坐下，则应当立即跑向一边，背对着墙，保持静默，听从该区域狱警的具体指挥。

（4）在多功能房或体育场时。受刑人应当立即跑向旁边，背对着离自己最近的墙，保持静默，听从该区域狱警的具体指挥。

（5）在学校、培训场所或者图书馆时。受刑人应该保持静坐，听从该区域狱警的具体指挥。

（6）在监区外工作时。受刑人应保持静默，听从该区域狱警的具体指挥。[1]

---

[1] See Female Prisoner Handbook of Maine Correctional Center, 2014.

第五章
CHAPTER05

性别考量：美国女子监狱制度的特殊构成

美国女子监狱不仅仅有着相对完善的同类考量制度，还针对女性受刑人的性别特征建构了比较完善的特殊性制度，这些制度只适用于女性受刑人。本章将在上一章系统梳理美国女子监狱基本架构的基础上，对该类基于性别考量的特别制度进行个别化分析。

第一节　女性生理健康服务制度

基于自身的生理特殊性，女性通常比男性需要更多的医疗支持，因而女子监狱必须能够保障更高的医疗需求。

一、妇科生理卫生护理

（一）妇科检查服务

妇科检查（gynecological care）对女性而言非常重要，有利于发现一些常见的女性疾病。一项在罗得岛监狱的研究发现，女性受刑人面临着高度的妇科风险和生殖健康风险，为女

性受刑人提供专业的妇科检查服务和生殖健康服务不但有利于
保障女性受刑人的健康，也有利于美国社会和刑事司法体制的
发展。[1]一般而言，女性受刑人的妇科检查主要包括入监检查
和日常检查，但并不是每个女子监狱都能够提供充足的妇科检
查服务。

无论具体实施效果如何，至少在形式上，不少州立女子监
狱都没有入监妇科检查服务。例如，纽约州百德福德山监狱
（New York's Bedford Hills Correctional Facility） 的入监检查程序
中就有妇科检查，包括一般妇科和子宫涂片等。但联邦女子监
狱就没有入监妇科检查服务，其入狱体检往往非常简单，只是
向受刑人讯问病史、现状或者用药等问题。[2]

不过，日常检查在联邦女子监狱和州立女子监狱都是存在
的。例如，按照法律规定，纽约州女子监狱每年都要对超过 30
岁的女性受刑人进行包括子宫涂片在内的妇科检查，但是在实
际操作过程中则往往会超过 1 年，甚至需要等 14 个月至 16 个月
之久。联邦女子监狱每天下午都会张贴电话列表，表上会列明
受刑人被分配与指定的任务，其中就包括常规的乳房 X 光检查
和子宫涂片检查，不过受刑人可以拒绝进行检查。在现实中，
由于检查条件的简陋和医生的粗暴，有不少女性受刑人选择不
进行子宫涂片检查。例如，有女性受刑人描述监狱护士在进行
子宫涂片检查时粗暴地将阴道扩张器插入其阴道，在她告诉护士
很疼的时候，护士却说"不，我没有弄疼你"，并且继续进行检
查，事后她也一直没有得到检查结果，所以后来轮到她做检查时

---

[1] 参见韩阳：《女性犯罪及监禁处遇》，中国法制出版社 2017 年版，第 258 页。
[2] Victoria Law, "Reproductive Health Care in Women's Prisons 'Painful' and 'Traumatic' ", http://www. truth-out. org/news/item/29660-reproductive-health-care-in-women-s-prisons-painful-and-traumatic.

她就拒绝了。[1]

（二）生理卫生用品

监狱一般都会向受刑人发放一定的个人卫生用品。例如，给新入监的受刑人提供肥皂、牙刷、牙膏、牙线、梳子、洗发水、除臭剂、剃须刀、假牙清洁剂和黏合剂、假牙收纳盒等必备的个人卫生用品。有的监狱还会给处在调整适应期的受刑人提供少量的布洛芬、醋氨酚、三苯甲咪唑（克霉唑）、醋酸氢化可的松软膏、碱式水杨酸铋咀嚼片等必要的药物。对转监的受刑人在申请和确认缺少相关用品的情况下提供肥皂、牙刷、牙膏和洗发水。在后续的服刑过程中，受刑人需要自己补充个人卫生用品的，一般可以通过监狱商店购买。对于生活困难的受刑人可以以在一定数额内赊账的形式购买卫生用品。例如，华盛顿州立监狱局规定贫穷受刑人可以在不超过 200 美元的范围内赊账购买个人卫生用品。[2]不过，个人卫生用品虽然可以自己购买，但是不能无限购买，任何一项都有数量限制。例如，华盛顿州立监狱局规定肥皂、牙刷、牙膏、洗发水、护发素、除臭剂、假牙清洁剂和黏合剂等只能使用 1 份和备用 1 份，牙线只能同时拥有 1 盒（30 只装），一次性剃须刀只能使用 1 只备用 3 只，如果超过数量限制，则会被作为违禁物品没收。[3]

不过，对于女性受刑人来说，生理卫生用品更为重要，否

---

〔1〕　See Victoria Law, "Reproductive Health Care in Women's Prisons 'Painful' and 'Traumatic' ", http://www. truth-out. org/news/item/29660-reproductive-health-care-in-women-s-prisons-painful-and-traumatic.

〔2〕　详细的规定参见华盛顿州立监狱局的规定，State of Washington DOC No. 440. 080：Hygiene and Grooming for Offenders，http://www. doc. wa. gov/information/policies/files/440080. pdf，2018 年 1 月 4 日访问。

〔3〕　See State of Washington DOC No. 440. 080：Hygiene and Grooming for Offenders，http://www. doc. wa. gov/information/policies/files/440080. pdf.

则将难以处理每个月都必须要面对的生理期。但是，监狱免费提供的女性卫生用品数量往往十分有限，并不能满足女性受刑人的生理期需求。女性受刑人为了处理生理期，只有两个选择：用在监狱里赚取的微薄收入在监狱商店购买卫生用品，或者与狱警进行灰色交易。这种情况在最近得到了改变，2017 年 8 月，美国联邦监狱局出台了一份备忘录，要求联邦监狱免费向女性受刑人提供生理卫生用品。备忘录要求联邦监狱免费提供的卫生用品包括：常规与超大号两种类型的卫生棉条；常规或超大号两种类型的翼状卫生巾；常规的女性卫生裤。[1]不过，这个备忘录只是属于建议性质，其在美国联邦监狱实施的具体效果还有待考查。但无论如何，这均对监狱的女性生理卫生用品问题具有深厚影响。

关押更多女性受刑人的州立和地方女子监狱也在向女性受刑人提供生理卫生用品方面有所行动，主要采取了免税、免费等几种方式，以增加女性受刑人获得卫生用品的水平。[2]纽约市管理委员会于 2016 年规定，对地方监狱、公共学校浴室、流浪收容所等地方免费提供的女性卫生用品不再有数量限制，只要有要求就可以发放。而在此之前，关押着超过 600 名女性受刑人的纽约市地方女子监狱每周仅向每 50 名女性受刑人提供144 片卫生巾，平均每人每周只有 2.8 片，远低于正常需求。[3]

---

〔1〕　See BOP, Provision of Feminine Hygiene Products, 2017.

〔2〕　See Michael Alison Chandler, "The Once-whispered Topic of Women's Menstruation Now has Political Cachet", https://www.washingtonpost.com/local/social-issues/the-once-whispered-topic-of-womens-menstruation-now-has-political-cachet/2017/08/07/cdeae46e-68a2-11e7-8eb5-cbccc2e7bfbf_ story. html? utm_ term=.4b53d130c887.

〔3〕　See Melissa Jeltsen, "Providing Free Pads And Tampons To Incarcerated Women Is About More Than Hygiene", https://www.huffingtonpost.com/entry/new-york-prisons-periods_ us_ 576bfcade4b0b489bb0c901b.

洛杉矶县监管委员会于 2017 年通过了一项决议，要求未成年人拘留所为女性受刑人免费提供卫生棉和卫生巾，而在之前其基于预防极为少见的因卫生棉长时间未抽出导致感染中毒综合征（Toxic Shock Syndrome）的原因而并不提供卫生棉，即使提供了卫生巾，质量也极为低劣。2016 年，科罗拉多州立法部门修改了当年的州预算，增加 4 万美元预算，用以免费向州立监狱女性受刑人提供卫生巾和卫生棉，在此之前，女性受刑人需要证明他们需要卫生巾或者以每盒 7 美元的价格在监狱商店购买卫生巾。[1]华盛顿州立监狱管理局于 2017 年 10 月 12 日对其 440.080 号名为《受刑人卫生与洗漱》的文件进行了修改，规定州立监狱无论对于初次入监的女性受刑人、服刑过程中的女性受刑人还是工作释放过程（Work Release）中的女性受刑人，在有需要时都要免费发放卫生巾。[2]近来，还有 24 个州启动了关于免税的立法，但迄今只有 14 个州成功对监狱向女性受刑人提供卫生巾或者卫生棉免予征税，主要包括纽约州、伊利诺伊州、康涅狄格州、佛罗里达州、马里兰州、马萨诸塞州、明尼苏达州、新泽西州、宾夕法尼亚州、阿拉斯加州、特拉华州、蒙大拿州、新汉普郡州、俄勒冈州。[3]此外，芝加哥市、华盛顿市也通过立法实现了卫生用品免税。[4]

〔1〕 See Mattie Quinn, "New Federal Tampons Rule Follows States and Cities' Flow", http://www.governing.com/topics/public-justice-safety/gov-tampons-pads-prisons-states-federal.html.

〔2〕 See State of Washington DOC No.440.080: Hygiene and Grooming for Offenders, http://www.doc.wa.gov/information/policies/files/440080.pdf.

〔3〕 See Mattie Quinn, "New Federal Tampons Rule Follows States and Cities' Flow", http://www.governing.com/topics/public-justice-safety/gov-tampons-pads-prisons-states-federal.html.

〔4〕 See Michael Alison Chandler, "The Once-whispered Topic of Women's Menstruation Now has Political Cachet", https://www.washingtonpost.com/local/social-issues/the-once-whispered-topic-of-womens-menstruation-now-has-political-cachet/2017/08/07/cdeae 46e-68a2-11e7-8eb5-cbccc2e7bfbf_story.html? utm_term=.4b53d130c887.

表 12 美国州对受刑人卫生用品免税情况统计

只针对女性受刑人卫生用品免税	针对所有物品免税	不免税
纽约州、伊利诺伊州、康涅狄格州、佛罗里达州、马里兰州、马萨诸塞州、明尼苏达州、新泽西州、宾夕法尼亚州	阿拉斯加州、特拉华州、蒙大拿州、新汉普郡州、俄勒冈州	其他各州

二、怀孕与生育护理

由于很多女性受刑人在入狱时就已经怀孕，在服刑期间，她们将会面临怀孕安全与健康方面的问题，例如产前照顾、食物与维生素、分娩束缚等问题。

（一）节育措施

根据美国联邦监狱管理局第 6070.05 号文件第 551.21 条的规定，美国联邦监狱的医疗部门应当给相关的女性受刑人提供有关节育措施方面的信息。通常，在监狱内部采取的节育措施主要限于由临床医生根据需要开的激素类药物，如果临床医生认为其他实际的节育措施有医疗妥当性，则需要征得监狱管理局医疗总监（Bureau Medical Director）的同意。[1]

（二）怀孕服务

根据美国司法部的估计，大约有 6%~10% 的女性受刑人在入监时处于怀孕状态。[2]因此，为怀孕的女性受刑人提供一定的保

---

〔1〕 See BOP Program Statement No. 6070.05, Birth Control, Pregnancy, Child Placement and Abortion, 1996.

〔2〕 See W. J. Sabol, T. D. Minton, *Prison and Jail Inmates at Midyear* 2006, U.S. Department of Justice, 2007.

障措施就显得非常重要了。根据美国联邦监狱管理局第 6070.05 号文件第 551.22 条的规定，监狱应当确保每一个怀孕的女性受刑人都能得到必要的医疗服务、个案管理和咨询服务。为确保能够得到妥当的医疗和社会服务，女性受刑人应当在发现自己怀孕时尽快告知监狱的医疗工作人员，医疗工作人员在确认受刑人怀孕之后应当立即通知其个案管理官。[1]

（三）产前护理（prenatal care）

那些入监时或者入监后怀孕的女性，在从确认怀孕到最后分娩之前的孕期，也需要得到合理的产前护理。对她们来说，怀孕通常会被认为是具有高风险的，因为其中一些人的情况比较复杂，有吸毒和酗酒的，有吸烟的，有因性传播感染传染病的（如艾滋病毒、乙型肝炎等）。这些因素，加之不良的社会支持和药物滥用史，会使这些妇女和新生儿面临的风险更大，从而提升产期和产后的发病率和死亡率。第一手报道表明，许多孕妇在监狱里无法接受定期的盆腔检查或超声波检查。她们也几乎得不到关于产前保健和营养方面的辅导，也无法调节饮食以适应不断变化的热量需求。虽然在美国监狱里存在某些产前护理和教育项目模式，但是这显然无法满足成千上万的孕妇要求。[2]

（四）生产分娩

根据美国联邦监狱管理局第 6070.05 号文件第 551.22 条的规定，监狱应当安排受刑人在监狱外的医院里进行分娩。[3]但

---

〔1〕 See BOP Program Statement No. 6070.05, Birth Control, Pregnancy, Child Placement and Abortion, 1996.

〔2〕 See Mary Bosworth (ed.), "Encyclopedia of Prions and Correctional Facilities", *Volume II, Thousand Oaks*, Sage Publications, Inc. 2005, pp. 1047~1050.

〔3〕 See BOP Program Statement No. 6070.05, Birth Control, Pregnancy, Child Placement and Abortion, 1996.

是她们在分娩时往往要被戒具束缚并被拒绝在家人陪同下分娩。分娩后，新妈妈不允许用母乳喂养婴儿，她们只有 24 小时至 72 小时的时间与婴儿接触，而后就要交给家人监护或被送入州寄养制机构。[1]

（五）械具使用

在美国，械具是指使用一定的装置对受刑人进行物理限制，以控制受刑人身体动作的工具，主要包括手铐、脚镣、腰链、束缚衣等，其目的是防止受刑人潜逃、自我伤害或者伤害他人。对于女性受刑人而言，这些械具主要被戴在手腕、脚腕或者腰部。在历史上，对于怀孕的女性受刑人，监狱是可以使用械具的，使用的时间主要是转移监狱、运送至医院的途中或者生产胎儿期间。但是，在生产过程中使用械具存在危及受刑人自身和胎儿安全的风险，也可能对医生和护士的活动范围造成限制，在出现问题的时候容易成为救助障碍。不过，即使如此，在历史上，对怀孕及即将生产的女性受刑人使用械具仍是一种普遍做法。[2]

随着 2008 年美国联邦监狱局全面禁止在联邦监狱中对怀孕女性受刑人使用械具，[3]美国不少州已经开始禁止或者大幅度减少对监狱中的怀孕女性受刑人使用械具。加利福尼亚州、伊利诺伊州首先进行立法，全面禁止对监狱中怀孕的女性受刑人使用械具，还有 24 个州则采取了限制对怀孕女性受刑人使用械具的做法。但是，依然有不少州依然沿用陈旧的做法，允许对怀孕女性受刑人使用械具，但大多会规定一些不能对怀孕女性

---

〔1〕 See Mary Bosworth （ed.），"Encyclopedia of Prions and Correctional Facilities"，*Volume II*，*Thousand Oaks*，Sage Publications，Inc. 2005，pp. 1047～1050.

〔2〕 参见韩阳：《女性犯罪及监禁处遇》，中国法制出版社 2017 年版，第 288 页。

〔3〕 See "National Women's Law Center"，*Mothers Behind Bars*：*States are Failing*，2010.

受刑人使用械具的情况，其中 18 个州规定的禁止使用械具的例外范围非常广泛。不过，从总体上看，美国各州总体上还都没有建立起对怀孕女性受刑人使用械具的精确化立法体系。[1]

三、受刑人堕胎的服务

（一）堕胎的选择

决定是否堕胎是受刑人自己的责任。监狱应当为每一个怀孕的受刑人提供医疗、宗教和社会咨询服务，以帮助受刑人作出堕胎或者继续孕育胎儿的选择。如果受刑人选择堕胎，其应当签署一个自愿堕胎的书面声明，声明应当指出其已经被监狱方提供了各种应当提供的咨询服务且监狱方履行了信息告知义务。当医疗、宗教和社会咨询服务完成的时候，每一个参与其中的工作人员都应当以备忘录的形式记录咨询过程，并记录在受刑人的核心档案之中。所有申请自愿堕胎的申请文件和医疗、宗教和社会咨询服务记录，都应当制作副本并送交医疗总监。[2]

在监狱长收到受刑人自愿堕胎的书面申请书之后，监狱医疗工作人员将安排受刑人堕胎。对于堕胎的具体运作，监狱工作人员要查询和遵守联邦法律和州法律。如果对于地方立法和规程有疑问，则应当咨询相关的地方顾问。不过，监狱工作人员可以基于宗教信仰等理由不参与监狱堕胎事务，只需要提前向其上级报告即可，不会影响其表现和职位。[3]

---

〔1〕　此部分统计结果来源于韩阳教授。具体参见韩阳：《女性犯罪及监禁处遇》，中国法制出版社 2017 年版，第 288 页。

〔2〕　See BOP Program Statement No. 6070.05, Birth Control, Pregnancy, Child Placement and Abortion, 1996.

〔3〕　See BOP Program Statement No. 6070.05, Birth Control, Pregnancy, Child Placement and Abortion, 1996.

（二）堕胎的支出

在联邦女子监狱中，堕胎的成本一般是由受刑人承担。按照美国联邦法的规定，联邦监狱管理局在一般情况下不能将联邦拨付资金用于受刑人堕胎或者帮助受刑人堕胎，只有在继续孕育胎儿会威胁母亲的生命或者涉及强奸案的情况下才能动用国家拨付资金。在其他情况下，只能使用非联邦监狱资金，无论堕胎是否按照计划进行。不过，无论联邦监狱局是否可以为受刑人堕胎支付成本，联邦监狱局都可以使用联邦资金将受刑人护送至监狱外的医疗机构接受堕胎。在受刑人考量是需要堕胎还是继续孕育胎儿的过程中，监狱有义务提供医疗、宗教和社会咨询服务。如果受刑人选择堕胎，监狱方有义务为受刑人安排一个监狱外的医疗机构。〔1〕

但是，各州对女性受刑人堕胎支出的规定存在较大差异。根据我国学者韩阳的总结，主要有允许自费堕胎、设有堕胎必须费用基金、堕胎基金只能用于救命、只有堕胎政策咨询、没有明确规定等五种情况。〔2〕

---

〔1〕 See BOP Program Statement No. 6070. 05, Birth Control, Pregnancy, Child Placement and Abortion, 1996.

〔2〕 参见韩阳：《女性犯罪及监禁处遇》，中国法制出版社 2017 年版，第 286~287 页。

表13 美国各州女性受刑人堕胎政策一览表[1]

允许自费堕胎	设有堕胎必须费用基金	堕胎基金只能用于救命	只有堕胎政策咨询	没有明确规定
加利福尼亚州、肯塔基州、佐治亚州、夏威夷州、新泽西州、纽约州、俄勒冈州、福蒙特州、华盛顿州	哥伦比亚特区、马萨诸塞州、明尼苏达州、新墨西哥州、田纳西州、西弗吉尼亚州	亚拉巴马州、阿肯色州、科罗拉多州、特拉华州、佛罗里达州、伊利诺伊州、爱荷华州、肯塔基州、密歇根州、密西比比州、密苏里州、内布拉斯加州、新汉普郡州、俄克拉荷马州、罗得岛州、南卡罗来纳州、得克萨斯州、犹他州、威斯康星州	爱达荷州、俄亥俄州	亚拉巴马州、阿拉斯加州、佛罗里达州、印第安纳州、北卡罗来纳州、北达科他州、宾夕法尼亚州、南达科他州、怀俄明州

第二节　女性精神健康服务制度

　　在监狱中服刑的女性受刑人，有很大一部分都存在精神健

---

〔1〕 See Rebecca Grant, "Abortion Behind Bars: Terminating a Pregnancy in Prison Can be Next to Impossible", https://news.vice.com/en_us/article/3kp9b5/abortion-behind-bars-terminating-a-pregnancy-in-prison-can-be-next-to-impossible.

康问题。那些使用药物成瘾的女性受刑人或是为了子女利益逃避亲密关系人虐待的女性受刑人应当在监狱中得到相应的精神健康服务。因此，美国的女子监狱逐渐开始针对女性受刑人的这部分需求提供矫治服务。[1]

一、药物滥用治疗服务

根据美国司法部统计局 1999 年出版的《女性犯罪人》的统计，1998 年美国各州所关押的女性受刑人中有 40% 承认在其做出被指控的罪行时曾经服用过毒品或者药物，而这一数字对于同样统计范围内的男性受刑人而言只有 32%，并且有 1/3 的女性受刑人实施犯罪是为了获取购买毒品或者依赖药物所需要的资金。[2]根据美国司法统计局 2004 年的统计：美国州立监狱中 60% 的女性受刑人曾经有过毒品或成瘾药物依赖历史，而根据 1999 年出版的《药物成瘾与治疗：1997 年联邦及州立监狱中受刑人》的统计，州立监狱中至少有 20% 的女性受刑人有成瘾药物滥用历史，而其中至少有 1/8 的女性受刑人为此接受过治疗。[3]因此，药物滥用治疗项目对于女性受刑人和女子监狱而言非常重要，美国女子监狱中在多数情况下也都会提供药物滥用治疗矫治项目，主要包括四类。

1. 药物教育项目

药物教育项目（Drug Education）的对象是全体女性受刑人，其目的在于增强认识和理解药物滥用和成瘾的基本内容，包括

---

〔1〕 尽管这部分矫治服务并不完善（参见本书后面章节的讨论），缺少充足的矫治措施，甚至使得这部分已经受到伤害的受刑人再次受到伤害，但是类似的服务已经开始逐步建立。

〔2〕 See The Sentencing Project, Women in the Criminal Justice System, 2007.

〔3〕 此处数据参见韩阳：《女性犯罪及监禁处遇》，中国法制出版社 2017 年版，第 270 页。

特殊药物对女性的精神影响、生理影响以及对治疗策略、成瘾复发的预防和恢复等。所有参与者都必须完成一项最终的测试，如果通过可以在课程结束时获颁一个毒品教育证书。这项课程在联邦女子监狱里属于唯一一项法定提供的药物治疗教育项目，受刑人可以自愿选择是否参加这项课程。但如果受刑人的个案管理官没有要求受刑人必须参与这项课程，而受刑人也没有主动参与这项课程，其便会被注明缺少药物知识，并被直接交给支持这项课程的药品治疗专家（Drug Treatment Specialist）。

2. 非住宿式药物滥用治疗项目

非住宿式药物滥用治疗项目（Non-Residential Drug Abuse Program）也是一项自愿参与的治疗项目，面向所有被要求参与的女性受刑人或者承认存在药物滥用或依赖症状的女性受刑人。在一般情况下，非住宿式药物滥用治疗项目需要 3 个月~4 个月的治疗课程。有些女子监狱还创办了专门的非住宿式药物滥用治疗刊物，帮助参与者了解她们的药物使用情况，提升她们反思药物危害和审视转变问题的能力。非住宿式药物滥用治疗项目一般是通过团体的方式进行治疗，团体会议会每周举行一次，每次持续一个小时到几个小时不等。除此之外，参与者还会被针对自身的情况制定治疗计划，例如阅读相关的书籍、杂志或文章等。完成非住宿式药物滥用治疗项目后，受刑人会获颁一个合格证书。

3. 住宿式药物滥用治疗项目

住宿式药物滥用治疗项目（Residential Drug Abuse Program）是一项密集的强化型药物滥用治疗项目，目的在于培养参与者对药物和酒精依赖的节制和促进个人成长。不过，这依然是一项自愿参与的项目。这项治疗项目的构建基础是成瘾问题的生物社会心理学模式（biopsychosocial model of addiction）。每一个参与者都会被安排进一个治疗团队，每天都要按照计划进行 2 小时的治疗学习，包括周末。此外，参与者在周一至周五还必须每天参与 1 小时的集体会议。由于这是一个自愿参与的项目，因此，参与者如果要参加必须向住宿式药物滥用治疗项目协调人（Residential Drug Abuse Program Coordinator）申请面试，以便于监狱方确认其是否有资格参与项目。通过资格面试之后，受刑人会被列入等待参与名单。受刑人是否会有资格参与项目，与其预定释放日期很有关系，因为这个项目至少需要 1 年的时间，如果受刑人的剩余刑期不足 1 年，便无法参与这个项目。另外，如果参与者属于暴力犯罪、正在审理期间或者具有其他特殊情况，则不能参与这项治疗。为了激励受刑人治疗，不少女子监狱的住宿式药物滥用治疗项目还设置了很多激励内容。例如，奥尔德森女子监狱的住宿式药物滥用治疗项目参与者如果表现良好，便会获得每13周（一个治疗周期）40 美元的现金奖励，良好的表现主要包括行为表现符合普通社会预期，或者行为表现能够反映出参与者力争改变的态度、治疗的责任、遵守项目规范、持续完成治疗计划目标等。[1]

4. 治疗后衔接项目

治疗后衔接项目（Transitional Services）是与住宿式药物滥用治疗项目相衔接的内容。完成住宿式药物滥用治疗项目的受刑人如果在转往住宿式复归中心（Residential Re-entry Center）之前还有剩余刑期需要执行，则必须参与治疗后衔接项目。这是药物成瘾矫治项目中一个必要的组成部分，只要参与之前的矫治项目，此一项目便会自然生效。治疗后衔接项目包括持续 1 年的每个月至少 60 分钟的团体治疗参与，或者直至受刑人被移

---

〔1〕 See Inmate Handbook of FPC Alderson, 2014.

转到住宿式复归中心。治疗后衔接项目的内容主要为强化和检查在之前治疗项目中已经形成的观念、技能等，心理治疗师也会根据具体情况安排一些其他的内容。

二、精神健康干预服务

根据统计，在美国，有超过 2/3 的女性受刑人都曾有精神健康问题，66% 的女性受刑人报告存在过精神错乱的状况，这个比例是男性受刑人的 2 倍之多。超过 1/5 的女性受刑人曾有严重的精神疾病，而与之相比，男性受刑人患有严重精神疾病的比例则只有 1/7。在各州的监狱受刑人中，女性受刑人患精神疾病的比例也高于男性受刑人。例如，在内布拉斯加州女子监狱中，1/2 以上的女性受刑人经诊断患有精神疾病，而男性受刑人的这一比例则只有 1/4。[1]因此，在美国女子监狱中，针对女性受刑人的精神健康矫治项目显得非常重要。除一般监狱常见的简单咨询、团体治疗、自我引导等项目之外，[2]女子监狱还根据女性受刑人的特点设置了接续性矫治、药物辅助治疗、急症矫治、自杀预防干预等项目。

1. 接续性矫治项目

女子监狱一般都有接续性矫治项目，以确保那些在进入监狱之前已经接受药物治疗的受刑人能够在进入监狱后继续接受同样的治疗。在一般情况下，女性受刑人在入狱时告知自己在入狱前已经接受精神药物治疗的，监狱方会在 24 小时之内安排受刑人会见专业护士，以确认是否需要进一步安排其会见精神

---

〔1〕　不过根据调查，内布拉斯加州监狱针对女性受刑人的精神健康服务非常缺乏。See The ACLU of Nebraska, *Nebraska Women in Prison*, 2017.

〔2〕　See "Fed. Bureau of Prisons Secure Female Facility Hazelton", *Inmate Information Handbook*, 2011.

病专家。如果在任何一步的精神健康检查中得到确认，受刑人在入监程序中便会被安排进行进一步的全面性精神疾病评估。例如，在联邦女子监狱的入监程序中，所有的受刑人都会被安排进行精神健康检查，检查结果分为从无明显精神健康服务需求到住院精神服务需求几个档次，每个档次都对应有相应的精神健康服务项目。[1]

2. 药物辅助矫治项目

有些女子监狱还会提供药物辅助治疗项目（medication-assisted therapy），例如美沙酮（methadone）或者纳洛酮（suboxone）等药物治疗。例如，华盛顿女子监狱就设置了一个统一提供药物辅助治疗的治疗中心。不过，在有些情况下，女子监狱内的医生出于安全考量并不会提供和社会内治疗完全相同的药物，例如治疗严重精神分裂的思瑞康（Seroquel）和再普乐（Zyprexa）等。联邦女子监狱以前是不提供药物辅助治疗项目的，虽然美国食药局已经证明这些药物辅助治疗对于某些特殊精神疾病非常有效。不过，这种情况近年来已经有所改变，有些女子监狱已经开始提供一些小型的药物辅助治疗项目。美国司法部也于 2016 年指出："如果这些小型药物辅助治疗项目运作效果比较好，则美国监狱局应当改变其政策，以便为符合条件的受刑人提供药物辅助治疗。"[2]

3. 急症矫治项目

女子监狱还会为一些急性精神疾病患者提供急症矫治项目（acute care unit）。例如，为精神分裂症（schizophrenia）等一些

---

〔1〕 See "D. C. Women in Prison: Continuing Problems and Recommendations for Change", *Washington Lawyers' Committee for Civil Rights & Urban Affairs*, 2016.

〔2〕 See "U. S. Dep't of Justice, FY 2016 Budget Request, Prisons and Detention", http://www. justice. gov/sites/default/files/jmd/pages/attachments/2015/01/30/4. _ prisons_ and_ detention_ fact_ sheet. pdf.

需要住宿式治疗的严重精神错乱患者提供急症治疗服务。在一般情况下，进入急症治疗中心进行治疗的受刑人会一直待到她们的病情稳定为止，然后才能和其他一般受刑人一同住宿。有些女子监狱在将急症治疗中心的受刑人放入普通监区之前，还会让其在一个叫作缓冲区（step-down unit）的地方待上一段时间，以证明她们的表现确实已经稳定，然后才能回到一般监区。不过，这种设置缓冲区的做法也在事实上延长了急症治疗的时间。

但是，一般联邦女子监狱并不向严重精神疾病患者提供急症治疗项目。联邦女子监狱采取的策略是，将所有需要住宿治疗的严重精神疾病患者转移到一处集中治疗。但是，这种集中处理的方式有一个弊端，那就是对于临时需要紧急治疗的严重精神疾病患者难以及时进行干预，特别是在夜间远程精神疾病专家无法及时赶到监狱的情况下更是需要临时紧急干预，否则受刑人就会发生危险。[1]

4. 自杀预防干预项目

对于处于监狱中的女性受刑人而言，产生压抑或者无望的心态非常普遍，特别是对于那些新入监的受刑人、长期刑的受刑人、经历家庭问题的受刑人、与其他受刑人之间存在问题的受刑人、收到坏消息的受刑人等，这种情况更为普遍，一些受刑人甚至会因为承受不了这些压力而选择自杀。因此，美国的一些女子监狱还专门设置了自杀预防干预项目。这些项目一般由监狱工作人员承担，通过专门的培训之后，可以监测受刑人的自杀苗头，并将有这些问题的受刑人转介至心理健康部门。不过，监狱工作人员并不能 24 小时监测受刑人状况，总会存在

---

〔1〕 See "D. C. Women in Prison: Continuing Problems and Recommendations for Change", *Washington Lawyers' Committee for Civil Rights & Urban Affairs*, 2016.

时间或者空间的监测盲点。因此，有自杀压力问题的受刑人本人应当立即通知监狱工作人员。其次，看到其他受刑人有抑郁的表征苗头（例如在日常活动中悲伤、哭泣或者缺少精神等）或者具有自闭的表现（例如离群索居、减少电话或会见次数等）或者有对生活无望的倾向（例如放弃财产、表达生活没有意思等），也要立即告知监狱工作人员。

三、性虐创伤矫治服务

很多女性受刑人在入监之前都曾经遭受过性侵或者遭受类似的虐待。根据统计，美国监狱中 80% 的女性受刑人在其未成年时期都遭受过暴力，75% 的女性受刑人在成年之后曾经遭受过其亲密关系人的性虐待或者类似虐待。[1] 而根据维拉司法中心 2016 年的一份研究报告，这个比例更高，即 86% 的女性受刑人报告她们曾经在生活中遭受过性虐行为。[2] 在监狱服刑对于所有受刑人来说都是一种精神上的煎熬，而对于曾经遭受过性虐或者家庭暴力的女性受刑人而言，更是如此。对于有性虐经历的女性受刑人而言，许多标准的监狱程序将会勾起她们痛苦或者压抑的经历，从而导致其出现抑郁症状或者创伤后应激障碍（Post-Traumatic Stress Disorder）。一项跟踪研究发现，监狱内限制条件的使用以及生活状态的非私密性，都会导致性虐受害人创伤经验的二次经历。[3] 例如，在公共的、受到监控的环境进行打扮、淋浴或者洗漱等一些私密行为，一些监狱甚至会

---

〔1〕 See "Correctional Association of New York", http://www. correctionalassoc-ia-ton. orgissue/domestic-violence.

〔2〕 See The ACLU of Nebraska, Nebraska Women in Prison, 2017.

〔3〕 See The ACLU of Nebraska, Nebraska Women in Prison, 2017.

由男性狱警监管女性受刑人洗澡，[1]这会激发受刑人的性侵或者性虐创伤。而创伤后应激障碍患者的一些典型反应（例如自闭或者生气等），可能会使其因为违反监狱规定而遭受惩罚。例如，可能导致受刑人被处以单独监禁等类似的处罚，而这些处罚可能会进一步加重受刑人的病情。

严重的创伤后应激障碍会在受刑人身体、情绪和行为上有所表现。根据医学研究，其早期表现主要为五个方面：对创伤事件的再体验；逃避任何可能导致创伤事件回忆的事情；反常的跳动或易怒，持续性感到紧张；大部分时间情绪低落或压抑；对其他认为应当对当前现状负责的人表现出自责或愤怒的感觉。[2]对于这个群体，应当首先让其明白创伤后应激障碍及其背后的创伤事件，然后帮助她们处理不可避免地在她们身上出现的逃避、紧张、自责或者愤怒情绪。在辅助精神治疗或者学习处理技能之外，还应当教会她们放松、深呼吸、打坐等技巧。在一些情况下，还应当辅助用药治疗。但是，美国女子监狱的实际情况并不乐观，虽然多数美国女子监狱都会提供或多或少的药物成瘾治疗项目，但很少设置专门针对性虐经历女性受刑人进行心理咨询和其他支持的项目。

不过，女子监狱中也有比较成功的针对性虐创伤的矫治项目，2014年加利福尼亚州矫正与复归局（California Department of Corrections and Rehabilitation）在其两个女子监狱中尝试的超越暴力（Beyond Violence）项目就非常成功。2014年，为了提

---

〔1〕　See Rachel Leah, "86 Percent of Women in Jail are Sexual-violence Survivors", https：//www. salon. com/2017/11/11/86-percent-of-women-in-jail-arc-sexual-violence-survivors/#. Wgm6i-_ Thko. facebook.

〔2〕　See Liji Thomas, "Prisoner Post Traumatic Stress", https：//www. news-medi-cal. net/health/Prisoner-Post-Traumatic-Stress. aspx.

升对有性虐或者虐待经历的女性受刑人的矫治效果，加利福尼亚州矫正与复归局在其治下的两个女子监狱发起了一个名为超越暴力的实验性项目。该项目共有 20 个集体课，每节课 2 个小时，课程包括部分关于暴力社会学的讨论和部分团体治疗课时。参与者会在课堂上讨论她们的家庭生活历史，学习有意义的和可视的帮助她们处理愤怒的技术。项目的核心在于帮助女性受刑人处理她们遭受的性虐或虐待创伤及由其导致的抑郁、创伤后应激障碍、自我伤害行为或其他精神问题。迄今，两个女子监狱 3089 人中共有 475 人完成了课程，还有 500 人等待参与课程。根据学者对参与者与非参与者的比较研究，参与者的创伤后应激障碍、焦虑、愤怒、敌对及其他精神疾病表现明显降低。[1]曾经参与该项目的乔奇拉女子监狱中的 34 号受刑人克里斯蒂娜·马丁内斯（Christina Martinez）曾经因为一级谋杀和帮助故意杀人而被判处终身监禁。她说她和她妹妹在幼年即遭到亲人性侵，后来又遭到家庭成员的肉体虐待，"我变成了混混，并且自我封闭，就像我妈妈那样"。但是，参与超越暴力项目的学习之后，她重新建立起了社会关系，"我们一起笑，一起哭，一起学习，一起治愈，我们不必再一天天保持沉默"。[2]

---

〔1〕 See Marisa Taylor, "A New Way to Treat Women's Mental Health in Prison", http://america. aljazeera. com/multimedia/2015/7/women - in - prison - find - common - ground-in-trauma. html.

〔2〕 See Marisa Taylor, "A New Way to Treat Women's Mental Health in Prison", http://america. aljazeera. com/multimedia/2015/7/women - in - prison - find - common - ground-in-trauma. html.

第三节　亲职维系关联制度

一、子女联系

根据相关研究，大多数的女子监狱受刑人都经常与子女联系。常见的联系方式有三种：电话、信件和探视。大约有 60% 的女性受刑人每周都与子女联系，约 80% 的女性受刑人每月与子女联系。最常见的联系方式是书信，电话也很普遍，探视则是最少被用到的联系方式，只有 24% 的女性受刑人通过每月探视的方式与她们的子女联系，有一半以上的人从没有被子女探视过。[1]

写信给子女可以帮助她们保持与家庭成员的联系，这也是一种比较经济实惠的联系方式。但是，对于一些子女还不满 5 岁的女性受刑人来说，与子女通过书信方式联系显然并不现实，子女无法通过阅读书信感知来自母亲的关心。对于子女比较幼小的女性受刑人来说，书信这种联系方式对于保持母子关系显然是无效的。[2]

电话也是相对普遍的联系方式，有研究报告称，差不多有 40% 的狱内母亲每周都与子女有电话联系。然而，由于女性受刑人必须集体打电话，而且对于女性受刑人来说很难在所有时间都方便给家里打电话，[3]导致电话联系子女的方式在很多时

---

〔1〕 See Mary Bosworth（ed.），"Encyclopedia of Prions and Correctional Facilities"，*Volume II*，*Thousand Oaks*，Sage Publications，Inc. 2005，pp. 610~614.

〔2〕 See Mary Bosworth（ed.），"Encyclopedia of Prions and Correctional Facilities"，*Volume II*，*Thousand Oaks*，Sage Publications，Inc. 2005，pp. 610~614.

〔3〕 See Mary Bosworth（ed.），"Encyclopedia of Prions and Correctional Facilities"，*Volume II*，*Thousand Oaks*，Sage Publications，Inc. 2005，pp. 610~614.

候也并不方便。最近，有些女子监狱开通了可视电话，将电话和现场探视的方式结合起来，比较能够兼顾电话和现场会见的优点，但可视电话收费相当昂贵，一些监狱甚至还因此减少了现场探视的次数，导致受刑人对此并不满意。

现场探视是最能够让子女和受刑人面对面感知相互关心的联系方式，但也是最少见的母子联系方式。探视经常因为女子监狱位置偏僻而成为难题。女性受刑人相对于男性受刑人较少，因而的女子监狱在数量上也就少些。通常来说，女子监狱位于偏远地区，因而，女性受刑人经常要在离她的家庭相当远的地方服刑。事实上，大多数人都要在距离她们入狱前的居住地至少数百英里的地方服刑。一些州的监狱还位于别的州的范围内，这就使得探视更加困难了。使探视变得困难的原因还有高昂的费用和漫长的时间。而且，一些女性受刑人并不期望子女在狱内与她们相见，那是令人失望的探视。然而，保持母子关系有利于提高母亲和子女的精神健康水平。那些能探视女性受刑人的子女更可能缓解其因母子分离而产生的焦虑，也不必担心母亲的安全。此外，探视也能增进母亲释放后与子女的关系维持。如果平时联系得少，女性受刑人与子女的关系就会淡化，受刑人出狱后就会面临诸多母子关系不顺畅的问题。[1]

二、亲职教育

不少女子监狱都单独或者与其他社会机构联合设立亲职教育（Parenting）项目，例如亲职技能项目、家庭支持与监测项目、亲子阅读项目、综合亲职教育项目等。

---

〔1〕 See Mary Bosworth（ed.），"Encyclopedia of Prions and Correctional Facilities"，*Volume II*，*Thousand Oaks*，Sage Publications，Inc. 2005，pp. 610~614.

1. 亲职技能教育项目

亲职技能教育项目主要是用以提升女性受刑人履行做母亲的能力，美国女子监狱有很多这样的亲职技能教育项目，例如激活亲职项目（Active Parenting 4th Edition）、培养亲职基本理念项目（Common Sense Parenting）、明尼苏达监狱朵拉项目（Minnesota Prison Doula Project）、亲职反转项目（Parenting Inside Out）、亲职技能训练项目（Parenting Skills Training Program）、永远父母项目（Parents Forever）、宾夕法尼亚监狱学会项目（Pennsylvania Prison Society）、真实照护项目（Real Care Parenting Program）等。例如，明尼苏达监狱朵拉项目就是沙克皮女子监狱（Shakopee Women's Prison）专门为女性受刑人设立的亲职技能教育项目，主要针对正在怀孕的女性受刑人、上一年度生产的女性受刑人或者子女小于 5 岁以下的女性受刑人。该教育项目每周举行 2 个小时的集中学习，连续持续 12 周。该项目的主要内容包括父母能力发展（Prenatal development）、生产过程（The birth process）、自我照护（Self-care）、压力管理（Stress management）、儿童发展（Child development）、服刑期间子女关系维护（Maintaining relationships during incarceration）等。[1]真实照护项目则是通过一个可以模仿新生至 3 个月大真实婴儿声音的模拟婴儿（RealCare Babies）来提升女性受刑人照顾子女的能力。在模拟期间，模拟婴儿可能随时模拟因为哭泣需要照顾，模拟婴儿的头和脖子需要像真实婴儿一样随时保持合适的姿势，需要设置婴儿的喂食、打嗝、拍打和换尿布的时间。受刑人通过特制的无线 ID 与模拟婴儿联系在一起，模拟婴儿的情况会随时通过电脑反馈给管理方，包括发生错误、换衣时间、错误摆

---

〔1〕　该项目具体内容参见其官方网站：http://prisondoulas.blogspot.com，2017年 9 月 16 日访问。

放、粗野对待、周边温度等。与此同时，真实照护项目还提供了3个辅助课程，包括婴儿基本照顾认知（主要为婴儿安全、生产过程、婴儿虐待预防、婴儿学步等）、健康选择（主要为年轻受刑人，包括关系处理、自信、交流、拒绝能力、青少年健康、生殖问题等与怀孕相关的预防措施）、亲职能力（主要为儿童发展、亲职方式及其影响、抚养花费等）。[1]

2. 家庭支持与监测项目

家庭支持与监测项目则集中于处理女性受刑人与其子女关系方面的问题，通过一定的方式改善女性受刑人与子女的关系。这样的项目包括阿玛施监测组织（Amachi Mentoring Organization）、创设持续性家庭关系（Creating Lasting Family Connections）、创设关系教育基金项目（Creative Corrections Education Foundation）、在押父母之联邦综合服务工作项目（Federal Interagency Working Group for Children of Incarcerated Parents）、监狱女孩观察项目（Girl Scouts Beyond Bars）、父母联系（Parent Link）、光辉大道项目（The Right Path Program）等。例如，监狱女孩观察就是一项专门修复女孩与其在押母亲之间关系的项目，由志愿者与工作人员共同组成导师、老师、顾问与协调人团队开展工作，通过监狱内"母亲—女孩"营地见面会、女孩单独营地会议活动、在押母亲技能强化活动等提升女孩与母亲的关系。其最近开展的超越监狱（Beyond Bars）项目成效显著，包括4个部分：①构建健康关系——将交流能力、差异认同、同情表达等情商提升到与学习能力同样重要的地位；②作出决定——由于年轻人缺乏成熟的思考能力，因此作出成熟的决定和决断复杂问题的能力属于生活能力的重要部分；③理解你——女孩需要对其自身定位

---

[1] 该项目具体内容参见其官方网站：http://www.realityworks.com，2017年9月16日访问。

及其价值认同有清晰认知，能够界定自我，区分外在影响，而其一个重要的障碍就是潜意识里认为自己属于受刑人母亲的延伸；④自我康健——通过减低压力、养成健康习惯、避免暴力来养成和提升自我照顾的能力。[1]

3. 亲子阅读项目

亲子阅读项目是通过母子共同阅读来提升母子关系的女子监狱项目，美国近年来也发起了一些类似项目，例如书本之外（Books Beyond）、儿童读写协会（Children's Literacy Foundation）、母亲阅读项目（Mothe read）、阅读之本（Reading Is Fundamental）、女性故事会项目（Women's Storybook Project）等。女性故事会项目近些年来发展势头良好，其是得克萨斯州一项帮助在押母亲履行母亲给子女阅读睡前故事书职能的项目。该项目使女性受刑人能够像普通母亲一样用自己的声音去给孩子阅读故事，让孩子感受到母亲的爱、安慰与鼓励。该项目的具体运作流程是：由女性故事会项目的志愿者将女性受刑人在监狱内的阅读记录下来，然后将磁带和配套的故事书邮寄给受刑人子女。目前，有超过200名志愿者在得克萨斯州的6个女子监狱开展记录工作，每个月会寄出超过350个磁带包裹给居住在美国各地的受刑人子女。受刑人申请即可参与，不过只有那些至少有90天以上表现良好记录的女性受刑人才能参与这个项目，因此，该项目也从侧面促进了监狱内违法情况的减少。[2]

4. 综合亲职教育项目

所谓综合亲职教育项目则是将各种有利于女性受刑人提升

---

[1] See Jerry Bednarowski, *Prison - Parenting - Programs*, Correctional Education Association-Wisconsin, 2016.

[2] See Jerry Bednarowski, *Prison - Parenting - Programs*, Correctional Education Association-Wisconsin, 2016.

亲职能力的项目进行综合。在女性受刑人综合亲职教育方面的项目非常多，例如监狱母亲辅助项目（Aid to Inmate Mothers）、帮助受刑人子女项目（Assisting Children of Prison Parents）、家庭联系中心（Family Connections Center）、家庭重要（Family Matters）、家庭量刑项目（Family Strengthening Project）、希望之家（Hope House）、临时子女（Hour Children）、母亲公司（Moms, Inc.）、母与子项目（Mothers and Their Children Program）、内不拉斯加女子监狱亲职教育项目（Nebraska Correctional Center for Women's Parenting Program）、母与子（Parents and Their Children）、在地化亲职项目（Residential Parenting Program）、南达科他女子监狱亲职项目（South Dakota Women's Prison Parenting Programs）等。例如，华盛顿州受刑人过渡工程（Transitioning offenders program）设立的受刑人亲职教育项目（Parenting in Prison）非常有特色，综合实施监狱亲职教育。该项亲职教育项目内容包括7个方面："将时间花在孩子身上"（Giving your child your time）、"倾听孩子"（Listening to your child）、"做好准备"（Being prepared）、"专注于孩子"（Focusing on your child）、"充分利用提供给自己的项目"（Taking advantage of programs that are offered to you）、"参与孩子生活"（Being involved in their life）、"理解与爱"（Listen, Listen, Love, Love）。"将时间花在孩子身上"主要包括给孩子写信、跟孩子做游戏或者猜谜语、给孩子画画、找出笑话寄给孩子、为孩子订阅一份杂志、打电话给孩子、保证会见孩子的资格、利用废旧物品给孩子做礼物。"倾听孩子"就是要尽力理解孩子要传达给自己的信息，避免使用命令、威胁、宣讲、说教、分析等方式，只是尽力倾听就好。例如，可以尽量使用如下词语："你的观点对我很重要""我需要更好地理解你""你的感觉非常重要和合理"

"我真的需要听到你的核心观点"等。"做好准备"就是在有机会与孩子交流的时候要充分做好准备，避免在交流时将重心放在自己身上，而是应当将重点放在孩子的需求、关注与担忧上，在表达自己的需求之前先倾听和解决孩子的需求。"专注于孩子"则有助于在服刑时建立与孩子的关系，并且有助于帮助他们在未来塑造自信与性格。"充分利用提供给自己的项目"是充分参与监狱提供的亲职课程、亲职项目、亲职教师会议等。"参与孩子生活"是通过倾听了解孩子的希望、梦想、担忧与恐惧之后，特别是感兴趣的东西（例如音乐、写作、历史、游戏等），研究这些东西并帮助孩子继续他们感兴趣的东西，但是参与孩子的生活并不是控制孩子的生活。"理解与爱"就是要锻炼自己理解与爱的能力，然后才能理解更多和爱更多。[1]

第四节　携子入监制度

一、联邦与州的差异：携子入监的法律规定

美国联邦监狱原则上一般不允许将受刑人的子女安置在监狱内。根据美国联邦监狱管理局第 6070.05 号文件第 551.24 条的规定，监狱可以不允许女性受刑人子女在出生后被安置回监狱，但是其子女可以按照联邦监狱局的规定探视女性受刑人。子女如何安置，属于女性受刑人自己的责任，监狱方应当安排监狱工作人员或者社会机构提供咨询建议，以便帮助女性受刑人安置子女。监狱工作人员应当和社会机构或人员密切合作，确保女性受刑人自己能够妥善安置其子女。监狱工作人员应当

---

〔1〕　See "Transitioning Offenders Program, Parenting in Prison", http://www.topwa.org/parentinginprison.pdf.

向负责接受安置女性受刑人子女的社会机构说明女性受刑人自己对于子女的安置计划，相关儿童福利机构工作人员也可以在合适的情况下到监狱内与受刑人会见并接受女性受刑人的咨询。监狱工作人员应当接受女性受刑人与为其子女提供安置的儿童福利机构或者类似机构建立联系机制，以确保这些机构提前收到女性受刑人子女预计安置的信息，使得这些机构有充足的时间对潜在的安置家庭进行详细调查。[1]因此，对于在监狱中生产的大多数女性受刑人而言，她们在生完孩子的几个小时之后就将要与其子女分离，需要将其子女托付给家庭、朋友或者其他慈善机构。对于部分女性受刑人而言，这种分离往往会变成永久性的，甚至对于那些短期刑女性受刑人亦是如此。[2]

美国有不少州允许女性受刑人将一定年龄之下的婴幼儿子女带入监狱。美国女子监狱协会（Women's Prison Association, WPA）曾于 2009 年 5 月提出美国女性受刑人携子入监现状之调查报告，共计有 9 个州（例如加利福尼亚州、印第安纳州、纽约州、西弗吉尼亚州等）皆允许女性受刑人携子入监服刑。在时间规划上，带入监狱同住之子女以 1 岁至 1 岁半为原则，女性受刑人必须参与育儿课程，且监所内另设有托儿所，并有专业人员协同照顾，女性受刑人无须于工场作业时轮流照顾孩童；在舍房安排上孩童亦单独一间，非与其他受刑人同住一间。但在社区处遇制度盛行之后，美国部分州的女性受刑人可申请外出与子女在中途之家会面，有些州会专程接送小孩至监狱探视或准许小孩每个月与在监母亲同住 5 天或者利用周末时间安排类似露营等让小孩能与母亲独处的活动，从而逐渐取代并修正

---

〔1〕 See BOP Program Statement No. 6070.05, Birth Control, Pregnancy, Child Placement and Abortion, 1996.

〔2〕 See Sarsh Yager, *Prison Born*, The Atlantic, 2015 (8).

了携子入监制度。[1]

二、社会支援：美国 CHICAS "受刑人子女监护与安置" 计划

美国的一家儿童福利研究机构曾提出过一项与受刑人子女监护权相关的研究计划——CHICAS（Center for Children of Incarcerated Parents），即受刑人子女监护与安置计划。CHICAS 为儿童支援机构，从 1990 年 1 月 1 日进行至 1994 年 12 月 31 日，计划核心内容为根据 660 位身兼父母职责之受刑人提出的照顾子女之要求，审视受刑人子女的监护与安置问题。其实，CHICAS计划之主要目的在于支持"女性"受刑人在服刑完毕后仍能重新恢复与保留其对于子女的监护权，原先的计划仅针对女性受刑人，但是之后竟亦获得了男性受刑人以及其家人之回响。

实际上，美国约有超过 8000 名已为人母之女性受刑人，平均有 2.4 名孩童处于无人照护之状态，因此受刑人子女之安置与监护问题便成了相关机构与研究探讨之重点。[2]多数反对携子入监者均认为受刑人的不良人格与生活资源的缺乏，将令女性受刑无法完善行使其监护权，但是否皆如此则仍有探讨的空间。另外，虽有其他计划案为女性受刑人之子女提供有关安置与监护的服务，但项目较为单一，而 CHICAS 计划则提供了多样化的安置服务，除了给予受刑人子女安置之处与福利外，还提供了法律上的扶助与合适监护人之选任等服务。以下，笔者将

---

[1]　此部分内容我国监狱学者李莉娟博士有更详细介绍，可参见李莉娟："'狱'婴室——母职受刑人之挣扎与矛盾"，载《犯罪矫正学会会刊》2018 年第 1 期。

[2]　See Denise Johnston, "Child Custody Issues of Women Prisoners: A Preliminary Report from the Chicas Project", 75 *The Prison Journal*, 1995（2）, pp. 230~239, 222~224.

就该研究计划的相关数字进行表格式之统整与比较：

表 14　美国 CHICAS "受刑人子女监护与安置" 计划结果分析表

申请人	比例	安置方式	不同安置方式之男女受刑人情况		
			比例	说明	
母亲	45%	其他慈善机构	35%	母亲被监禁比例为 43.82%；父亲被监禁比例为 10%	
父亲	25%	近亲属	33%	父亲被监禁的比例是母亲被监禁比例的 2 倍	
其他	30%	外祖父母	14.5%	母亲被监禁者为多数	
——		其他方式	1.75%		

　　从前述内容可知，多数受刑人子女的安置方式均为受托慈善机构代为照顾，其次则多由近亲属进行照顾，17.5%是以其他方式进行照顾。实际上，受刑人子女安置的最大问题在于缺乏具有整合性的机构服务，46%的被监禁妇女中有高达58%的女性受刑人的孩童虽然受到了看似良好的安置，但其与子女之间的联系却相当困难，接收子女的信息十分不易，安置计划持续的内容也不易得知，其中最大的因素在于照养者与慈善机构不愿将相关资讯透露给女性受刑人（有部分照养者与受刑人为前任夫妻关系，或许因为如此，受刑人更难以得知子女的近况）。由此可知，普遍的社会大众即使是受刑人的亲人，对于受刑人欲接触甚至仅欲得知其子女近况的情形也会保持较为保守且不信任的心态。

　　此外，男性受刑人的子女受到有家庭血缘关系成员照顾的比例明显高于具母亲身份的受刑人。女性受刑人的子女多被安置于其他慈善机构，兄弟姐妹被分离安置的情形更是高达36.2%，子女受到外祖父母照护的比例也高于男性受刑人。其主要因素为女性受刑人的经济状况相对而言更加弱势，结婚（未婚）生子后与原生家庭的关系亦逐渐疏离，对她们来说，将子女交给其亲近的外祖父母照护对女性受刑人而言或许是较合适的。

　　在此计划中，值得讨论之处尚有，受刑人妇女大多从事的是药物滥用类犯罪，在其服刑完毕后与子女再次相聚的磨合期为 1 年~2 年，甚至只有 0.10% 的复合率。对女性受刑人而言，服刑完毕后重建与子女之间的关系或重建家庭关系实属不易，更不用说取得其子女的监护权了。该计划的参与者仅有 660 位具有父母身份的受刑人，虽然无法代表多数受刑人子女的监护与照顾情形，但由此至少可推知男性受刑人取得子女监护权或由就近亲人照顾子女的比例明显高于女性受刑人。[1]

三、狱内发展：女子监狱托儿所项目

　　随着 20 世纪 70 年代之后重刑主义抬头，美国女性受刑人的数量大量增长，至少已经增长了 8 倍之多，女性受刑人的生产及其子女安置问题已无法再被忽视。根据估算：有 1/25 的女性受刑人在入狱时处于怀孕状态。近些年来，女性受刑人在州立监狱系统的大量增加促使了州立监狱系统创设了大量名为女子

---

　　[1]　有学者认为，不仅仅是出自为子女最佳利益之考量，同时也包含着社会对于双亲角色之期待与亲子关系重建可能性的不同，虽美国与我国国情不同、监禁制度亦不尽相同，但相同的是受刑人入监后皆有监护、教养子女问题以及携子入监之需求，如何确实将制度修改以利贴近现实状况，为我国、亦为他国狱政单位所不可忽视之环节。参见李莉娟："'狱'婴室——母职受刑人之挣扎与矛盾"，载《犯罪矫正学会会刊》2018 年第 1 期。

监狱托儿所的项目，此项目允许女性受刑人在监狱内抚养其新生子女。符合条件的女性受刑人能够在一定期限内在监狱内的独立监区或者建筑内抚养其子女，该期间从 1 个月至 3 年不等，大部分州的规定为 18 个月。实际上，女子监狱托儿所项目并不新奇，在 20 世纪初的时候，美国监狱内的托儿所项目曾经盛极一时，但是大部分在 50 年前重刑主义抬头的时候开始关闭。此外，托儿所的成本和效益也得到怀疑。如今，随着监狱人口泛滥和矫治主义的回归，女子监狱托儿所项目又重新回归监狱。[1]虽然女子监狱托儿所项目是否有积极影响仍有疑问（例如让刚出生的婴幼儿在监狱内度过人生的开始阶段是否有负面影响等），但已经有越来越多的女子监狱开始重新建立托儿所项目。本书将以俄亥俄州立女子监狱托儿所为例，说明女子监狱托儿所的具体运作。[2]

2000 年，俄亥俄州州长鲍勃·塔夫特（Bob Taft）签署了一项法律，旨在在俄亥俄州女子监狱建立一个住宿式监狱托儿所项目。其成了该州唯一的女子监狱托儿所项目（当时也只有纽约州、内不拉斯加州、华盛顿州建立有类似的女子监狱托儿所项目），名为促进婴儿抚养成功项目（The Achieving Baby Care Success）。该项目的设立，使得怀孕受刑人可以在其生产之后继续照顾其新生子女。该托儿所属于单独的建筑，建有最多容纳 20 个母亲及其子女的住宿空间，以及一个休闲区域、一个洗漱间和独立的儿童保育中心。每个参与的女性受刑人都要匹配一个符合项目要求的计划，该计划旨在使婴儿和母亲可以同时离

---

[1] See Sarsh Yager, "Prison Born", *The Atlantic*, 2015 (8).

[2] See Dave Ghose, "Nursery Program Aids Jailed Moms in Four States", Stateline. org. 2002-09-24；俄亥俄州女子监狱的一般介绍可以参见 https：//en. wikipedia. org/wiki/Ohio_ Reformatory_ for_ Women, 2018 年 1 月 17 日访问。

开监狱。受刑人想要参与该项目需要接受个案审查，符合条件之后方能参与该项目。这些条件包括：必须在俄亥俄州监禁期间生育子女；不能有暴力犯罪记录；必须参与包含有父母指导的家庭训练课程；精神和身体必须健康；必须属于短期刑；遵守其他规定。[1]截至至 2017 年年末，共有 8 个婴幼儿参与了该项目。

第五节　女性社会复归特殊服务制度

女性受刑人与男性受刑人在职业需求、社会地位等方面存在较多差异，因而在社会复归的支持方面，美国女子监狱在一般性教育项目和职业培训项目[2]之外还基于女性受刑人的特点发展出了较有针对性的社会复归相关制度。

一、女性特殊职业培训

所有的监狱都会给受刑人提供多种多样的本地化教育与职业技能培训项目。女性受刑人特别需要根据其自身特点接受特殊的职业培训，因为相对于男性受刑人而言，其在入狱之前接受的一般教育和工作经验明显更少。女子监狱应当针对女性受刑人的这些特点提供一些特殊职业培训，以弥补女性受刑人的不足，使其在出狱之后能够尽快实现经济独立，避免再犯罪。

基于传统角色的原因，女性对烹饪技术有一定的偏好，美国不少女子监狱也因此为女性受刑人提供了烹饪技术培训，例如美国华盛顿州女子监狱于 2014 年和艾瑞玛克（Aramark）公

---

〔1〕　See Dave Ghose，"Nursery Program Aids Jailed Moms in Four States"，Stateline. org. 2002-09-24.

〔2〕　关于此部分内容参见本书第三章的分析。

司合作开展烹饪技术培训，由艾瑞玛克公司负责运作安全食品职业人员证照培训项目（Serv Safe food handling certification program），其中还包括工作必需的服务技能培训部分。培训人员主要来自华盛顿州中央厨房酒店（D. C. Central Kitchen）和华盛顿州繁华酒店（Thrive D. C.），至今已有28位女性受刑人参与培训并获得了资格证书。不过，由于这是一项短期的技术培训，因此并不向所有的女性受刑人开放，只针对那些处于待审和服刑阶段的轻罪受刑人（被告）以及那些被判处短期刑的重罪受刑人。

由于服务员类职业特别适合女性，因此美国有些女子监狱开始尝试提供服务员职业培训。例如，华盛顿州矫正局于2015年开始和哥伦比亚地方大学（University of the District of Columbia）合作提供职业技能培训，其中很重要的一项就是为女子监狱的受刑人提供服务员职业培训。2015年，首先开课的是零售业服务员培训。不过，这项合作向男性受刑人提供的课程更多，例如建筑工培训等。由于建筑工的就业前景更好、工资更高，所以有学者呼吁应当调查女子监狱是否也有这种需求，如果存在这种需求，则也应当向女性受刑人提供此类培训服务。[1]参与这类培训一般没有限制，只要具备高中以上文化程度即可参与。

有些女子监狱还会提供一些适合女性的简易速成类职业培训项目，以便那些被判处短期刑的受刑人可以在极短的时间内获得某些简单工作的就业资格。例如，有些联邦女子监狱会提供一种叫作举旗手（flagger）的一日培训项目。完成这个项目培训的女性受刑人将具有在高速公路建设项目中做举旗手的工作

---

[1] See "D. C. Women in Prison: Continuing Problems and Recommendations for Change", *Washington Lawyers' Committee for Civil Rights & Urban Affairs*, 2016.

资格。[1]

　　女性特殊职业培训并不限于以上这些项目，有些女子监狱提供的培训项目更为丰富。例如，哈泽尔顿（Hazelton）女子监狱提供的针对女性受刑人特殊性的职业培训项目包括行政助理服务（Administrative Assistant）、创业培训（Start Up Business）、基本/高级园艺（Basic/Advanced Horticulture）、烹饪艺术培训（Culinary Arts Vocational Training）、电工学徒（Electrical Apprenticeship）、HVAC 学徒（HVAC Apprenticeship）、测量学徒（Plumbing Apprenticeship）、工业保养修复学徒（Industrial Maintenance Repair Apprenticeship）、焊工学徒（Welding Apprenticeship）和电脑技术培训（Microsoft Office Vocational Training）等。[2]

　　不过，女子监狱提供的这些项目并不一定同时都存在，也可能仅仅因为培训人员退休等一些原因而暂停。[3]并且，女性受刑人并不一定对所有的职业培训都感兴趣，例如哈泽尔顿女子监狱所提供的创业培训和电脑技术培训就不太受女性受刑人欢迎，现在已经基本取消。受刑人就业培训的选择倾向与地域性的就业倾向也有关系，城市区域的女性受刑人可能更倾向于选择行政助理之类的培训，以便于其找到工作。超长的等待期限也会造成受刑人选择的变化，如果一项职业培训的等待期限太长，受刑人可能会无法接受，也就不会选择。[4]

---

〔1〕 See "D. C. Women in Prison: Continuing Problems and Recommendations for Change", *Washington Lawyers' Committee for Civil Rights & Urban Affairs*, 2016.

〔2〕 See "D. C. Women in Prison: Continuing Problems and Recommendations for Change", *Washington Lawyers' Committee for Civil Rights & Urban Affairs*, 2016.

〔3〕 See "D. C. Women in Prison: Continuing Problems and Recommendations for Change", *Washington Lawyers' Committee for Civil Rights & Urban Affairs*, 2016.

〔4〕 See "D. C. Women in Prison: Continuing Problems and Recommendations for Change", *Washington Lawyers' Committee for Civil Rights & Urban Affairs*, 2016.

二、女性特殊生活技能培训

美国女子监狱还会提供一些生活技能培训项目（life skills）或者提升类项目（motivational），旨在帮助女性受刑人获得返回社会的生活技能。这些针对女性受刑人的生活技能培训的项目范围非常广泛，除了上文已经分析的亲职培训项目，还有健康怀孕项目（healthy pregnancy）、正念项目（mindfulness）、愤怒管理项目（anger management）、家庭关系重建项目（family reunification）、职业准备项目（job readiness）、健康生活项目（healthy living）、写作表达项目（expressive writing）等，以提升女性受刑人回归社会的个人能力。例如，哈泽尔顿女子监狱就向受刑人提供愤怒管理项目、个人卫生管理项目、健康与饮食项目、个人兴趣项目（包括诗歌、绘画、编织、体育等）等生活技能培训项目。[1]

很多时候，社会机构也会参与到这些生活技能培训项目中，与女子监狱合作提供一些生活技能培训项目。例如，二次机会呼吁组织（Voices for a Second Chance）和华盛顿州立女子矫正所合作，为在华盛顿州立女子矫正所中服刑的女性受刑人提供生活技能培训，由二次机会呼吁组织定期派人到监狱内与受刑人会面，帮助受刑人与狱外亲人、家庭联系，提升受刑人与社会联系的技能。[2]哈泽尔顿女子监狱还与门诺会（Mennonite）志愿者合作，向受刑人提供一些以信念为基础的培训项目。[3]

----

〔1〕 See "D. C. Women in Prison: Continuing Problems and Recommendations for Change", *Washington Lawyers' Committee for Civil Rights & Urban Affairs*, 2016.

〔2〕 具体参见二次机会呼吁组织（Voices for a Second Chance）官方网站（https://www.vscdc.org）的介绍。

〔3〕 See "D. C. Women in Prison: Continuing Problems and Recommendations for Change", *Washington Lawyers' Committee for Civil Rights & Urban Affairs*, 2016.

需要注意的是，某些受刑人可能无法接受生活技能培训，[1]特别是在拘留所的那些受刑人。拘留所一般是为那些短期逗留的受刑人而设计的，主要接收待审受刑人。法律没有要求这些机构必须提供多样化的教育项目、职业培训项目和生活技能项目。例如，费城联邦女子拘留中心（FDC Philadelphia）所提供的生活技能项目要远远少于联邦女子监狱和州立女子监狱。根据费城联邦女子拘留中心的受刑人手册，受刑人可以在其中接受普通教育和英语培训等教育项目以及亲职培训和高中后教育课程，但是没有任何学徒制或者职业培训项目，也没有生活技能培训项目。[2]

三、特殊休假项目

特殊休假项目（Furlough）是指在不属于工作释放或者学习释放的情况下离开监狱，或者同时得到监狱工作人员、联邦执法官、其他有权机关人员的陪同。要参与特殊休假项目，受刑人必须已经达到社区监管阶段，已经确定在 2 年内可以得到释放，在监狱内保持着良好的表现，已经建立了对该项目的回应性表现。不过，特殊休假项目是一项受刑人自费参加的项目，受刑人需要为该项目的支出付费，也可以由经过批准的有关单位和个人付费。

受刑人参与特殊休假项目需要申请。申请一般向自己监区所在的矫正官提出。在接到申请之后，监狱方必须确保受刑人符合特殊休假项目的要求，因此，缓刑官会对特殊休假项目的请求进行调查，调查范围主要涉及量刑的区域和在特殊休假期

---

〔1〕　甚至教育培训或者职业培训也无法接受。

〔2〕　See Fed. Det. Ctr. , "Philadelphia, Pennsylvania", *Admission & Orientation Inmate Handbook*, 2009.

间可能要接触到的区域。在特殊情况下，检察官、毒品强化官、量刑法官的意见必须保持一致才能允许受刑人特殊休假。中央重点监测案件的受刑人参与特殊休假需要监狱长或者中央官员的批准。非法滞留的受刑人一般不会被允许参与特殊休假项目。

在如下情况下，受刑人的特殊休假请求一般会被批准：看望弥留之际的近亲属，参加近亲属的葬礼；接受经过批准的监狱内无法提供的医疗服务；属于释放计划的一部分，包括参加工作面试；在释放前与家庭成员或社区保持联系，或者在释放前与家庭成员或社区重新建立联系，特别是没有资源通过社区项目中心的释放计划进行释放；参与经过批准的有助于释放过渡的教育或者其他活动；被直接转移到其他监狱或者社区项目中心；基于公共利益的其他重要理由。[1]

四、陪同外出项目

陪同外出项目（Escorted trips）的目的在于在受刑人不符合特殊休假项目的场合由监狱工作人员陪同出狱，参与一些无法在监狱内完成的特殊事项，主要是接受无法在监狱内完成的医疗治理、看望病重的近亲属或者参与一些特殊的矫治项目或完成工作相关事项（例如参加面试等）。不过，每个女子监狱具体的适用范围存在差异。例如，奥尔德森女子监狱将陪同外出项目的适用范围限制于参加经过确认的近亲属的葬礼、亲自看望病重的近亲属或者参加永久性剥夺亲权的法律听证会。[2]

在费用支出方面，陪同外出项目与特殊休假项目也不同，陪同外出项目并非完全自费，属于部分自费，即由监狱和受刑

---

〔1〕 See Inmate Handbook of FPC Alderson, 2014.
〔2〕 See Inmate Handbook of FPC Alderson, 2014.

人方共同承担。例如，在奥尔德森女子监狱陪同外出项目的实施过程中，监狱方只支付陪同工作人员最初 8 个小时的报酬，剩余其他时间段的陪同者的报酬则由受刑人本人或者经过批准的有关单位和个人支付。受刑人还需要支付整个陪同外出过程中受刑人本人和陪同工作人员的交通费用以及其他的临时费用。[1]

在陪同外出项目中，监狱工作人员只能直接陪同受刑人到申请外出的目的地，并在完成约定事项后返回监狱，不能随意改变行程。如果经过批准需要在外过夜，则需要到最近的拘役所。受刑人需要支付陪同工作人员的住宿费用，也可能需要为拘役所的借宿支付费用。例如，奥尔德森女子监狱规定受刑人在陪同外出的过程中只能直接去往医院、墓地或者法庭，然后直接返回监狱。如果必须在外整夜借宿，则需要在最近的拘役所借宿，并为陪同工作人员借宿和自己的拘役所借宿支付费用。[2]

五、监狱来访与支持项目

女性受刑人与外界社会的联系对于受刑人的社会复归至关重要，但是，并非所有的受刑人都经常有家人来访。因此，不少女子监狱都建立了监狱来访与支持项目（Prisoner Visitation & Support），为缺少亲属来访的受刑人建立与外界社会的联系，这对于这部分受刑人而言非常具有价值。

在监狱来访与支持项目中，参与的来访者并非受刑人的亲属，而是来自于社会的志愿者。所有的来访都是在常规的探视时间内在探视室进行。参与该项目的志愿者不必在受刑人的来

---

〔1〕 See Inmate Handbook of FPC Alderson, 2014.
〔2〕 See Inmate Handbook of FPC Alderson, 2014.

访名单人员之列。任何人都有机会参与这个项目。

在多数女子监狱中，监狱来访与支持项目与宗教支持服务均被联系在一起，因此该项服务也由牧师进行管理，如果要参与其中，女性受刑人需要与特定监狱的牧师进行联系。

第六节　特殊女性受刑人群体的管理

美国女子监狱中还有基于一些因特殊原因而使得其需求比较特殊的受刑人群体，例如患有某种特殊疾病、年龄偏大或者偏小、性取向不同等。因此，不少美国女子监狱还针对这些受刑人群体采取了特殊处遇措施。

一、传染病女性受刑人

美国女子监狱将传染病女性受刑人分为艾滋病患者、肝炎患者、肺结核患者、耐甲氧西林金黄色葡萄球菌患者、梅毒患者等几类。

艾滋病患者。艾滋病属于严重的传染疾病主要是通过成瘾药物注射（Ⅳ drug use）、刺青（tattooing）和同性性交（homosexual behavior）等方式在受刑人之间传播。女性受刑人在美国全部监狱关押囚犯中所占的比例并不高，但是艾滋病对女性受刑人的影响非常大，特别是对于有色人种女性受刑人影响更为广泛。针对艾滋病，美国不少女子监狱都采取三种方式进行检查。第一种是法定检查（Mandatory testing）。当存在风险因素或者医生、监狱方提出检查要求的时候，受刑人必须要进行艾滋病检查，如果拒绝，则以违反监狱管理处理。在这种情况下，监狱方不需要得到受刑人的书面同意。所谓风险因素的情况主要是离开监狱到提前释放项目（例如中途之家）、离开监狱休假、受到安排在社会上进行工作、新入监。第二种是自愿检查（Voluntary testing），即受刑人自愿要求监狱方进行艾滋病检查，按照一般健康服务程序进行，一年可以要求一次艾滋病测试，需要书面同意。第三种是非自愿性检查（Involuntary testing），即在意外风险事件发生时，要进行艾滋病检查。这种情况也不需要书面同意，如果受刑人拒绝，监狱方会按照监狱强制措施使用要求进行强制检查。监狱方会按照来自医生或者医疗部门建议的方式向受刑人提供艾滋病咨询服务；所有艾滋病检查呈阳性的受刑人都将会被转移到心理治疗部门进行咨询治疗；怀孕的艾滋病受刑人则会被告知病毒可能会传染给胎儿，并向其提供在围产期预防胎儿传染的治疗措施建议。[1]

肝炎患者。肝炎的主要传播途径和艾滋病相似。女子监狱一般不会要求对受刑人进行强制性的肝炎测试，但可以在就诊时确诊，特别是在有血液测试的情况下。在女子监狱中，如果受刑人在可能接触到血液或者体液的地方劳动，那么所有的监狱便都会提供肝炎接种预防措施，包括测量、监狱医院、牙医诊所、洗衣房、门诊、污水处理、理发店、医院护理部门、物理治疗部门等。[2]感染肝炎后，监狱会给受刑人提供治疗方案。由于肝炎较为常见，因此有的大型女子监狱还设立有专门的肝炎治疗中心。

肺结核患者。肺结核主要通过呼吸系统传播，如果长时间与病患处于同一空间便可能感染。所有的受刑人都被要求进行肺结核检查，通常是通过皮肤测试进行检查。按照联邦监狱局的规定，至少应当一年检查一次。由于肺结核涉及公众健康问

---

〔1〕　See SCP Aliceville, *Admissionand orientation handbook*, 2013.

〔2〕　See FMC Lexington and SCP Atwood camp, *Inmate admission & orientation handbook*, 2017.

题，因此必须进行检查，如果拒绝，则会受到监狱的惩罚。对于肺结核患者，监狱会提供抗生素治疗服务。在检查过程中，如果受刑人的检查结果为阳性，则会受到进一步评估，监狱会免费提供异烟肼和维生素 B6 进行抗药治疗。

耐甲氧西林金黄色葡萄球菌患者。耐甲氧西林金黄色葡萄球菌（Methicillin Resistant Staph Aureus）患者是指那些对金黄色葡萄球菌已经产生耐药性的疾病患者。该疾病主要表现为皮肤感染且难治愈。其传播途径主要是皮肤直接接触，而非经呼吸传播，健康的人一般不会被感染。受刑人在发现身上有疮口或者溃疡无法自愈时，应当立即检查是否感染了耐甲氧西林金黄色葡萄球菌。尽管这种疾病不好治愈，但是监狱还是会根据情况提供几种可能的治疗方案。

性病患者。梅毒等性病主要是通过性行为传播，在入狱体检的时候，监狱方会对那些有过高危性行为的女性受刑人进行血液测试。一旦确认患有梅毒等性病，监狱方便会免费提供抗病毒治疗。

二、老年女性受刑人

由于年龄的增大，在监狱中服刑会造成更多的特殊问题，特别是需要很多年轻受刑人可能不需要的健康照护措施。根据美国国家矫正中心（National Institute of Corrections）的分类，超过 50 岁的受刑人会被归类为老年受刑人（elderly、aging），无论是入监时满 50 岁还是服刑中年满 50 岁。根据美国城市研究中心（Urban Institute）的统计：1994 年至 2011 年，美国联邦监狱中老年受刑人的人数从 9000 人增加到了 30 000 人，比例则从 1994 年的 12%增加到了 2011 年的 17%，绝对人数上增加了 3.3

倍之多，这是联邦监狱里增长最快的年龄群体。[1]根据统计：美国受刑人的平均年龄一直在增长，2011 年已经达到 39 岁，男性受刑人与女性受刑人相同，但是在增长速度上女性受刑人明显高于男性。1994 年老年女性受刑人占女性受刑人总数的 10% 左右，至 2011 年已经增长为 18%，2001 年之后，女性受刑人中老年人口的比例已经开始高于男性。

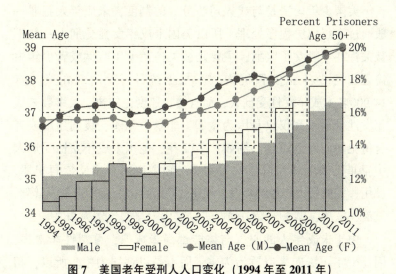

图 7　美国老年受刑人人口变化（1994 年至 2011 年）

数据来源：美国司法部，图表来源：Urban Institute。

　　老年女性受刑人相对于一般女性受刑人而言，对于保健服务会有特殊需求。其一，对一般保健服务的需求。如果受刑人因为年老而无法自我照顾，监狱需要提供一些日常照护服务，例如洗澡、穿衣甚至是吃饭等。其二，老年女性受刑人对于疾

---

〔1〕　See KiDeuk Kim, Bryce Peterson, "Aging Behind Bars: Trends and Implications of Graying Prisoners in the Federal Prison System", *Urban Institute*, 2014.

病的抵抗力更弱，更容易患上各种生理及心理疾病，例如 AIDS、肝炎、高血压、严重抑郁等。其三，老年受刑人更容易感染流行病，例如流行性感冒。女性受刑人在美国女子监狱中数量的增加，给美国女子监狱的运作带来了很大的挑战。

三、未成年女性受刑人

美国少年司法是与成人司法分立的制度，未成年人犯罪一般通过少年司法程序处理，所以美国未成年女性受刑人一般不被关押在一般女子监狱，主要是被关押在少年监狱或者少年中途之家等少年犯安置机构。[1]根据统计，美国现在至少有14 000名未成年女性受刑人，而且增长速度比较快。大多数未成年女性受刑人都仅仅是因为微罪、非暴力犯罪、缓刑违反或者身份犯罪而入监服刑。例如，2012 年，美国未成年女性受刑人中犯罪比例由高到低依次为卖淫、轻微盗窃、违反禁酒犯罪、挪用、家庭暴力、单纯强奸、秩序违反、诈骗、违反宵禁、醉驾、流浪、抢劫、谋杀、暴力强奸等，其中卖淫的比例为 76%。[2]

由于未成年人的心智与体能都尚未成熟，可塑性非常强，因此少年司法向来以矫治为主，而不是以惩罚为主。所以，相对于成人女子监狱，少年监狱及其他少年犯处遇机构对于受刑人更为宽松，很多少年处遇机构均采取朝着社会化方向发展的方针，里面的项目更多地以学习、教育和复归为主，也不像成人监狱那样有严格限制。正如新泽西州社会司法中心（New

---

〔1〕 但是，有少部分重罪的女性受刑人在个别州会被以成人刑事程序处理，最后安置在成人监狱。

〔2〕 Francine T. Sherman，Annie Balck，"Gender Injustice：System-Level Juvenile Justice Reforms for Girls"，*Public Welfare Foundation*，NoVo Foundation，and Boston College Law School，2015.

Jersey Institute for Social Justice）在一份名为《带孩子回家：我不是一个孩子吗?》（Bring Our Children Home：AIN'T I A CHILD?）的报告中所指出的那样：应当将未成年犯处遇转向社会基础的照护，即将重点放在未成年犯回归家庭上，而要达到这一目标，就应当将封闭型的处遇机构转变为社区基础的干预、预防、分流和监禁替代项目。[1]

四、外国女性受刑人

所谓外国女性受刑人是指美国女子监狱中那些没有美国国籍的女性受刑人。基于刑事管辖权，任何一个国家的监狱都有可能存在不是本国公民的受刑人。美国监狱也有很多外国受刑人。根据美国移民局的数据：当前，美国监狱中有超过55 000名外国受刑人，已经占美国监狱人口数量的1/4。其中，墨西哥人最多，接近 38 500 名。这些墨西哥受刑人中，65%属于非法移民犯罪，还有相当多的毒品犯罪受刑人。外国女性受刑人犯得最多的是非法移民罪。[2]根据美国联邦监狱局 2018 年 1 月的统计：联邦监狱受刑人中最多的是墨西哥人，占到总数的 13%，全部外国人占到总数的 20.3%。这是一个相当高的比例。

表 15　美国监狱中外国人的比例和人数

国别	人数	比例
哥伦比亚	1681	0.9%
古巴	1201	0.7%

---

〔1〕　See New Jersey Institute for Social Justice，"Bring Our Children Home：AIN'T I A CHILD?"，2015.

〔2〕　数据来源：https://www.usimmigration.com/foreign-national-prison.html，2018年1月6日访问。

国别	人数	比例
多米尼加共和国	1447	0.8%
墨西哥	23 751	13.0%
其他	9049	4.9%
美国	145 795	79.7%

数据来源于美国联邦监狱局，2018。

对于女子监狱中的外国女性受刑人，最重要的管理问题在于语言问题，如果语言不通，在日常管理中就会存在很大沟通困难。因此，美国女子监狱在入监时都会进行英语语言水平测试，对于交流水平低于一定程度的受刑人会提供英语培训项目，经过一定期间培训后，使之达到一般交流程度。除了语言之外的其他管理，基本上与本国女性受刑人相同，在通常情况下并无特别之处。

五、变性受刑人

变性人是一种极为个别的情况，但是其已经存在。因此，在特殊情况下，女子监狱中还可能会存在变性受刑人（transgender），这种可能性是男性通过变性手术变成女性受刑人或者女性通过变性手术变成男性受刑人。但是，这种变性并不是完全彻底的变性，虽然通过手术可以将胡子、乳房、外部生殖器等进行改变，但是并不能改变 DNA 或者内部生殖器，所以变性人在生物学意义上应该还是变性之前的性别，可是其在外貌、生理等方面已经变为另一性别。目前，对变性人的安置成了一个比较麻烦的问题。美国对于变性受刑人的安置并没有统一的法令规定，存在安置于男子监狱的情况，也存在安置于女子监狱的情况。

从生物学意义上讲，按照生物学性别安置监狱无可厚非。例如，由男性变为女性的受刑人被安置于男子监狱并无不妥，毕竟其仍是生物学意义上的男性，美国不少本来是男性的变性人也是被安置在男子监狱，但是由于其外在生理上的女性化，会导致针对变性人的性侵发生频率更高。例如，2018 年 1 月美国伊利诺伊州就有一个申请转移到女子监狱的案例：受刑人汉普顿（Hampton）是一名变性人，因为入室盗窃被判 10 年监禁，在监狱中，其经常受到狱警和其他受刑人针对性的性侵和虐待，因此申请转往女子监狱。[1]

但是，从外在生理上讲，将这类人群安置到转变后的性别监狱也说得过去。例如，由男性转变为女性的受刑人具有女性外部性征。但是，这种安置也存在风险，例如这类受刑人生物意义上是男性，其在女子监狱中可能会与女性受刑人发生关系，美国曾经发生过男性强奸犯变性后被安置在女子监狱，但是这名变性人与其中的女性受刑人发生性关系的案例。[2]

---

〔1〕 See Michael Tarm, "Transgender Inmate Seeks Transfer to Female Prison After Claims of Abuse Involving Guards", http://www.chicagotribune.com/news/local/breaking/ct-transgender-inmate-transfer-20180105-story.html.

〔2〕 See Liam Deacon, "Transgender Killer Moved Prison After Sex with Female Inmates", http://www.breitbart.com/london/2017/02/06/biologically-male-transgendered-killer-moved-female-prison-sex-inmates.

第六章
CHAPTER06

发展态势：美国女子监狱制度的 当代挑战与呼应

从上文对美国女子监狱制度的分析来看，美国女子监狱有着形式上相对比较完善的制度架构，但是这些制度并非都非常有效或者能够在实践中被有效执行，特别是在州立监狱和地方监狱，问题更多。当然，美国为了应对这些问题也在逐步进行改革，以呼应制度症结。

第一节　挑战症结：当前美国女子监狱 制度的十大问题

一、大规模监禁在女子监狱中表现得尤为突出

大规模监禁一直是美国刑事司法最严重的问题之一，而其中女性受刑人的数量尤其明显。实际上，在 20 世纪的最后 20 年中，几乎所有的发达国家都出现了女性犯罪人被监禁数量激增的现象。有学者对美国 1925 年至 2000 年这 75 年间的女性受刑人数据进行了分析，发现在 1980 年之前，美国女性受刑人的比例从未超过全国女性人口的 1/10 000，但是 1980 年至 2000 年

间，美国女性受刑人的比例上升了 5 倍，达到了每 10 万人中有 60 人的高比例。而在同一时期，美国男性受刑人的监禁比例虽然也增长迅速，在总体增长人数上也非常惊人，但是总体增长速度仍低于女性。[1]

　　尽管女性受刑人只占受刑人总体人口的一小部分，但是 1978 年之后女性受刑人的人口增长远远高于男性受刑人的增长。从统计数据上看，美国女性受刑人的监禁增长比例还是远超过男性，甚至在 2009 年之后美国受刑人总体比例已经开始下降的情况下，美国女性受刑人的比例却一直在增长，这一现象在州立及地方监狱表现得更为明显。根据美国监狱政策研究中心（Prison Policy Inititive）于 2018 年 1 月发布的一份名为《性别差异：美国州立监狱女性受刑人人口增长追踪》（The Gender Divide：Tracking Women's State Prison Growth）的报告对美国州立监狱中的女性受刑人人口进行了长期追踪分析。该报告指出，2009 年之后美国各州的监狱人口数量都已经下降，但是下降人口的大部分都是男性受刑人。有 35 个州的女性受刑人人口比男性增长得快，在一些极端的州，女性受刑人人口增长的数量甚至已经足够填充男性受刑人人口下降的数量，从而导致监狱总体人口不变。[2]从美国全国来看，女性受刑人的数量在 20 世纪 70 年代之后开始飞速增长，其中以触犯州立法和地方而入监的女性受刑人数量增长最快，而联邦监狱中女性受刑人增长没有州立和地方监狱女性受刑人人口增长明显。从这个角度可以说，美国各州和地方的立法与政策才是造成美国女性受刑人人口数量大量增长的主要推力。

---

　　〔1〕　参见韩阳：《女性犯罪及监禁处遇》，中国法制出版社 2017 年版，第 173 页。
　　〔2〕　See Wendy Sawyer, *The Gender Divide：Tracking Women's State Prison Growth*, Prison Policy Inititive, 2018.

过去几十年来，美国女性和男性受刑人的监禁模式在某些地方有一些重要的差异。针对美国大规模监禁的问题，美国司法近年来已经开始有针对性地进行改革。但是"各州在他们对刑事司法改革的承诺中忽略了女性的问题"。[1]例如，在女性受刑人的增长中，地方监狱在其中扮演着非常重要的角色，因为大量的女性受刑人均被安置在地方监狱，而这会导致诸多问题的产生，特别是地方监狱并不如州立监狱或者联邦监狱那样健全。地方监狱中有60%的女性受刑人属于等待判刑的犯罪嫌疑人，而不是已经判刑后正在服刑的犯罪者，其被关押的很大一部分原因在于负担不起保释费用。与男性受刑人相比，女性受刑人的经济能力更弱，会导致其负担保释费用的比例相对较低。根据统计，负担不起保释费用的女性受刑人年收入都低于贫困水平，且比负担不起保释费用的男性受刑人的年收入低了30%以上。[2]这种审前监禁时间虽然可能不长，但是可能会给女性受刑人及其家庭带来一生的影响，例如影响其就业或者住房。

二、社会衔接与家庭联系服务薄弱

扮演母亲的角色与照顾小孩才是女性受刑人在监受刑最关心的问题，尤其是亲子关系的剥夺感。许多研究均认为，被女性受刑人列为最关心问题的是与孩子的疏远。她们经历了孤立感，不能照顾孩子的挫折感、冲突感和罪恶感，觉得失望和沮丧，甚至会因害怕失去监护权而焦虑。所以，子女的联系与探

---

〔1〕 See Wendy Sawyer, *The Gender Divide: Tracking Women's State Prison Growth*, Prison Policy Inititive, 2018.

〔2〕 See Wendy Sawyer, *The Gender Divide: Tracking Women's State Prison Growth*, Prison Policy Inititive, 2018.

视有助于安定受刑人的情绪及维系亲子关系，保护子女监护权。受刑人与子女、家庭和社会的隔绝会带来很多问题，特别是女性受刑人与男性受刑人相比，在子女成长过程中扮演的角色更加重要。来自子女和家庭成员的支持，对于女性受刑人的改造极为重要，是其洗心革面的重要刺激动力。

过去不少的研究都是数字化的，但美国密歇根大学的玛丽安·S. 哈里斯（Marian S. Harris）教授在其文章中分享了一个真实的故事：25 岁的美国女子杰基（Jackie）因为警察在她开的本来属于她男朋友的车中发现了大麻而入狱 2 年。在入狱期间，她的阿姨蕾妮（Renee）获得了她 3 个子女的监护权，蕾妮每 2 个月会带他们去看她一次，尽管监狱离她的子女超过 100 公里。这种情况其实非常普遍，大多数监狱都在比较偏远的地区，100 公里属于较为常见的距离。后来，杰基出狱仅 6 个月又因为她朋友吸毒时她在场而被捕，这次他的辩护律师与检方做了辩诉交易，她们没有入监，而是在一个专门的女性受刑人住宿式治疗中心接受治疗。在完成住宿式项目和附随的非住宿式项目之后，杰基重新获得了子女的监护权，找到了一份建筑工作，并且开始在当地大学的夜校上课，在获得护士学位之后被当地一家医院聘用。她常说正是子女促使她戒毒、上学、找工作，如果没有蕾妮阿姨和其他家庭成员的爱和支持，她可能还在监狱。但是，杰基在监狱中服刑的经历也给其子女造成了严重的负面影响：3 岁的儿子在被蕾妮送到幼儿园的时候会不停哭闹，而且还经常殴打同学；5 岁的儿子和 8 岁的女儿经常拒绝做家庭作业，并且因此留级；学校的同学经常羞辱和霸凌他们，只因为他们的母亲是囚犯。这 3 个孩子经常担心他们的居住安排，告诉蕾妮他们不想做寄养孩子，这使得蕾妮不得不求助于心理专家，以帮助孩子们克服他们的孤独感和被抛弃感。[1]

实际上，上述案例的情况在实践中很多，超过一半的父母受刑人都有不超过 10 岁的子女，而这种 1 周、6 个月甚至 2 年的监禁对子女的影响很大。特别是在入狱之前母亲比父亲和子女待在一起的时间更多，她们更可能是主要的子女抚养人。这种母子关系被社会工作人员称为第一维系关系（first attachment relationship）。这种第一维系关系对子女一生的成长非常重要，甚至会影响子女大脑的发育。[2]

此外，地方监狱的设施或者制度不健全也是导致社会衔接或者家庭联系薄弱的重要原因。目前，美国地方监狱中有 38 000 名女性受刑人，往往只是因为犯有轻罪而需要服刑 1 年以下。[3]对于这些受刑人而言，保持与家庭的联系可能变得非常困难。与州立或者联邦监狱相比，地方监狱的制度与设施更不健全，电话联系成本更高昂，一些在州立或者联邦监狱中被允许的探监行为在地方监狱甚至也是被禁止的。

三、监狱侵害和虐待行为泛滥

美国女子监狱的侵害和虐待行为发生率非常高。伊利诺伊州刑事司法与量刑改革委员会于 2016 年发布的一份名为《针对女性的性别回应进路：提升结果与降低再犯的矫正改革》

---

[1] See Marian S. Harris, "When Parents Commit A Crime, It's Their Kids Who Do The Time", https://www.huffingtonpost.com/entry/opinion-harris-parents-prison_us_5a6a2cf5e4b0ddb658c49481.

[2] See Marian S. Harris, "When Parents Commit A Crime, It's Their Kids Who Do The Time", https://www.huffingtonpost.com/entry/opinion-harris-parents-prison_us_5a6a2cf5e4b0ddb658c49481.

[3] See Wendy Sawyer, *The Gender Divide: Tracking Women's State Prison Growth*, Prison Policy Inititive, 2018.

（Gender Responsive Approaches with Women： Improve Outcomes‐
Reduce Recidivism Transform Corrections） 的报告统计了马萨诸塞
州一个名为 MCI‐弗雷明翰（MCI‐Framingham） 的女子监狱中
2011 年至 2012 年侵害和虐待信息的统计数据，从其中可以看出
违反监狱纪律而受到惩戒和危机接触的信息最多。也就是说，
女性受刑人在监狱中违反纪律惩戒的行为最多，其中多数为侵
害行为或虐待行为。[1]而 MCI‐弗雷明翰女子监狱仅仅是一个
中度安全级别的女子监狱，主要功能在于女性受刑人的接收与
诊断，对于高度安全级别的女子监狱而言，其中的侵害与虐待
行为会更多。

表 16　MCI‐弗雷明翰女子监狱侵害与虐待行为信息统计

类型	2011 年	2012 年	次数变化	变化比例
女性受刑人对狱警的侵害行为	65	25	−40	−62%
女性受刑人之间的侵害行为	112	51	−61	−54%
女性受刑人之间的打架行为	129	70	−59	−46%
单独监禁人次	966	748	−218	−23%
违纪报告次数	5830	5470	−360	−6%
自杀未遂行为	30	12	−18	−60%
单个精神健康检查	147	98	−49	−33%
精神疾病评估申请	44	37	−7	−16%

---

〔1〕　See Alyssa Benedict， *Gender Responsive Approaches with Women*： *Improve Out-comes‐Reduce Recidivism Transform Corrections*， Illinois State Commission on Criminal Justice & Sentencing Reform， 2016.

续表

类型	2011 年	2012 年	次数变化	变化比例
危机接触	1536	1316	-220	-14%
自我伤害事件	114	99	-15	-13%

数据来源：Alyssa Benedict, *Gender Responsive Approaches with Women*: Improve Outcomes-Reduce Recidivism Transform Corrections, Illinois State Commission on Criminal Justice & Sentencing Reform, 2016.

美国女子监狱侵害和虐待的高发生率还与女子监狱惩戒的高频率也有一定关联。在监禁期间，基于同样的行为，女性受刑人比男性受刑人更容易受到惩戒处罚，而且处罚也更为严厉。惩戒行为会降低女性受刑人挣时（earn time）的能力，也会减少女性受刑人获得假释的机会。

四、被忽略的性关系及性暴力问题

根据帕杜（Pardue）等人于 2011 年在《监狱学杂志》上发表的一项研究，女子监狱内受刑人之性关系可以被分成五大类，分别是：被压抑的性（Suppressed sexuality）、自体性愉（Auto-erotic）、真实的同性恋（True homosexuality）、情境型同性恋（Situational homosexuality）、性暴力（Sexual violence），以下笔者将该五种类型之特征描述、性行为发生范畴与攻击程度作制表说明：[1]

---

〔1〕 See A. Pardue, B. A. Arrigo, D. S. Murphy, "Sex and Sexuality in Women's Prisons: A Preliminary Tyological Investigation", *91 The Prison Journal*, 2011（3）, pp. 279~304.

表 17　女子监狱内受刑人性关系调查类型汇整表

编号	行为样态	描述	性行为之范畴	危险程度
1	被压抑的性	与自己或者他人并无性行为发生，性行为仅仅存在于想象或者在关系上发生情感性投射。	在女子监狱内发展拟似家庭的亲属关系，并对其他女性受刑人提供家人般的支持网络。	不会威胁到其他受刑人的安全与健康。
2	自体性愉	对自己身体产生性方面的亲密行为，例如手淫。	透过手淫达成自我性满足。	不会威胁到其他受刑人的安全与健康。
3	真实的同性恋	个人在入狱前已经是同性恋取向，同性恋行为在狱中持续发展。	双方同意下发生性行为，形成固定情侣或亲属关系。	只有当同性恋关系借由剥削形式（如为了保护另一半而从事性行为、经济取得、压力/威胁、使用地位、提供保护）被标志时会造成部分伤害。
4	情景型同性恋	个人曾有过同性恋行为，某种程度上是因为被监禁而发出同性恋关系，出狱后可能恢复异性恋或者双性恋。	双方同意性行为，形成固定情侣或亲属关系。从事同性恋关系以便于补偿/适应于跨越两性关系的环境。	只有当同性恋关系借由剥削形式（如为了保护另一半而从事性行为、经济取得、压力/威胁、使用地位、提供保护、性交易、劳动）被标识时会造成部分伤害。

编号	行为样态	描述	性行为之范畴	危险程度
5	性暴力	呈现三种形式的性暴力：操纵、承诺、胁迫。	操纵型性暴力（以性作为交换）；承诺型性暴力（为了安全/保护而默许）；胁迫型性暴力（为了性、性侵害、强暴或谋杀而施予压力胁迫）。	威胁性增加，具暴力与伤害性。通常发生在：受刑人与监狱管理员之间、受刑人之间、监狱管理员以职权威胁受刑人。

女性受刑人性关系角色扮演类型主要有四种：汉子（butch），通常在监狱内表现出具有男子气概的一面，在同性互动中会习惯支配其伴侣。女孩（femme），其行为维持原来女性化的角色扮演，在人际互动中呈现被动且符合传统女性认同的装扮与举止。苦肉计（trick），是最不受尊重的角色之一，这类受刑人通常会在无法在监狱内获得有意义的关系（人际情谊、爱、性满足）时，允许他人对其进行性剥削，以换取他人对自己的怜悯。樱桃（cherries），系指女性受刑人中部分受刑人尚未参与同性恋行为，因为观念守旧，无法接受同性恋关系，被视为铁板一块、不识趣的对象。另参考学者纽顿（Newton）于 1994 年重新诠释赛克斯（Sykes）于 1958 年的著作《囚禁人的社会》（*The Society of Captives*），其描述了男性监狱内对性关系角色扮演的类型称呼，并与女子监狱性关系角色扮演类型做了对比，如下表所示：[1]

---

[1] 参见陈祖辉："被压抑的性：对女受刑人性议题之研究"，载《犯罪矫正协会会刊》2017 年第 2 期。

表 18　男女监狱性关系角色扮演类型对照表

角色特征	男子监狱	女子监狱
认同男子气概	野狼	汉子
认同女性化扮演	小妹	女孩
被迫扮演女性角色	瘪三	×
自愿牺牲换取好处	×	苦肉计
不愿从事同性恋行为	×	樱桃

在 1996 年以前，美国女子监狱机构内的性暴力问题并未被研究，近年来，监狱内性暴力问题已逐渐获得关注。美国女子监狱机构内的性暴力形态主要有三种：操纵、承诺与胁迫。操纵型性暴力：发生在以性作为交易的工具，性服务被视为一种商品并在交易关系内发生。承诺型性暴力：此种暴力发生在女性受刑人获得受刑人、监狱工作人员的支持或真实地位或影响时，虽不自愿但不得已发生性行为。胁迫型性暴力：系指透过暗示或明示的压力被要求发生性行为，被视为强迫发生性行为，通常发生在女性受刑人之间或监狱管理员与受刑人之间。

监狱性暴力非常普遍，但是却并不一定会得到报告。在监狱外面开展得如火如荼的"Me Too"运动并没有延伸到监狱领域，或者说主流的反对性暴力文化遗落了监狱领域。报告给受侵害者带来的麻烦，甚至比监狱外面的性暴力报告带来的麻烦更多，因为监狱内部的性暴力实施者往往就是同监囚犯，或者是掌管其牢房钥匙的狱警本人。有时候，这种性侵还会是连续性的行为。例如，有人被性侵之后，性侵者被转移到了其他监狱，在转移之前，这名性侵者将被性侵者以 20 美元的价格卖给了另一个性侵者，导致这种性侵行为一直持续了 8 个月之久。[1]

五、比男性更高的精神疾病发病率及其管理

美国女性受刑人虽然在总体数量上只占少数，但是在其总体数量保持少数的同时，她们在精神疾病的患病比例方面却超过男性受刑人。许多专家均认为，国家精神疾病医院的长期封闭性和个案工作人员、团体之家等社区精神疾病资源的严重缺乏，导致现在受刑人的总体精神疾病发病率偏高。其中，女性受刑人患精神疾病的比例明显比男性受刑人要高，但原因并不是很明了。

例如，在宾夕法尼亚州，根据州矫正部门的统计，州立监狱中平均每天有22%的男性受刑人（总数47 984人）有精神疾病，女性受刑人数量只有2772人，但是女性受刑人精神疾病的比例却高达67%。就患有更为严重和长期性的精神分裂症、狂躁抑郁性精神病等精神疾病的受刑人而言，只有7%的男性受刑人患有这些严重精神疾病，而女性受刑人的这一比例则高达29%，是男性的4倍还多。女性受刑人精神疾病的高发率导致了一个奇怪的现象，即宾夕法尼亚州两个女子监狱中具有严重精神疾病的患者比两个州立精神病医院的工作人员还多。[2]

---

〔1〕 See Josephine Yurcaba, "For Survivors of Prison Rape, Saying 'Me Too' Isn't an Option", https://rewire. news/article/2018/01/08/survivors-prison-rape-saying-isnt-option.

〔2〕 See Daniel Simmons-Ritchie, "7 Out of 10 Women in Pa's Prisons are Mentally Ill; Why?", http://www. pennlive. com/news/2015/11/mentally_ ill_ women_ pennsylvani. html.

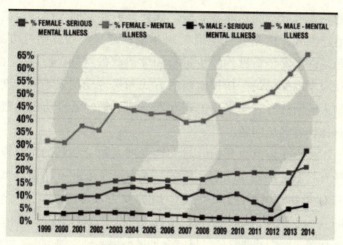

图8 宾夕法尼亚州男性和女性受刑人精神疾病发病率比较

　　尽管在女性受刑人精神疾病发病率为何这么高的问题上存在不同看法，但是具有共识的一点是这给女子监狱的管理带来了挑战。其中最首要的问题是，女性受刑人归因于受虐经历和毒品滥用经历导致的精神疾病在监狱中不能得到特殊的诊断和治疗，因为造成精神疾病的原因很复杂，这也导致了治疗手段也需复杂化。例如，在宾夕法尼亚州，男性受刑人同时具有毒品滥用和患有精神疾病情况的比例只有14.2%，而女性受刑人的这一比例则高达43.9%。[1]另一个很大的问题是大部分美国的监狱本来是基于男性受刑人的特征而设计的，但是男性和女性对于安全的需求是不同的，对于治疗精神疾病所需要的安置也是不同的。例如，针对女性受刑人最经常经历的严重性侵经历问题，女子监狱需要提供私人空间进行治疗，但是大部分监

―――――――――

〔1〕 See Daniel Simmons-Ritchie, "7 Out of 10 Women in Pa's Prisons are Mentally Ill; Why?", http://www.pennlive.com/news/2015/11/mentally_ ill_ women_ pennsylvani. html.

狱的私人治疗空间均非常有限。此外，男性受刑人往往拒绝团体治疗方式，但是女性受刑人则非常欢迎这些团体治疗方式，问题是许多女子监狱均缺少进行团体治疗的空间。所以，女子监狱应当确保其治疗精神疾病的方式和男性受刑人不同，女性受刑人的治疗方式应当考虑到女性受刑人最经常经历的性侵或者身体伤害经历问题。

不少女子监狱也开始针对女性受刑人精神疾病的特点设置一些有针对性的矫治项目。例如，宾夕法尼亚州女子监狱就设有针对药物滥用问题和性侵经历的女性受刑人的希望之家（House of hope）等特殊的治疗项目。但是，这些治疗项目的覆盖能力和覆盖范围都非常低，只能满足很小一部分人的需求。因此，有的监狱针对患有精神疾病的女性受刑人，开始探索采取监狱替代性项目，将女性受刑人转移至离其家庭更近的社区进行矫治。

从总体上看，与州立或者联邦监狱相比，地方监狱往往提供更少的参与矫治性项目的服务或者机会，这实际上导致或者有很大可能导致男性与女性受刑人之间呈现差异性：与男性受刑人相比，女性受刑人患精神疾病的比例更高，相关报告显示，在地方监狱中有 1/3 的女性受刑人患有严重心理疾病。[1]

六、艾滋病携带者比例偏高

从总体上看，女性受刑人中艾滋病人数没有男性犯罪者的人数多，但是从比例上看，女性受刑人中感染艾滋病的比例要远高于男性。在多数情况下，女性受刑人都属于低收入家庭，教育程度有限，缺乏工作经验。与男性犯罪者相比，女性受刑

---

〔1〕 See Wendy Sawyer, *The Gender Divide*: *Tracking Women's State Prison Growth*, Prison Policy Inititive, 2018.

人较不容易因为暴力犯罪入狱，而更多的是因为毒品犯罪或财产犯罪入狱。女性受刑人从事财产犯罪的原因经常是贫穷或毒品滥用。大量研究指出，导致女性受刑人入狱的这些因素同样也导致了女性受刑人的高艾滋病感染率。这些大量存在于女性受刑人群体的风险因素主要包括："童年被性侵或被忽视的经历""性工作的经历（特别是被强迫和无保护措施的性工作）""性病高发率""精神疾病高发率""自己或性伴侣有注射毒品的历史""贫穷"。

七、怀孕女性及其子女的安置

美国女子监狱怀孕女性及其子女的安置问题并不尽如人意，怀孕女性在监狱里往往得不到照顾，子女安置也不一定能符合母子关系的需求。20 世纪 80 年代以来，美国女性受刑人的数量快速增长，但是监狱却缺乏和忽略怀孕女性的需求与矫治，特别是怀孕女性在监狱中的生产问题。

例如，美国女子监狱曾经发生过这样一件事情：妮可·格雷罗（Nicole Guerrero）是在监狱中服刑的怀孕女性，在要生产前夕她一直清醒并且感到疼痛，但是监狱方并没有给她安排医生。她在医疗间内从晚上到早上一直疼痛了 12 个小时，甚至能够听到外面狱警与受刑人的聊天，但是她在呼叫求助的时候并没有狱警过来帮忙。在医疗间，她已经能够感觉到小孩要出生了，她自己剪开被血液染湿的裙子，看到婴儿朝下掉了出来。她不停地喊叫，附近一个狱警才过来帮助她将孩子放在她的垫子上，但是婴儿面色发紫、脐带绕颈，送往医院之后很快就夭折了。[1]其实，在正常医疗条件下，这并不是非常严重的事情，

---

[1]　See Alexa Garcia-Ditta, "The Shameful Truth About How Pregnant Women are Treated in Texas County Jails", http://www.texasobserver.org/pregnant-inmates-treated-texas-county-jail.

如果有医护人员在旁边帮助生产，根本不会发生这样严重的后果。于是，格雷罗将监狱告上了法庭。

实际上，这样的事情并不稀奇。根据美国妇产科学会（The American College of Obstetricians and Gynecologists）的估计，美国监狱中有 6%~10% 的怀孕女性。由于女性受刑人同时往往伴有毒品滥用或者精神疾病，因此监狱方对其怀孕的处理会比正常女性更为复杂一点，也需要更多的关注和照顾。医疗团体建议女性受刑人在受刑期间接受避孕服务、怀孕照顾和心理咨询服务，但是相关研究发现，监狱对怀孕的女性受刑人的妇科和产后照顾基本上无法维持，而这也就意味着出生的幼儿往往并不是很健康。越是级别低的监狱，医疗条件越差，但正是这些低级别的监狱关押着最多的女性受刑人。

此外，孩子生下来之后如何维持子女与母亲之间的关系也是个问题。子女与母亲之间生来就有一种非常基本的联系，即第一维系关系，这种关系会直接影响幼儿大脑的发展。第一维系关系被建立起来之后，婴幼儿或者小孩子如果离开母亲会表现出一定程度的情绪低落，但是他们能够自我平静下来，因为他们知道母亲只是短暂离开，之后就会回来，是可预期的离家。这种第一维系关系对于幼儿的成长和发展非常重要，因为幼儿会感到自己是被保护的。但是，如果其生下来之后很快与母亲分离，便会导致这种第一维系关系无法建立，或者在建立起来后很快就因为母亲的长时间缺位而使得这种第一维系关系无法持续。我们的大脑具有可塑性，这意味着其能随着时间的改变而更新结构和作用。幼儿在最初阶段受到的影响对于大脑的成型具有基础性的功能，在恢复大脑伤害的过程中也发挥着非常重要的作用，特别是当幼儿经历了类似母亲入狱这种事情时。相关研究发现，受到创伤的幼儿的大脑发展与一般幼儿的大脑发展存在差异。把幼儿和其母亲分开，不仅重新规设了其与母亲之间的关系，而且也重新规设了其与周边所有人之间的关系，甚至也会影响到那些其与一些可能都没有见过的人之间的关系。

一些女子监狱设置有狱内托儿所，允许受刑人在生产之后在狱内托儿所抚养自己的子女到一定年龄，从而使得母子关系不至于缺失，也有利于幼儿童年的心理健康。但是，近年来，有些监狱内托儿所逐渐被弃置不用。例如，纽约州在女子监狱内设置有狱内托儿，允许女性受刑人在托儿所内抚养婴儿 1 年至 1 年半以上。受刑人非常喜欢这种方式，其能够帮助受刑人变成真正的母亲，履行母亲的职责，教会她们母亲的技能。托儿所全天都配有专家，以便于随时指导受刑人解决其在抚养孩子过程中遇到的问题。但是，监狱内托儿所近年来被逐渐弃置，监狱方会以各种理由拒绝女性受刑人入驻狱内托儿所，例如仅仅只是以受刑人不是母乳喂养为理由就拒绝受刑人入驻。20 世纪 90 年代晚期时，纽约州立监狱内托儿所有 179 对母子，但是在 2013 年时仅仅有 19 对母子入驻其中。[1]

此外，女子监狱还应当关注教授生活技能的不同，例如教授女性受刑人如何重新获得子女监护权，对于许多女性受刑人而言是最主要的关注点。

八、女子监狱的种族主义问题

从历史上看，监狱系统里不成比例地关押着为数众多的黑人女性犯罪者。1865 年以前，黑人女性犯罪者都被关押在美国

---

[1] See "Pregnant and Incarcerated: New York City's Prison Nurseries", http://www.thirteen.org/metrofocus/2015/05/pregnant-and-incarcerated-new-york-citys-prison-nurseries.

东北部和中西部，她们在监狱总受刑人中的比例远远高于黑人女性在全国女性人口中所占的比例。在南北战争前的美国南部，无论是黑人男性还是黑人女性，都被关押在州立监狱中，因为管理奴隶是主人的责任，只有自由的黑人有权接受国家刑罚。南北战争后，种族主义持续影响着监狱人口，东北部和中西部监狱中的黑人比例大幅上升，即便是在此前南部州的白人监狱中，也关押了为数众多的自由黑人。即使是在监狱稀少、囚犯人口数量较少的西部州，黑人在监狱中的比例也远超过其在全国总人口中的比例。例如，1860 年至 1887 年间，田纳西州教养院（Tennessee Penitentiary）中有超过 70% 的女性受刑人都是黑人。到 19 世纪末这个数字进一步上升到了 90%，1926 年至 1934 年间又下降至 65%。1860 年至 1930 年间，田纳西州的黑人在州总人口中的比例由 26% 下降至 18%。而 1890 年至 1930 年期间，俄亥俄州的黑人人口比例由 2% 上升至 5%，黑人女性受刑人的比例由 26% 激增至 52%。只有纽约奥尔滨教养院中的黑人女性受刑人与该州的种族比例相符。

尽管黑人女性受刑人在监狱中的比例很高，但其在狱中接受的处遇和生活状况显然都缺乏充分的管护。相比之下，即使是在以黑人为主的女子监狱中，白人女性受刑人受到的处遇也普遍比黑人女性犯罪者要好得多。一些南方州的监狱通常会将部分女性受刑人出租，但出租的往往都是黑人女性受刑人。1880 年，南部各州关押的共 40 名白人女性受刑人中，仅有 1 人被出租过，而同时期的 2220 名黑人女性受刑人中，有 81 名被出租过。显而易见的是，狱方在出租女性受刑人时会考虑其种族，被出租劳动无疑成了黑人女性受刑人的沉重负担。在南方州的教养院和种植园中，黑人与白人女性受刑人的囚室是相互隔离的。佐治亚州的监狱管理者就决定让黑人女性受刑人去田间干活，因为他们认为黑人适合从事劳动。相比之下，白人女性受刑人则在室内从事家务和缝纫工作。北部和中西部的教养院女性受刑人的种族隔离情况相对没有这样严苛。如果狱中黑人女性受刑人过少，就不再实施严格的隔离措施。例如，在内布拉斯加州和缅因州的教养院中，黑人女性受刑人较为稀少，致使隔离的做法不切实际。尽管如此，对于有相当一部分犯人为黑人女性受刑人的监狱来说，隔离一直被作为一项原则得到贯彻。种族歧视同时还影响着监狱项目的执行，由于监狱员工为多数白人，因此其只为白人女性受刑人设计改造项目，而直接忽略掉其他种族的女性受刑人。

　　女性监禁率的持续上升也暴露了种族和族裔的差异。根据美国司法局（Bureau of Justice）报告所提供的数据：截至 2000年 12 月 31 日，每 10 万名黑人女性中就有 205 人正在监狱中，这个数字是拉丁裔女性的 3 倍（每 10 万人种 60 人被监禁）、白人女性的 6 倍（每 10 万人种 34 人被监禁）[1]。2000 年之后这种状况有所改变，白人女性的监禁率上涨很快，黑人女性的监禁率有很大的下降。根据美国量刑工程对美国 2000 年至 2009 年女性受刑人人数的统计：白人女性的人数增加了 48.4%，黑人女性则下降了 24.6%，西班牙裔女性虽然增长了 75%，但其基数本来就很小。[2]

〔1〕　参见韩阳：《女性犯罪及监禁处遇》，中国法制出版社 2017 年版，第 179～181 页。

〔2〕　See The Sentencing Project, The Changing Racial Dynamics of Women's Incarceration, 2015.

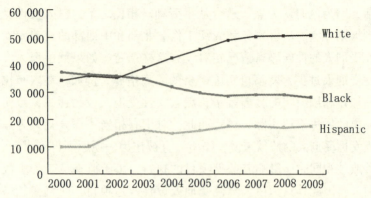

图 9 美国女性受刑人监禁率种族差异变化（2000 年至 2009 年）

仅仅从比例上来看，种种族差距似乎显现不出来，但是如果从具体数量上来看，这种种族差异依然很大。以每 10 万人口监禁率为例，虽然黑人女性监禁率下降了 30.7%，但仍然保持在 142，白人女性监禁率虽然上升了 47.1%，但也仍然只有 50。所以，我们可以看到这种差距依然很大。

表 19　美国女性受刑人监禁率种族差异变化（2000 年至 2009 年）

	监禁率（每 10 万人）		变化比例	与白人比例		变化比例
群体	2000	2009		2000	2009	
黑人女性	205	142	−30.7%	6.0 : 1	2.8 : 1	−53.3%
白人女性	34	50	+47.1%			
西裔女性	60	74	+23.3%	1.8 : 1	1.5 : 1	−16.7%

九、司法改革缺乏考量政策对女性受刑人特殊入狱罪行的影响

为应对监狱人口膨胀，美国司法已经在做出改革，但最大

的问题却可能是采取的措施对减少男性受刑人人口有效而对减少女性受刑人人口无效。根据统计：在 2009 年美国监狱人口达到峰值之后，至 2015 年，美国州立监狱中男性受刑人人口已经下降了 5%，而女性受刑人人口仅仅下降了 0.29%。[1]这背后最根本的原因是刑事司法改革措施缺乏考量政策性问题对女性受刑人特殊入狱罪行的影响，导致不能从政策角度分析抑制女性受刑人人口的增长和监禁条件的改善。那么，针对女性入狱有什么比较特殊的政策影响呢？虽然 20 世纪 70 年代以来的毒品战争是女性受刑人人口增长的主因，但女性受刑人的入狱原因与男性受刑人相比有着自身的特殊性。

　　虽然并没有一个单独因素可以解释男性受刑人和女性受刑人之间入狱原因的差异，但我们首先可以从导致他们入狱的犯罪行为入手分析。一是毒品犯罪推动女性受刑人入狱的动力因素要大于对男性受刑人的推动。在 20 世纪 80 年代至 20 世纪 90 年代，"严打犯罪"导致州立监狱人口极端膨胀，其中女性比男性更容易因为毒品犯罪被判入狱。事实上，这也是 20 世纪 90 年代女性受刑人入狱的主要原因。但是，对于男性受刑人而言，毒品犯罪的比例一直小于暴力犯罪。据估计，20 世纪 80 年代州立监狱中最重犯罪记录为毒品犯罪的女性受刑人的数量增长了10 倍，仅此一项就代表了美国州立监狱中女性受刑人增长人口数量的 40%。[2]在 20 世纪 90 年代，随着监狱人口的继续膨胀，毒品犯罪仍然是女性受刑人最主要的入狱原因。这种增长在很大程度上是 20 世纪 80 年代和 20 世纪 90 年代美国执法与量刑领

─────────────

　　〔1〕　See Wendy Sawyer, *The Gender Divide: Tracking Women's State Prison Growth*, Prison Policy Inititive, 2018.

　　〔2〕　See Wendy Sawyer, *The Gender Divide: Tracking Women's State Prison Growth*, Prison Policy Inititive, 2018.

域开展的"毒品战争"和"严打犯罪"的政治策略所引发的恶果，给对公共安全威胁很少的女性受刑人造成了灾难性的影响。随着近年来毒品战争策略不再成为政治策略，毒品犯罪对受刑人数量增加的影响也在趋于缓和。二是暴力犯罪也是女性受刑人入狱的重要因素。尽管在 20 世纪 80 年代和 20 世纪 90 年代因为政治策略问题导致毒品犯罪成了女性入狱的首要因素，但从长远来看，暴力犯罪依然是女性受刑人入狱的重要因素，也是过去四十年来最为有力的影响因素。根据统计，在 1978 至 2015 年间，暴力犯罪在总体上是排名第一的犯罪类型，是 1/3 女性受刑人的入狱原因和超过 1/2 的男性受刑人的入狱原因。因此，不少学者均认为降低监狱人口膨胀的关键在于处理好暴力犯罪的问题。[1]

如上文所言，正是这种本质上没有改变犯罪行为本身的"毒品犯罪"和"严打犯罪"政策问题导致女性受刑人人口快速膨胀。美国量刑工程指出："如果不是因为毒品执法政策与实践的改变，女性受刑人人口不会如此快速增长。"[2]"毒品战争"策略使得执法资源和关注点向毒品执法严格化倾斜，并刺激针对其他低等级犯罪行为的严罚化策略改变，而这两种改变对女性受刑人造成了严重影响。维拉司法中心在最近的一份讨论"破窗"（broken windows）政策与美国女性逮捕率关系的报告中指出："在 1989 和 2009 年之间……女性持有毒品犯罪的逮捕率或增长了 3 倍，而男性只增长了 2 倍。"同时，针对毒品犯罪的量刑也逐步加重，"在 1975 和 1995 年之间，美国 50 个州和联邦议会通过要

---

〔1〕 See Wendy Sawyer, *The Gender Divide: Tracking Women's State Prison Growth*, Prison Policy Inititive, 2018.

〔2〕 See The Sentencing Project, The Changing Racial Dynamics of Women's Incarceration, 2015.

求对大量犯罪行为实施监禁刑罚的立法降低了法官的自由裁量权"，[1]比较典型的就是强制最低刑（mandatory minimums）和真实量刑（truth in sentencing）和三振法案（three strikes laws）。

女性为何更容易受到"毒品战争"和"严打犯罪"政策的影响？女性更容易实施一些更低级别的犯罪行为，而"毒品战争"和"严打犯罪"政策扩张了刑事法网，将更多低级别的违法行为囊括其中，从而使得实施这些低级别违法行为的人成为罪犯。女性实施的犯罪往往并不严重，也更容易达成辩诉交易，所以女性更容易在被拘留之后安全释放，而当她们违反其中一个缓刑条件时则又会被逮捕入狱。[2]在这样一个循环中，即使是很轻的犯罪行为也会最终导致这些女性面临监禁刑。而对于其他一些女性来说，毒品共犯立法的范围扩张意味着只是在毒品交易和毒品制造中仅仅发挥微不足道的作用或者扮演外围角色的人也会被同样处以较重的刑罚。无论是联邦还是各州，都有比较严苛的针对毒品犯罪共犯的立法。[3]

十、忽视女性受刑人药物滥用与犯罪行为背后的深层动因

除政策对女性受刑人入狱膨胀的影响之外，还需要深层追问女性毒品滥用和犯罪行为的背后动因，这些深层动因与男性并不完全相同。以往的一些研究也指出，男性与女性在犯罪深层动因方面的不同使得很多女性受刑人根本没有必要在监狱服

---

〔1〕 See Elizabeth Swavola, Kristine Riley, Ram Subramanian, "Overlooked: Women and Jails in an Era of Reform", *Vara Institute of Justice*, 2017.

〔2〕 See Elizabeth Swavola, Kristine Riley, Ram Subramanian, "Overlooked: Women and Jails in an Era of Reform", *Vara Institute of Justice*, 2017.

〔3〕 See Wendy Sawyer, *The Gender Divide: Tracking Women's State Prison Growth*, Prison Policy Inititive, 2018.

刑，在社会上反而更能得到比较好的矫治和矫正。根据相关研究，与男性受刑人相比，女性受刑人药物滥用和实施犯罪行为的深层动因主要表现在四个方面：

第一，许多女性处于社会的社交和经济边缘，不得不在合法企业之外艰难度日，而这使得她们更容易涉及犯罪行为。最常见的入狱原因是贫穷、受虐幸存和药物滥用。[1]

第二，很大一部分女性受刑人之所以会犯罪都是因为滥用药物，或者在药物的影响下实施犯罪，或者为了供给毒品滥用而实施犯罪。美国女性涉罪人员支持中心（National Resource Center on Justice Involved Women）指出，美国州立监狱中有超过2/3的女性受刑人达到了药物依赖或者药物滥用（drug dependence or abuse）程度，超过1/2的女性受刑人在她们实施因之入狱的犯罪行为期间存在药物使用行为。[2]

第三，许多女性使用毒品都是为了对受害行为或受虐行为进行自我治疗，而这又将之引向了犯罪。涉罪女性人员的毒品使用行为经常是由处理或掩盖由受虐经历及其伴随的精神健康问题所导致的失意心情所引发的。根据一项2006年的统计：州立监狱中的女性受刑人有73%具有精神健康问题，这部分人中有3/4达到药物依赖或者药物滥用标准，超过2/3（68%）的人又同时具有身体受虐或者性虐经历。而2005年的一份报告也指出，女性受刑人中有98%的人有创伤经历，有74%的人有药物或

---

〔1〕 See Barbara Bloom, Stephanie Covington, "Addressing the Mental Health Needs of Women Offenders", In R. Gido and L. Dalley (eds.), *Women's Mental Health Issues Across the Criminal Justice System*, Prentice Hall, 2008, pp. 160~176.

〔2〕 See Becki Ney, Rachelle Ramirez, Dr. Marylyn Van Dieten (eds.), *Ten Truths That Matter When Working With Justice Involved Women*, National Resource Center on Justice Involved Women, 2012.

者酒精问题。[1]

第四，监狱中为女性受刑人提供的矫治项目往往不能满足女性受刑人的需求。州立监狱中具有药物滥用问题的女性受刑人中只有不到一半接受了药物滥用矫治，具有严重精神紊乱情况的女性受刑人只有 1/4 接受了治疗。曾有学者指出："针对性服务成为例外而不是一般规则……在美国监狱中服刑时，女性很少有机会受到性别导向的药物滥用和精神健康治疗。"[2]

第二节 立法回应：美国州与联邦女子监狱的立法改革

为应对美国女子监狱出现的问题，美国州与联邦都进行了不少立法改革，力图通过立法的方式改良女子监狱的管理及其条件。

一、美国州女子监狱立法改革

美国女性受刑人入狱往往伴随着身体虐待或者性虐等原因，这与男性受刑人有很大不同，女性受刑人这种虐待创伤需要在矫治中被关注。所以，有的州开始通过立法的方式应对由身体虐待或者性虐造成的创伤后果，以求进行有针对性的矫治。比较典型的就是纽约州的《家庭暴力幸存者正义法》（Domestic Violence Survivors Justice Act）。该法案力图回应创伤与虐待在女性犯罪行为中所扮演的角色，在 2011 年开始启动立法，但迄今尚

---

〔1〕 See Wendy Sawyer, *The Gender Divide*: *Tracking Women's State Prison Growth*, Prison Policy Inititive, 2018.

〔2〕 See Barbara Bloom, Stephanie Covington, "Addressing the Mental Health Needs of Women Offenders", In R. Gido, L. Dalley (eds.), *Women's Mental Health Issues Across the Criminal Justice System*, Prentice Hall, 2008, pp. 160~176.

未通过。该法案允许犯罪的家庭暴力幸存者申请针对与其受到的家庭暴力行为直接相关的犯罪的重新量刑，不仅仅是伤害或者杀害虐待者的犯罪行为可以申请重新量刑，那些因为受到虐待者胁迫而从事抢劫、盗窃等犯罪行为的也可以申请重新量刑。换言之，如果该法案通过，法官可以在重新量刑时减少家庭暴力幸存者的刑期或者将其分流到监狱外的替代性设施。其他一些州（例如加利福尼亚州）已经有类似立法，规定在量刑中可以将女性受虐历史作为减轻量刑的要素。[1]

针对女性用品在监狱中提供不足的现象，不少州也开始通过立法来改革女性用品的提供方式和提供数量。例如，马里兰州通过立法规定向州立监狱中的受刑人提供卫生用品。该法案要求马里兰州的监狱向女性受刑人提供足量的、高质量的卫生巾和卫生棉条，并且免费。支持该法案的立法人员表示："月经卫生用品不应当成为奢侈品，马里兰也必须努力防止不人性化情况的发生，即女性受刑人缺乏卫生必需品……马里兰州目前的法律认为受刑人有权力获得月经卫生用品，但是没有要求这些用品足够便宜和足够量地提供。"[2]而在立法之前，女性受刑人在马里兰监狱中每个月只能获得2片卫生巾，只有从监狱工作中赚得足够的钱或者从家人那里获得资助才可以购买足够的卫生巾。

还有一些州在管理制度上进行了改革，在监狱矫正局专设

〔1〕 See Amie Newman, "The Road to Prison is Paved with Trauma for Women and Girls", https://www. ourbodiesourselves. org/2016/04/the - road - to - prison - is - paved - with-trauma-for-women-and-girls/.

〔2〕 See Cameron Dodd, "Bill Aims to Put More Women's Hygiene Products in Maryland Prisons", https://www. fredericknewspost. com/news/crime_ and_ justice/prison/ bill-aims-to-put-more-women-s-hygiene-products-in/article_ f86923ba-af25-5c7b-b2cf-682822442581. html.

女性受刑人管理分部对女性受刑人进行专门化的管理。例如，2018 年，伊利诺伊州通过立法对女性受刑人的管理进行改革，由专门设立部门对其进行管理。该州 1479 号立法要求伊利诺伊州矫正局（Illinois Department of Corrections）对女性分部设置一个专门的行政主管，纳入性别回应性项目（gender - responsive programming），以应对特殊挑战。女性受刑人可以参与专门为其设计的克服入狱之前可能遭受的身体受虐、性虐或者心理虐待以及由此产生的创伤的矫治项目。[1]

二、美国联邦女子监狱立法改革

（一）《2003 年监狱强奸消除法》

根据司法统计局 2013 年的报告估计，美国监狱中每年有 20 万人受到性侵，那些性取向为 LGBTQ 的受刑人受到性侵的比例为通常性取向者的 10 倍以上。基于此，美国政府下决心要通过立法整治性侵问题。于是，在 2003 年，美国通过了《2003 年监狱强奸消除法》（Prison Rape Elimination Act，PREA），2012 年美国司法部又通过细则的形式提升了《2003 年监狱强奸消除法》。司法部的细则具体规定了监狱预防、调查和应对性侵的方法概要，包括第三方报告要求，旨在保护受刑人免于被监狱工作人员报复性性侵；强制性提供强奸危机顾问以及其他精神健康服务；安全报告指南，旨在防止因为报告而导致的身体暴力伤害；监狱工作人员性暴力预防培训；根据司法部网站发现的性暴力指控的调查指南。《2003 年监狱强奸消除法》还创建了全国想那个的监狱性侵研究，这些研究确认了性暴力发生的地

---

〔1〕 See Savannah Eadens，Metro Reporter，"New Law Addresses Gender，Trauma in Women's Prisons"，http://www.columbiachronicle.com/metro/article _ 127fcef8 - 02f6 - 11e8-8699-fb42afb680ac.html.

方性问题。

表 20 美国司法部防止、调查和应对监狱强奸规则

防止措施	调查措施	应对措施
发展和保持对性暴力行为的零容忍政策；指定《2003 年监狱强奸消除法》的关键人物实施符合要求的努力；对受刑人性侵和被性侵的风险进行扫描，并且运用扫描信息来安排住宿、床位、工作、教育和项目；发展和形成员工计划，以便于提供充足的员工层次以及必要的视频监控；培训员工防止、识别和应对性暴力行为的能力；对潜在的雇员进行背景调查，并且不要雇佣存在性侵记录人员；不应将未成年人与成年人关押在一起，并且不再没有监控的情况下让未成年人和成年人在一起；禁止对女性受刑人跨性别的贴身搜查，禁止对未成年人的跨性别搜查；将 LGBTQ 群体纳入特	确保受刑人了解监狱政策并告知受刑人报告性侵的方式；给受刑人报告性侵提供多元渠道，包括通过外部单位、允许受刑人匿名报告性侵；提供预警和第三方外部机构代表受刑人报告性侵的方法；发展防止和调查任何针对性侵报告人报复的政策和配合调查的政策；确保监狱政策和报告性侵的方式对签字受刑人和语言能力不佳者的交流有效性。	及时提供和拨付针对性侵受害人的医疗和精神健康服务经费；在需要的情况下，提供来自强奸危机中心的性侵受害精神鼓励服务；建立事件发生之后的证据保存标准程式，给受害人提供免费的法医检查；及时和彻底调查所有的性侵指控，在具备优势证据时及认为已经证实；适当惩罚工作人员和受刑人性侵者，对实施性侵的工作人员可以采用停职的方式作为纪律惩罚；确保所有受刑人在严重性侵问题上都能够有全部的和公平的机会在穷尽行政救济之后寻求司法救济保留所有的性侵事件记录，利用这些记录订制未来的预防计划。

防止措施	调查措施	应对措施
殊一类群体采取特殊的训练和扫描标准； 确保受刑人可以不在狱警或者其他不同性别的人注视下进行淋浴、身体锻炼和换衣服； 严格限制采用单独监禁的方式保护脆弱受刑人； 与同意这些标准的外部单位合作或者按照这个标准更新合约。		

　　各州可以选择是否遵守《2003 年监狱强奸消除法》。根据正当拘留国际（Just Detention International）研究中心的统计：在 2012 年之后已有 48 个州或者努力遵守《2003 年监狱强奸消除法》，或者完全遵守《2003 年监狱强奸消除法》，犹他州和阿肯色州完全拒绝这个法案的内容。那些努力遵守《2003 年监狱强奸消除法》的州能够提供一些程序上的保障制度，如果不能提供保障制度或者完全拒绝遵守《2003 年监狱强奸消除法》，则会受到司法部 5% 左右的财政惩罚。例如，根据标准测试者（Standard-Examiner）的估计，犹他州拒绝《2003 年监狱强奸消除法》导致该州自 2014 年以来每年失去 420 000 美元的财政支持。不过，美国民权自由组织认为，5% 的惩罚对于各州来说可谓九牛一毛，不能在实际上起到经济刺激的作用。"实际上，唯一能让这些措施有效的方法是通过私人律师起诉……许多州已经按照司法部的要求提供了保证措施，但是他们中的很大部分

并没有达到保证措施的要求。至今为止，并没有一个提供保证措施的州受到过财政处罚。"正当拘留国际（Just Detention International）研究中心指出：这些保证措施允许各州自行决定遵守《2003 年强奸消除法》的时间表，尽管性侵在监狱内依然非常猖獗。2016 年，美国国会通过一揽子司法授权法，取消了这种措施选择权。到 2022 年 12 月，各州都不能够通过提供实施《2003 年强奸消除法》的时间表的方式防止受到经济惩罚，不过在仍然存在紧急保证的情况下，可以允许各州有 2 年的时间准备遵守《2003 年强奸消除法》，从而排除 5% 的财政处罚。[1]

（二）《2017 年女性受刑人尊严法（草案）》

2017 年 7 月 11 日，美国上议院议员科里·布克（Cory Booker）提出了《2017 年女性受刑人尊严法（草案）》（Dignity for Incarcerated Women Act of 2017），旨在提升女性受刑人的矫治条件，关注的问题主要包括监禁期间如何与其子女交流、允许之前的受刑人帮助受刑人重返社会、强制要求受刑人能够获得大部分种类的健康服务产品并且数量充足等。[2]其法案具体内容主要包括以下几个方面：

第一，一般性安置内容。联邦监狱局应当在监狱内设置专门用于安置女性受刑人的办公室。如果受刑人有孩子，则应当尽可能将其安置在离家够近的地方，并且应当考虑其他该办公室觉得应当加以考量的安置因素。

第二，探视规则。联邦监狱局可以颁布作为子女主要抚养

---

〔1〕 See Josephine Yurcaba, "For Survivors of Prison Rape, Saying 'Me Too' Isn't an Option", https://rewire. news/article/2018/01/08/survivors-prison-rape-saying-isnt-option.

〔2〕 See Khala James, "Upholding the Dignity of Incarcerated Women", https://www. americanprogress. org/issues/women/news/2017/12/22/444468/upholding-dignity-incarcerated-women.

人的女性受刑人与其家庭成员之间会见的主要规则：①受刑人应当在一周中会见期间不少于 6 天，包括周六、周日；②联邦监狱机构每天的开放会见时间不得少于 8 个小时；③一次最多可以会见 5 个家庭成员，但子女数量不应当受到限制；④受刑人应当可以与会见人有身体接触，除非受刑人对会见人表现出明显的伤害。

第三，禁闭与刑具限制。不应将怀孕的受刑人或者产后 8 周恢复期内的受刑人安置在隔离区内，除非其对其他人或者自己有明显的伤害风险；即使需要安置在隔离区也应当被限制使用并且是临时的。监狱不应当对怀孕的受刑人使用手铐、链条、镣铐、束缚衣或类似刑具。

第四，为具有精神创伤的受刑人提供治疗服务。只要诊断出有精神创伤，监狱就应该提供治疗服务。监狱应当训练每一个与受刑人接触较多的狱警和其他监狱工作人员，包括健康专家、精神导师等，以便于确保监狱工作人员能够及时识别出受刑人的精神创伤，并将这些受刑人转介给适合的精神健康专家接受治疗。

第五，前受刑人的指导。监狱可以颁布规则允许联邦监狱的前受刑人进入监狱作为受刑人的精神导师或者帮助受刑人返回社会。

第六，设立申诉机制。司法部可以设立申诉专员，统一监控联邦监狱机构的下列事项：受刑人的转移；隔离区的使用；脱衣搜查；公民权利侵犯等。

第七，电话交流。监狱不应当就受刑人的电话交流收费，应当在监狱内提供免费的视频电话。

第八，个人健康用品。监狱应当免费向受刑人提供个人健康用品，并且在数量上应当能够满足每一个受刑人的需求，并且确保在质量上满足相关的工业标准。免费提供个人健康用品的范围包括：卫生护垫、卫生巾、滋润皂、洗发水、身体护肤液、凡士林、牙刷、牙膏、阿司匹林、布洛芬以及其他监狱方决定可以提供的卫生和健康用品。

第九，性别适宜性规定。监狱工作人员不应当对异性受刑人进行脱衣检查，除非受刑人对他人或者自己有伤害风险和没有其他同性别的监狱工作人员可以提供帮助。监狱工作人员不能够进入异性卫生间，除非卫生间内的受刑人对他人或自己有伤害风险或发生医疗紧急情况，抑或没有其他同性别的监狱工作人员可以提供帮助。

第十，整夜探访尝试计划。监狱可以实施整夜探访计划，即对于达到一定条件的承担主要抚养任务的母亲，可以允许其和家庭成员进行整夜探访。相关条件的设置主要包括：①要求受刑人行为良好；②禁止任何暴力犯罪行为的受刑人参与该项计划。

（三）立法免费向联邦监狱受刑人提供卫生用品

对于女性月经问题，以前只是在私下讨论，但自2017年开始，越来越多的人开始公开讨论，建议针对女性月经卫生用品的供应进行立法，以保护女性月经期间的卫生问题。这些努力的措施包括对卫生巾和卫生棉条产品免除州和地方税，强制监狱免费向女性受刑人提供这些卫生用品，在学校等公共场所免费提供卫生用品。在税收方面，对月经卫生用品征收消费税是不公平的，因为这像食物和医疗一样，属于最根本的消费，所以也应当被免除税收。2016年之后，有24个州已经立法或者开始立法免除这项税收，纽约州、伊利诺伊州、康涅狄格州、佛罗里达州以及芝加哥市、华盛顿市最终通过了这项消费税的免除。反对者则认为这种税收免除没有得到授权，并且是不现实的，因为月经卫生用品并不像食物或者医疗那样为生命所必须，免除征税会对州和地方的税收造成影响，而这些税收本来又是用于对穷人的扶助的。[1]2017 年 2 月，格雷斯·孟（Grace Meng）向下议院提出了《月经平等法》（Menstrual Equity for All Act），其中就包括要求联邦监狱和接受联邦资助的州立监狱免费向女性受刑人提供月经卫生用品，不过这项讨论在监狱领域并没有引起热烈关注。一方面是因为地方监狱很少接受联邦的资助，另一方面是因为公众对女性受刑人并不抱有太多的同情心。但是，格雷斯·孟指出，女性受刑人中有很大一部分人是母亲，并且是非暴力犯罪，却被安置在本来是按照男性受刑人要求设置的监狱内，监狱方并没有考虑女性受刑人的生理需求问题，是不公平的。[2]

也正是因为如此，美国联邦监狱局（Bureau of Prisons）在 2017 年 8 月出台了一项备忘录，要求联邦监狱向女性受刑人免费提供卫生用品，包括常规与超大号两种类型的卫生棉条；常规或超大号两种类型的翼状卫生巾；常规的女性卫生裤。但是，这只是一项政策，还并未上升到立法的层次。不过，这至少表明了联邦监狱管理局的态度，表明其开始关注女性受刑人月经卫生用品的使用和提供问题。特别是对于联邦监狱中的 13 000

[1] See Michael Alison Chandler, "The Once-whispered Topic of Women's Menstruation Now Has Political Cachet", https://www.washingtonpost.com/local/social-issues/the-once-whispered-topic-of-womens-menstruation-now-has-political-cachet/2017/08/07/cdeae46e-68a2-11e7-8eb5-cbccc2e7bfbf_story.html?utm_term=.4b53d130c887.

[2] See Michael Alison Chandler, "The Once-whispered Topic of Women's Menstruation Now Has Political Cachet", https://www.washingtonpost.com/local/social-issues/the-once-whispered-topic-of-womens-menstruation-now-has-political-cachet/2017/08/07/cdeae46e-68a2-11e7-8eb5-cbccc2e7bfbf_story.html?utm_term=.4b53d130c887.

名女性受刑人而言，这代表着重要的进步。月经用品免费了之后即意味着女性受刑人需要再因为价格问题而考虑买哪种卫生用品，只需要根据自己的需求进行使用即可，这项改变也保障了女性受刑人的基本生殖权利和经济权利。

第三节 经济激励：美国女子监狱制度的财政支持优化

任何监狱制度的建设都离不开财政的支持，缺乏财政支持的改革有可能成为空中楼阁。因此，在美国女子监狱制度的改革中，也有人提出要进行监狱财政激励，通过财政激励的方式来激发监狱改革的动力。美国有着世界上最多的囚犯，虽然在改革之后罪犯数量有所下降，但是监狱中囚犯的再犯率一直没有下降，始终处于高位状态。美国联邦司法统计局 2014 年的数据显示：有 2/3 的囚犯在被释放之后 3 年内会再次被捕，有 3/4 的囚犯在被释放之后 5 年内会再次被捕，虽然监狱中有越来越多的教育和职业培训项目，并且也表现出了一定的进步，但是参与率和表现并不是十分稳定。[1]于是，有些州就开始转变方式，通过实施经济激励来促进受刑人改造效果。

2013 年时，美国宾夕法尼亚州重新与其所管理的 38 家社区矫正中心（包括中途之家）签署协议，将对他们的资助与其再犯率表现链接起来。效果非常明显，实施该项计划的第二年，所有受刑人的再犯率就下降了 11.3%。预计到 2020 年的时候，释放后 1 年的再犯率会下降 14%，3 年内再犯率会下降 8%。

---

〔1〕 See Austill Stuart, "New Zealand's Recidivism-Focused Private Prison Contracts a Model for States", https://reason. org/commentary/new-zealands-recidivism-focused-private-prison-contracts-a-model-for-states.

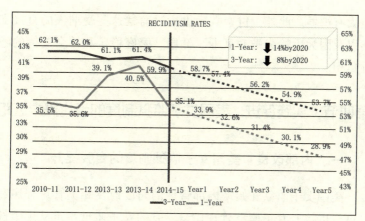

图 10　宾夕法尼亚州受刑人再犯率变化

　　美国宾夕法尼亚州的这项经济激励政策启示了其他州。2017 年，俄克拉荷马州实施了一项名为成功矫治付费协议（pay for success agreement）的计划，由政府与为女性受刑人提供矫治服务的非营利组织签订这项协议，其付费的比例、数额与受刑人再犯率挂钩。与以往不考虑结果的资金支持不同，这些付费只能建立在成功产出的基础上。例如，对于职业培训不再是以提供多少工作量为准进行付费，而是以受刑人是否在工作中获得了稳定的技能为付费基准。

　　在俄克拉荷马州的这一项成功矫治付费合约中，州政府会在家庭与儿童服务组织（Family & Children's Services）所主持的女性复归项目（Women in Recovery）中的参与者完成矫治后不会再进入监狱的情况下付费。在这个合约中，家庭与儿童服务组织每年需要筹资 200 万美元来运作女性复归项目，其中凯撒基金（George Kaiser Family Foundation）会提供 180 万美元的支持。在矫治完成之后，政府的投资才会返回到项目中。这项计划对于政府来说没有任何财政风险，对于应对政府的财政危机也大有裨益。此外，付费数额也小过监禁这些受刑人的直接支出以及因为矫治失败对就业、健康、家庭稳定和社会支持的隐性负担。

第四节　实践促进：美国女子监狱制度的当代探索进路

一、内部改良：美国女子监狱制度的自我提升

美国女子监狱开始从内部管理的角度改良相关管理程序和制度，以提升女子监狱管理质量。有的女子监狱注重从生殖健康的角度对女性受刑人管理进行改良，这也是女性受刑人在服刑期间经常反映的问题之一。尽管大部分州在监狱中都提供了相关的健康和医疗服务，但是这些措施的供应量或者不可持续性导致在监狱中能够利用到的机会并不是很多。此外，不同的监狱和不同的州对此也有不同的规定。因此，监狱方要保障女子监狱中生殖健康的服务供应量和供应连续性，特别是结合上述立法上的相关规定，尽力在监狱财政能力允许的范围内提供免费的生殖健康医疗、咨询等方面的服务以及提供生殖健康产品的免费利用。[1]

还有的女子监狱实施了母亲与婴儿共同抚育计划（Mothers and Infants Nurturing Together）。[2]这项计划是针对联邦女子监狱中的期待生产和抚育孩子的女性受刑人所设立的计划，只要

---

〔1〕 See "Reproductive Health Care for Incarcerated Women and Adolescent Females", https://www. acog. org/Clinical-Guidance-and-Publications/Committee-Opinions/Committee-on-Health-Care-for-Underserved-Women/Reproductive-Health-Care-for-Incarcerated-Women-and-Adolescent-Females.

〔2〕 See "Mothers and Infants Nurturing Together Program", http://www. voatx. org/mint.

属于没有逃跑风险的非暴力犯罪女性受刑人都可以申请参与这项计划。申请人在她们怀孕 7 个月的时候可以申请到这个项目，在生产之前的 2 个月在这个项目中接受相关生产准备课程和注册公众帮助项目。在生产之后的 3 个月，可以继续在这个项目中与她们的子女建立亲子关系。当全部项目时间完成时，受刑人的子女将会被安排给一个指定的监护人，一般是受刑人的家庭成员或者好友，然后受刑人会继续回到监狱完成剩余刑期。但也有一些特殊要求，进入这个项目的受刑人必须是在量刑之前就已经怀孕的，受刑人必须承诺积极参与项目的所有部分，所有的参与者在项目接受批准之前都必须得到监狱长和社区矫正总监的批准。

二、促进复归：美国女子监狱制度的衔接性改革

为了促进女性受刑人的社会复归，美国对与社会衔接的制度进行了改革，提出了一些更能够与社会进行衔接的制度。通过一定的激励，受刑人能够提早复归社会。加利福尼亚州、犹他州、纽约州等都设置了很多监狱出狱激励计划，有的采取学习的方式，有的采取鼓励节育的方式。

例如，美国田纳西州怀特县（White County）于 2017 年推出了一项备受争议的"节育减刑计划"，让受刑人无论男女均可自愿接受节育手术以换取减刑 30 天的"优惠"。根据此计划，男受刑人会接受常见的输精管结扎手术，女受刑人则是在手臂内侧植入两根火柴棒大小的避孕棒，借由内含的黄体素等荷尔蒙抑制避孕，时效长达 3 年。田纳西州立卫生部赞助这些手术，完全免费。怀特县地方刑事法庭法官贝宁斐（Sam Benningfield）于 2017 年 5 月 15 日签署新的诉讼程序规则，以推行这项节育计划。贝宁斐法官说："我希望以此鼓励受刑人为个人行为负起责

任，也让他们出狱后不用背负育儿重担，这项计划是想给受刑人自立的机会，为他们自己的人生做点改变。"贝宁斐进一步解释："我知道这不会有太大的改变，但即使只有 3 个人愿意做，可能就少了 3 个孩子出生在满是毒品的环境。我觉得这是双赢的做法。"[1]不过，此计划引来了众多的反对之声，人权团体美国公民自由联盟（ACLU）指出，"知情同意"是进行医疗手术的重要条件，但受刑人通常迫切渴望自由，可能无法深思熟虑、作出不会后悔的决定，节育计划的利诱手段明显有违反伦理之处。女受刑人托莉森（Deonna Tollison）是首批加入计划的 32 名女受刑人之一，托莉森过去几年一直挣扎着戒掉毒瘾，但近日又因为在大卖场购物太久、电子脚镣的电池用罄而重新入狱。她解释了自己参与这项计划的原因："我是单亲妈妈，独力扶养三个女儿，我的妈妈不良于行，还有一个身心障碍的妹妹。……他们的生活全都靠我照顾，我是家里唯一有驾照的人……这四年来我真的很努力，想尽办法找回我的人生。"ACLU 指出，虽然节育计划强调受刑人都是"自愿"参加的，但其中有很多人都像托莉森一样辛苦，入狱几天就可能让她们丢掉饭碗、失去孩子的监护权，甚至失去房屋和汽车的所有权，对她们而言，减刑 30 天是极大的诱因，几乎没有拒绝的余地。"这种所谓的选择已经违反了宪法赋予人民的生育自主权。"法律期刊《法学家》（Jurist）在针对"华德案"的评论中认为，田纳西州政府滥用公权力半强迫受刑人放弃生育权，已经严重破坏了知情同意的定义，甚至暗示了这些受刑人"低能、蠢笨、不健全"以

---

〔1〕 See Derek Hawkins Tenn, "Judge Reprimanded for Offering Reduced Jail Time in Exchange for Sterilization", https://www. washingtonpost. com/news/morning – mix/wp/2017/11/21/tenn–judge–reprimanded–for–offering–reduced–jail–time–in–exchange–for–sterilization/? noredirect＝on&utm_ term＝. 1099f10b525f.

至于不适合生育。[1]

三、替代处遇：美国女子监狱制度的去监禁性改革

去监禁性改革也是美国女子监狱制度改革的一个重要方向，在可能的条件下将一些不具有社会危险性的非暴力犯罪女性受刑人安置到非监狱机构，一方面可以降低监狱人口膨胀的压力，一方面也可以减少由监狱对受刑人的长期隔离所带来的社会复归困难。美国各州已经开始尝试进行类似的监禁替代处遇改革，例如俄克拉荷马州的女子康复（Women In Recovery）替代项目就非常典型。

在俄克拉荷马州，女性受刑人的监禁率特别高，2011 年至 2016 年间，女性受刑人监禁率共上涨了 30%，大部分在监狱中的女性受刑人只是触犯了低级的毒品或者财产犯罪，例如诈骗或者不良信用。虽然在其他州，这些行为也可能会遭到逮捕，但是并不会像俄克拉荷马州那样会被判 5 年至 20 年监禁。由于监狱人口的增长，俄克拉荷马州需要在 2026 年之前筹集 12 亿美元，再盖 3 所新的监狱才够用，而当前这些监狱每年都会花费该州 5 亿美元的财政经费。为了应对这些危机，该州选择了女子康复替代项目。

女子康复替代项目是一项针对女性受刑人的监狱替代性项目，是以社区为基础的矫治项目，只要完成该项目就可以不用再进入监狱服刑。[2]目前，已经有数百位非暴力犯罪的女性受

---

〔1〕 See Simon Montlake, "'Bad Moms' or Women in Need of Help? Oklahoma Rethinks View of Female Inmates", https://www.csmonitor.com/USA/Justice/2017/1120/Bad-moms-or-women-in-need-of-help-Oklahoma-rethinks-view-of-female-inmates.

〔2〕 See Simon Montlake, "'Bad Moms' or Women in Need of Help? Oklahoma Rethinks View of Female Inmates", https://www.csmonitor.com/USA/Justice/2017/1120/Bad-moms-or-women-in-need-of-help-Oklahoma-rethinks-view-of-female-inmates.

刑人参与其中。该项目为参与者提供安全的住宿、密集的矫治项目、亲职和生涯课程以及其他根据法官安排而特殊定制的服务项目。每个人一年的花费成本大约为 19 000 美元，远少于监禁，并且参与完成者的再犯风险也非常低。参与其中的受刑人会每周乘坐公交车到塔尔萨（Tulsa）。项目住宿的地方也不会像监狱那样暗淡，而是会刷上明亮的漆，贴上招贴画，使得矫治所更像一个运动中心，而不是一个康复诊所。这里面有厨房、健身房以及一系列用于团体学习和个人咨询的房间。

这个项目的目的不仅仅是帮助女性受刑人本人，也在于打破贫穷和犯罪的怪圈。特别是对于母亲受刑人而言，离开子女的时间过长，会导致子女走上犯罪道路的概率更高。如果将子女托付给不情愿的亲戚或者安置在寄养之家，子女被忽视或者受虐的风险便会大大增加，从而导致走上吸毒或者其他犯罪道路。由于其以社会为基础，因此可以使得受刑人提前重建其生活关系。平时，女性受刑人在这里要戴上耳机以便于顾问指导她们进行游戏或者随时给她们提供建议。每次训练之后，顾问都会为受刑人提供建议。在子女来访时，受刑人可以和子女在这里过夜，甚至能够住在一起，项目的主管也经常支持母亲受刑人赢得其子女的监护权。

不过，这里也有一些基于矫治目的而作出的限制条件。参与项目的女性受刑人被严格限制与朋友和亲戚接触，特别是在外面的时候，旨在避免毒品和酒精的诱惑，受刑人在看望住在寄养之家或者亲戚家的子女时也必须要同样遵守这个规则。

四、社会参与：美国女子监狱制度的多方支持

反对强制最低量刑家庭组织（Families Against Mandatory Minimums，FAMM）曾发布一份报告，揭露了联邦监狱系统里的教

育情况。参与调查的受刑人表示，监狱里急缺经过培训的导师，课程数量也极少。调查发现，几乎所有继续教育课程都是由几乎无上课经验的受刑人来开课。工作技能项目只开放给即将出狱的受刑人，大学课程则过于昂贵，只能从监狱工作里赚几个钱的受刑人根本无力承受。因此，为了增加女性受刑人与社会的联系，也为了吸收更多的社会力量参与对女性受刑人的矫治，以弥补女子监狱内部人力和资源上的不足，越来越多的女子监狱开始与社会合作实施矫治计划。

美国宾夕法尼亚州实施的第二次机会佩尔助学金实验计划就是一个非常典型的例子，本书将以该项目计划为例，说明美国女子监狱与社会组织的合作。位于宾夕法尼亚州中部的 The State Correctional Institution at Muncy（SCI）并不是一所教育机构，而是州立女子监狱。但是，在 SCI 中央有一栋有着白色钟楼并挂有美国国旗的庄严石质建筑。"在建筑的教室内，五名学生正在积极地辩论民事监护对鸦片成瘾者的好处。如果忽略教学楼屋顶下的铁丝网，和围绕着建筑的高大栅栏的话，这看起来就像是一所女子大学。"[1]这所女子监狱是联邦狱政改革的一部分，目的是为受刑人提供免费的大学教育，以测试是否能改善其在监狱内的行为，并增加她们出狱后找到工作的可能性，以降低再犯率。超过 60 所大学和 7000 名犯人参加了这个实验项目，而且这是 20 多年来，首次向联邦和州立受刑人开放佩尔助学金（Pell Grant）。对于在上批判性思考这门课的一些女性来说，鸦片成瘾不仅仅只是一门学科议题，也是一个很私人的问题。所以，当宾州布鲁姆斯堡大学的哲学教授温迪·李问她们，是否应该允许国家强制关押成瘾者 90 天时，女性受刑人表达出

---

〔1〕　参见驻芝加哥办事处教育组："大学教育是否能解决美国的监狱危机？"，载《高等教育纪事报》2017 年 12 月 28 日。

了矛盾的意见。35 岁的奥敦（应国家惩教署的要求，受刑人的姓氏经过处理），因为抢劫和殴打他人被关押 3 年。她表示："90 天远远不够，我花了 3 年的时间来远离鸦片，才让我终于想戒掉它。"老师称呼她的学生为"女士们"，并希望她的课能够让她们具备批判性思考的能力，使她们能在出狱后作出更好的选择。她还有一个更远大的目标：如果这个试验项目成功了，就可以用来说服国会解除佩尔助学金对受刑人的限制。[1]参与试验的教授们表示在监狱教学的经验是他们职业生涯中最有价值的经验之一。他们说监狱班里的学生比在校园里的新生们更有动力和参与力，她们渴望学习，而且珍惜她们获得的机会。已经努力学习而获得人事服务副学士学位的奥敦说，在监狱中上大学"帮助我回忆起在外面生活是什么样的感觉，而且我还可以再试一次。""对我来说"，她眼眶泛泪的说，"那就是一切。"[2]但是，让国家资助受刑人参与高等教育，是否值得？这是这个试验想得到的答案。为受刑人恢复佩尔助学金的倡导人士表示，恢复助学金是为了人道，也是为了财政。他们指出，2014 年兰德公司（RANDCorporation）的一项研究发现，每花 1 美元在惩戒教育上，便会节省 5 美元监禁累犯的费用。[3]由此看来，这项社会和监狱合作的模式，不仅仅可以节省成本，还会带来更好的矫治效果，更有利于受刑人的社会复归。

---

〔1〕 参见驻芝加哥办事处教育组："大学教育是否能解决美国的监狱危机？"，载《高等教育纪事报》2017 年 12 月 28 日。

〔2〕 参见驻芝加哥办事处教育组："大学教育是否能解决美国的监狱危机？"，载《高等教育纪事报》2017 年 12 月 28 日。

〔3〕 参见驻芝加哥办事处教育组："大学教育是否能解决美国的监狱危机？"，载《高等教育纪事报》2017 年 12 月 28 日。

域外观照：美国女子监狱制度的全球比较

美国女子监狱制度对其他国家存在着或多或少的影响，其他国家的女子监狱制度也在实际上影响着美国女子监狱制度的发展。因此，本章将在关注全球女性犯罪普遍特征的基础上比较美国与其他国家以及国际和区域性条约之间的差异及其优劣。

第一节　全球女性犯罪的普遍特征

女性受刑人数量的增长已经成为各国的普遍状况，联合国国际刑罚改革协会和贵格会联合办公室（The Quaker United Nations Office）联合发布的数据显示：目前全球有在押女性受刑人约 50 万名（包括许多短期羁押的女性受刑人未被统计在内，实际数据要高于这一数据），这种增加可能是因为政府对犯罪采取更严厉的手段，导致入罪门槛降低，也可能是由于妇女经济状况的边缘化加剧。[1]无论犯罪增加的原因是否贴切，针对这些

---

〔1〕　但是，根据上文引用的英国内政部的统计，男性犯罪者的犯罪数量有所下降，因此并不能反映出英国犯罪门槛在降低这一事实。贵格会联合办公室所提供的女性犯罪人数增加的原因并不具有普遍性。

女性受刑人的特殊权益关注普遍不足已成为一种既定事实。这种对女性受刑人权益关注的不足主要集中在七个方面：[1]

其一，女性监狱数量少且远离住处、家人和朋友。女性受刑人数量较之总受刑人数量相对较少，这也就意味着专门关押女性受刑人的监狱同样较少，且其位置通常远离住所、家人。而以下因素的存在使女性受刑人与家庭人员以及外界的联系变得更加困难，甚至不可能：①欠缺方便的交通条件；②严厉的访问与通信规定；③家庭经济条件的困难对交通资源使用的限制；④女性在家庭中经济地位的弱势。上述因素会导致女性受刑人产生孤独感，由此引发更为严重的社会和心理问题。而在无法实现的男女受刑人相分离的状况下，女性受刑人将面临现实的心理和身体遭到伤害的危险。

其二，居住在监狱外需要抚养的子女的监护问题。相关研究显示，许多女性受刑人都是年幼子女唯一或主要的监护人，而且还承担着其他的主要家庭责任。这是与社会对女性的角色期待相一致的，女性处于维系家庭存在的基础地位。因此，若女性受到监禁处罚，对家庭和妇女本身所造成的打击都将是沉重的，特别是在其作为未成年子女的唯一监护人的情况下，家庭本身将直接走向崩溃。对于被监禁妇女而言，其子女被其他人监护，会使其因"被剥夺感"而产生对矫正的消极态度。

其三，居住在监狱内需要抚养的子女的监护问题。部分国家和地区出于必要性考虑，或者为了减缓母子分离带来的长期性、创伤性的影响，允许婴幼儿在一定的年龄范围内伴随母亲生活。但是，相关调查显示，无论监狱资金充足与否，都无法

---

〔1〕 http://www.unodc.org/documents/justice-and-prison-reform/Export-group-meeting-Bangkok/ECN152009CRP8.pdf，2017 年 8 月 21 日访问。本资料来自联合国毒品与犯罪问题办公室官网下载的电子文本。

为儿童提供健康的生活和心理环境。

其四，妇女精神健康和身体健康问题日益凸显。部分国家的执法人员的素质较低，同时在监督管理过程中存在一系列问题，导致妇女因为监狱本身的人员或者制度设计而遭到侵害。这种侵害既包括遭受精神的侵害（如无故遭到辱骂、羞辱），也包括强奸或是以性交易作为实现权利的非正式手段。在这里需要特别指出的精神虐待手段还包括常规性的脱衣检查等在男性监狱较为普遍的管理手段。特别是对于因具有文化或宗教背景而强调矜持的妇女来讲，这更是一种伤害。在有男性工作人员在场时，这一问题会变得更加严重。

其五，妇女自残、自杀问题凸显。缺乏安全感以及对于家庭的过分倚重容易使得女性受刑人在进入监狱时无法适应，特别是长期作为家庭支柱和子女主要抚养者的妇女，出于对自身处境以及自身状况对家庭影响的担忧，极易陷入焦虑、抑郁等不良精神状态。因此，在入狱初期，这些妇女面临着较高的自杀或自残风险，希望通过此种方式逃避或者转移焦虑。

其六，生理特点和保健面临着特别挑战。女性对于环境十分敏感，这种敏感不仅体现在其所处的"交往境遇"，对于其所面临的生活环境的硬件也同样敏感。女性囚犯会发现其生存在为男性设计的监狱系统之中。这是全球监狱面临的普遍问题，即使是在专门的女性监狱中，也只有极个别的高福利国家才能够实现完全从女性本身出发构建监狱。由此导致的直接问题是女性特殊的保健和卫生需求得不到满足，遑论保障陪伴在女性囚犯身边的子女健康状况了。对于女性的心理健康的关注同样不足，无论是短期刑还是长期刑，监狱对于妇女的心理、性和生殖健康的危害后果都未给予充分的关注。

其七，经济和社会上的弱势地位，减少了女性犯罪者获得公正审判及减刑、假释的机会。女性犯罪本身与经济和社会的弱势地位紧密相连，特别是在部分国家，女性接受教育和工作的机会较少，法律赋予的权利也同样较少。典型的女性犯罪特征在许多国家表现为无业或失业、较年轻、受教育程度较低，有子女需抚养等。在这种状况下，现代法律所具有的"形式合理性"特征，[1]使得女性犯罪者一方面应对法律风险的能力较低，另一方面缺少对有关权利和信息的认知，无法满足经济和其他保释条件或者判决义务等。

第二节　美国与其他国家女子监狱制度之比较

面对全球女性犯罪的态势，不同的国家采取的应对措施并不完全相同，特别是在监狱制度方面。为横向比较女子监狱制度，本书选取了日本、新加坡、加拿大、英国、德国、瑞典、挪威的女性受刑人的相关制度与数据，与美国进行横向比较。不过，由于各国数据的公开程度有限，以及资料收集途径的限制，并非所有国家的数据都是完整的，可能存在个别数据或者资料缺失的情况。

---

[1]　参见马克斯·韦伯（Max Weber）对现代社会中法律的有关论述。其认为，在现代资本主义社会法律是呈现形式合理性的。在法律与公民的关系上，法律"对待并使之在法律上具有平等地位，它只依据法律条文对确凿无疑的法律事实做出解释和判定，而不考虑其他伦理的、政治的、经济的实质正义的原则，同时还要排除一切宗教礼仪、情感的、巫术的因素"。这也暗含了具有社会优势经济主体地位的群体可能通过聘请优秀的律师、通过罚金与自由刑易科来获得抵御法律风险的优势地位。因此，对于经济和社会地位处于劣势的妇女本身而言，在遵循形式理性逻辑的现代法律制度下，同样处于劣势地位。参见［德］马克斯·韦伯：《论经济与社会中的法律》，张乃根译，中国大百科全书出版社 1998 年版，第 123 页。

一、各国女子监狱收容概况比较分析

在年龄方面，日本和挪威的女性受刑人以 30 岁~40 岁者居多，美国的女性受刑人年龄大都在 30 岁以下，而加拿大的女性受刑人则以 20 岁~39 岁的青壮年女性受刑人为主。在婚姻方面，日本有婚姻纪录的女性受刑人约占全体女性受刑人总数的73.9%，美国女性受刑人的婚姻大都不健全，加拿大女性受刑人有 70%为单身，但其中多数有子女。数据显示：婚姻状况可能是女性受刑人被监禁的重要因素。

在教育与就业状况方面，各国女性受刑人之教育程度均较一般人口更低，大都为高中以下或有中途辍学问题；女性受刑人未就业或失业者，在各年龄组中的比例都很高，约占总受刑人的 80%左右，而且女性的比例高于男性；女性受刑人中有许多为经济弱势群体；身心状况问题亦为许多国家女性受刑人的共同问题。

在犯罪类型方面，与成瘾行为有关的犯罪（如毒品、酒驾等）为各国女性受刑人的主要犯罪类型，盗窃、欺诈、伪造文书等财产性或非暴力性犯罪亦为女性受刑人的主要犯罪类型。就监禁刑期而言，日本、加拿大和挪威的女性受刑人大都属短期自由刑，在我国还包含拘役；美国大都在 5 年以下，瑞典因有许多社区处遇政策（如密集监督与电子监控），在监狱者多为重罪罪犯，因此刑期在 1 年以上的比率增加了。

表21 各国女性受刑人收容概况比较

国别	年龄	婚姻	教育/职业	健康	罪名	刑期
日本	以30岁至40岁未满占53.7%最多	有婚姻记录者约占73.9%	高中毕/肄业占52.7%,未就业或失业者占近80%	饮食障碍及精神障碍占多数	盗窃罪、违反觉醒剂(安非他命)取缔法最多	1年以下占20.1%、2年以下占47.2%,二者合计占67.3%
新加坡	遭判刑确定者以21岁~30岁居多	未知	国中毕业者居多	未知	以毒品罪最多,财产犯罪居次	未知
美国	30岁以下为多数,但老年受刑人人数增加越来越快	家庭多不健全,或家庭成员亦在刑事司法体系内	大多没有高中毕业,有的还有学习障碍	13%的联邦监狱女性受刑人和24%的州立监狱女性受刑人被断患有精神疾病	罪名多为毒品或与毒品有关	一半以上的女性受刑人的刑期在5年以下
加拿大	超过60%受刑人介于20岁~39岁之间	约70%为单身,但有3/4为18岁以下孩子的母亲	教育水准较加拿大平均水准低,大约1/3女性	约25%女性受刑人被诊断有心理健康问题,	暴力犯罪和毒品相关罪行占超过75%	约52.4%的女性受刑人刑期为2年~4年

续表

国别	年龄	婚姻	教育/职业	健康	罪名	刑期
			受刑人为九年级的教育或更低	研究显示超过一半有自残行为		
英国	未知	未知	在监的女性受刑人中有47%不具有学历，被判刑的女性受刑人当中有33%入监前中辍学业	大约有一半的女性受刑人有心理健康问题	在监女性受刑人犯罪类型前三名为毒品犯罪、对他人施暴和窃盗/销赃	女性受刑人的刑期较男性受刑人短，被判12个月以下的短期刑比例比男性受刑人高（21% vs. 10%）
德国	未知	巴伐利亚邦女性受刑人已婚及离婚比率均较男性受刑人高	未知	女性身心失调症状较男性普遍	前两名是财产犯罪以及毒品罪	未知

续表

国别	年龄	婚姻	教育/职业	健康	罪名	刑期
瑞典	未知	未知	未知	药瘾者的比例占50%总监狱人口	酒驾、盗窃、毒品犯罪、欺诈、盗用公款、危害生命、健康与和平罪、违反交通规则罪	因密集监督与电子监控，在监狱者多为重罪罪犯，刑期在1年以上的比率增加
挪威	以30岁~39岁为最多	未知	教育程度偏低	大部分的受刑人都有精神或精神健康问题，通常都伴随成瘾问题	公共危险、盗窃、诈欺和信用破产、暴力犯罪、毁谤和强盗罪	平均监禁时间为3个月，约5%受刑人刑期逾一年。最长刑期21年

二、各国女子监狱矫治处遇政策与规范之比较分析

在女性受刑人矫治处遇政策目标方面，各国均以预防社会中的潜在犯罪人、保障受刑人在监权益、促使受刑人再社会化等为其核心处遇目标。其中，新加坡的刑事政策较为严格，而北欧的瑞典与挪威则较柔软和强调人权。因此，各国的受刑人

处遇政策大都是在保障受刑人人权情况下，协助受刑人悔改和复归社会，同时采取戒护、教化、就业训练、医疗保护等措施；基于女性受刑人的特殊性，多数国家针对女性受刑人均有其特殊规定。

表 22　国家整体矫正处遇政策与法律

国别	主管机构	目标	矫正政策	法律和规则
日本	法务省矫正局	尊重受刑人的人权，谋求真正改过更生与社会复归	谋求刑事收容设施适正管理营运之同时，持续尊重上述设施之被收容人、被留置者之人权，以因应其之状况进行适正处遇为目的	刑事收容设施及被收容者处遇法
新加坡	内政部监狱总署	对于犯罪的抗制采取"严刑峻法"的策略，监狱采用分区管理模式	健全监督管理体系、综合完整的戒护工作、不同类别施予不同处遇计划、协调性监外监护、员工培训	新加坡监狱法
美国	联邦监狱局、各州立监狱局和矫正局	联邦监狱局负责提供各项活动措施与处遇服务管理，全国设立6个分区办事处，开展各项矫正工作。	提供受刑人各项处遇，包括提供释放后需要的生活技能和自我改进计划	联邦监狱局针对受刑人的管理有监狱局强制性训练准则、老年受刑人居家监禁试验计划等13

国别	主管机构	目标	矫正政策	法律和规则
		州立监狱由各州监狱局管辖，依照各州行刑方针、戒护安全等级、目的与大小的不同设立各种行刑机构		项规定。各州立监狱管理局有针对女性受刑人的准则。各个女子监狱有自己的管理规范。
加拿大	加拿大矫治部门/省级/地区的矫治部门	遵从法律规范并致力于公共安全。借由行使合理、安全、可靠人性化的控制，鼓励和协助罪犯成为守法公民	联邦矫治宗旨：①执行法院判决，以安全人道方式监督犯罪人；②透过监狱内和社区的措施协助罪犯改过向善、复归社会成为守法公民	矫治和有条件释放法令、监狱和感化院法令
英国	国家罪犯管理局，在 42 个观护区设有 9 位区域罪犯管理者	国家罪犯管理局为统一的行政组织，下辖矫正与观护两种体系，专责犯罪人管理的业务，对于矫正及观护的罪犯管理作法进行衔接与整合	制定一系列受刑人更新制度，针对受刑人职业训练、教育部分依规定应参加作业，认为作业具有教育意义，故受刑人必须参加针对药物滥用/酒精中毒等教育课程职业训练为教育的一部分	监狱法规如监狱规则、监狱服务指示和监狱服务导引

续表

国别	主管机构	目标	矫正政策	法律和规则
德国	16个邦的监狱行政部门	监禁的目的是使囚犯在没有犯法的情况下有社会责任的生活	在监生活应尽可能与一般状况相同，降低任何因监禁产生的不利影响，设计协助罪犯复归自由生活处遇	有三个邦制定监狱法案，以及各邦适用原联邦监狱法案
瑞典	矫正保护局	必须在尊重被收容人之人类价值及使其了解机构收容具有特别困难之前提下，予以处遇	设立导师制度；实施外出、外宿制度；监外通勤/监外活动/返家探亲/监外治疗；违规附加刑期	矫正处遇法
挪威	司法暨公共安全部矫正局	量刑不可限制犯罪人其他权利，受刑人应处最低可能戒护区，服刑期间生活应尽可能与外界相同	考量所有民众的安全采取的收留发回重审者和执行徒刑者，透过他们的计划让受刑人有能力来改变自己的行为避免再犯	监狱行刑法

三、各国女子监狱矫治处遇措施之比较分析

教化项目是受刑人处遇的重点之一，各国矫正机构除提供一般受刑人所需的个别辅导、团体辅导和宗教教诲外，还针对

女性受刑人特别提供：①母亲特性的处遇方案（如日本）；②教育课程（如新加坡、美国、英国、德国和挪威等）；③社会适应训练（如新加坡）等。

在医疗保健方面，主要为卫生医疗宣导和教育、疾病筛检、治疗和监外就医。加拿大会为女性受刑人提供心理治疗；英国的女性受刑人经评估可获得免费治疗；瑞典的女性受刑人可到社区接受戒瘾治疗；挪威的女性受刑人治疗资源则来自监外。

在携子入监方面，新加坡和挪威不可携子入监，孩子交由社会团体照顾；日本和瑞典携子入监的儿童年龄为 1 岁以下，日本可延长 6 个月；英国女性受刑人可在其子女 1 岁 6 个月时申请携子入监；美国、德国为满 3 岁，德国部分监狱可至 6 岁，但收容和处遇环境甚佳。

表 23　各国女子监狱教育、医疗与携子入监项目

国别	教育项目	医疗项目	携子入监
日本	针对女性与母亲特性处遇方案	设医务课负责医疗	1 岁以下，可延长 6 个月
新加坡	配置专属个人督导，提供处遇方案、技能训练、教育课程，提供收容人出监前 10 月的社会适应期，让其能够复归社会	监狱内本身并无医生与护士人员的配置，主要是委托外界的医疗团队入监看诊	基本上没有女性受刑人把小孩带进来服刑的情形，只有女性受刑人入监时已怀孕并在执行期间生产，但生产后婴儿即交由社会福利机构协助抚养，或请收容人亲属带回抚养

续表

国别	教育项目	医疗项目	携子入监
美国	提供教育计划让受刑人取得学历与证照，但女监提供的机会和名额远低于男监	怀孕、生产、传染病预防/筛检、就医	不少州设有狱内托儿所，部分机构可携子入监至3个月，纽约州可至1岁6个月
加拿大	建立一种新的矫治理念，全面处理其特别需求，建立在赋权、有意义及负责任的选择/尊重及尊严/支持性环境/共同责任	矫正当局确保受刑人可以合理获得符合专业水准的心理及身体治疗	在监狱内生产的女性受刑人可以于狱中抚养孩子至4岁。6岁以下孩子可于周末或假日至监狱与母亲同住
英国	基本课程通常可以帮助在监女性受刑人获得新的一技之长，例如学习阅读和书写，使用电脑和基本的数学运算。大部分的课程认证资格是由监狱外面的单位发给的函授学习课程	在监女性受刑人可以获得与他们入监前一样的医疗和治疗服务，只要经由监狱医生的医疗团队或成员的核准，则治疗是免费的	怀孕女性受刑人如在监狱生产，可在子女出生后18个月内，申请和婴儿同住。如有18个月以下的小孩，可申请携子入监，目前有7个可以携子入监的监狱，其中Holloway规定婴儿可至9个月大。如孩子满18个月，则由社会服务机构代为照顾。在接见中心设有设备完善且安全的儿童区。孩子每年至少有4次见到母亲的机会

续表

国别	教育项目	医疗项目	携子入监
德国	提供多元职业教育，如：建筑/金属制品/电子产品/书籍装订/木工/汽车修理/园艺/烘焙/美容美发等多样课程，也提供识字教学、远距教学。在不来梅，若妇女于开放单位则可外出上课	监狱提供基础的健康照顾，医师会进入监狱看诊，如有必要受刑人也可被送至外部设施看诊	小孩可与母亲同住至3岁，一些州则可容纳至6岁（上学的年纪），专业的工作人员可以训练妇女照顾孩童的技巧，儿童并不会意识到自己在监狱，因工作人员没穿制服，且监狱非常开放、没有围栏
瑞典	参与地方社团活动来培养兴趣	因社会复归的关系，允许受刑人外出到药物滥用治疗机构或家族治疗机构过夜	可携带12个月以下的子女一起入监，不过须经社会福利委员会和国家监狱与观护部门的审查
挪威	由于女性受刑人的教育程度较低。在监狱可完成义务教育（中学程度），也完成高等教育	监狱医疗和服务来自社区。在监狱要接受健康照护是一大问题	在挪威不能携子入监。小孩通常会交由父亲或其他亲戚或者寄养家庭来照顾

在技能训练方面，多数国家均会针对女性特性安排不同的技能训练，如烘焙烹饪、美容美发、缝纫、洗衣等。新加坡在技能训练与就业方面落实得非常到位，并能与社会就业需求相结合，值得参酌；英国、德国和瑞典等低风险女性受刑人可在社区工作，以避免因社会隔离而造成复归社会困难。在日常管理方面，舍房安全管理和刑事设施为多数国家采取的管理措施。加拿大与英国基于管理风险程度，将女性受刑人分不同层级进

行管理；瑞典拥有多元的社区处遇措施，其监狱安全管理较严；挪威的监狱建筑则较柔性，无监视塔、高墙和铁丝网。

表 24　各国女子监狱技能训练与日常管理

国别	技能训练	日常管理
日本	提供义务教育/传统和现代工艺/缝纫/美容等	采取适当措施维持刑事设施秩序
新加坡	矫正企业公司提供的技训课程大致分为师徒训练与基础技术训练两大类。包含该公司、民间企业与民营联合投资方式办理，目前在 6 个监狱与戒毒中心作业科目包含面包制作、裁缝、洗衣、印刷及转包、金属制造等	着重调查分类制度与整合式照顾，针对个人拟订个别处遇计划。利用舍房区域管理系统，矫正人员扮演受刑人的个别监督官
美国	目前的训练科目多如化妆、家事、秘书、烹饪等限缩于符合女性传统身份的科目，不够多样化，仍无法满足出狱后就业市场的需求	因为女监人数过多，为提高戒护安全，多数监狱均装设刺丝网以及其他防止人犯脱逃的设备
加拿大	鼓励女性受刑人学业上完成就业必须具有 10 年级水平，并参与分配的工作。在所有女性机构，受刑人均有机会完成省级认证的课程。有为期 3 个月的职业计划提供与就业有关的训练，在通过评核后若有合适的工作机会将提供给女性受刑人。	女性受刑人区分为低、中、高三个安全等级，被分类为低度、中度安全等级的女性受刑人住在有公共区域的单位，高度等级者则由专门人员提供干预和监控的安全单位。

国别	技能训练	日常管理
英国	大多数的在监女性受刑人有个人的课程和培训等学习计划。低风险的受刑人则可以被允许在社区工作	依受刑人犯罪的严重程度、逃跑的风险等分为 A、B、C、D 四个层级
德国	工作被视为矫正的一环，被判刑的受刑人间需要工作，但都只需要做到身体能负荷的程度即可。可至监外工作，以确保工作或接受职业训练，也可拥有个人工作合约	处罚方式包括休息时间的限制、与外部关系的限制、禁止接见、削减工资、关在隔离监中受刑人一年有 21 天可以离开监狱，遇到特殊理由也可以获得额外休假。
瑞典	工作外出、就学外出及职训外出	高戒护管理
挪威	工作、教育	没有监视塔，也看不到高墙和铁丝网

四、各国女子监狱社会复归与更生保护之比较分析

各国针对女子监狱女性受刑人出监前衔接社会复归的规定主要包括：①出监辅导（如日本、新加坡、美国等）；②就业服务与中介（如新加坡和英国等）；③置于较开放或低度管理监禁机构（如日本等）；④提供资源整合或出监计划（如新加坡、美国、英国等）。在社区处遇或中间性处遇方面，主要措施为：中途之家、监外作业、返家探视、与家眷同住、日间外出参加职训、附条件返家等。在更生保护方面，主要包括：与民间更生保护组织或宗教团体合作，这些团体通常可以提供多元服务或咨询，其中以新加坡的黄丝带社区计划最广为人知和值得参考。

表 25 各国女性受刑人社会复归与更生保护比较

国别	出狱前衔接	社区或中间处遇	更生保护
日本	在出监 2 个月至 3 个月前将受刑人安置于刑务所较开放的处所，使其接受与社会相近之处遇。	准许至外部工厂通勤，或在职员陪同下，访问保护观察所及职业安置所等机构，也可至各处参观或购物等	对之实施为期约 1 周的出所教育，有关更生保护、职业安置、民生福利制度及出所前后的身心调整等事项加以指导。
新加坡	由新加坡矫正企业公司（SCORE）负责，隶属于内政部的半公营公司，功能：①透过技职与作业训练教导受刑人具有市场导向的技术；②透过辛勤工作鼓励受刑人具备积极进取的价值观念；③对出狱受刑人提供职业安置；④给予中途之家或反毒协会在经济上或以其他实质帮助来协助出狱的受刑人复归社会；⑤结合受刑人家庭、政府部门、企业主以及社区共同携手合作帮助受刑人与毒品犯更生重建。	中途之家提供社会复归方案、居家监禁及就业释放方案等。中途之家组织在毒品犯离开戒毒所前 6 个月即遴选若干毒品犯到中途之家收容。接受居家照护以静心戒除毒瘾，并规划有咨商、心灵改革之辅导计划，同时也提供职业与教育训练、工作与创造力活动。	黄丝带社区计划：主要由新加坡更生保护协会及新加坡反毒协会（SANA）负责。内容有居家监禁、个案管理架构（全职个案管理师负责）、社区资源与家人联结。透过广泛宣传，让社会了解监狱工作，如黄丝带演唱会、黄丝带展览会、黄丝带创意节、黄丝带社区艺术展和黄丝带职业展等。

国别	出狱前衔接	社区或中间处遇	更生保护
美国	出监前释放计划	大量社区处遇方案	与社区扶助团体合作，协助有问题的家庭，包括无住所/医疗问题/公用事业/食品/服装和房租补贴
加拿大	对于高风险或自隔离监、长期刑释放、有慢性或严重心理健康问题者在密集介入策略下被安置在安全单位或结构化的生活环境中。以确保支持女性受刑人成功复归社会的元素已齐备，以便安全释放至社区。	假释官员、管理人充分了解女性受刑人的需求并设计一套策略加强与社区、民族的伙伴关系	社区的服务者提供多样化的需求服务，例如物质滥用、教育和职业需求、就业、社会技能、养育儿女、预防再犯等。所以弹性、具创造力的服务是很需要的
英国	"减少再犯的国家行动计划"，包括住宿、教育、训练、就业、曾受虐、性侵或家暴妇女的援助等	发展社区处遇，让低风险的女性受刑人能够外出工作	有就业中心、精神健康社区扶助与健康与咨询服务等
德国	未知	在受刑人无逃亡或进一步犯罪之时被允许暂时离开监狱，并放宽某些条件以协助她们释放后重返社会	一些大城市有机构提供咨询、辅导、租屋援助等福利措施，其流程可能从监内延续至释放

续表

国别	出狱前衔接	社区或中间处遇	更生保护
瑞典	可以在家庭关怀收容中心参与各种处遇服务	中途之家、有条件释放、延长有条件释放、居家监禁等	基于工作面试、复归适应的休假制度
挪威	根据矫治计划将受刑人从高度戒备的监狱移监至低度戒备的监狱，逐步适应与社会更接近的环境	中途之家、有条件释放、再见监禁、无薪工作	未知

第三节　美国女子监狱制度与联合国条约之比较

目前联合国专门关于女性受刑人及监狱制度的国际条约主要有两个：一个是《联合国关于女性囚犯待遇和女性罪犯非拘禁措施的规则》（又称《曼谷规则》）（United Nations Rules for the Treatment of Women Prisoners and Non-custodial Measures for Women Offenders），还有一个是《联合国囚犯待遇最低限度标准规则》（又称《曼德拉规则》）（United Nations Standard Minimum Rules for the Treatment of Prisoners），其中也有关于女性受刑人的一些特殊规定。

一、美国女子监狱制度与《曼谷规则》

《曼谷规则》是首个联合国专门制定的，针对女性囚犯在监禁中待遇的规定。此规则被 2010 年 12 月 21 日联合国大会上"A/RES/665/229"号决议通过，作为对《联合国囚犯最低限度标准规则》和《联合国非监禁措施最低限度标准规则（东京规则）》的补充，《曼谷规则》主要从女性受刑人分类、女性特殊卫生和医疗服务、女性受刑人的安全保障、女性受刑人的社会联系、女性受刑人的再社会化等几个方面来进行规定。

第一，在女性受刑人分类方面。《曼谷规则》要求在监狱的选择上应尽可能将女性受刑人分配至靠近其居所或者社会康复场所的监狱。相对于男性，女性对于其熟悉环境的依赖感更为强烈，采取这一监狱选择的规则一方面能够降低其对于陌生环境的恐惧，同时也能为其与家庭成员之间的会见提供客观的便利条件。其次，《曼谷规则》要求各成员制定和实施分类方法，从女性受刑人自身的特殊性出发，为其制定有针对性的刑罚执行措施，以确保女性受刑人能够尽快实现再社会化。最后，制定更为细化的分类标准，特别关注具有特殊问题的女性受刑人。[1]美国女子监狱制度在这些方面与《曼谷规则》并无太大的差异，都要求尽量将女性受刑人安置在离家比较近的监狱，以方便其和家人联系；而在针对女性受刑人特殊性制定刑罚措施方面，美国女子监狱制度近来也逐渐有所改革；在女性受刑人的特殊问题方面，也要求对女性受刑人的特殊经历加以考量，例如不少州均将女性受虐历史作为量刑减轻的重要考量标准。

第二，在女性受刑人的特殊卫生和医疗服务方面。《曼谷规则》对女性受刑人的医疗卫生标准作出了较为全面的规定：对于女性受刑人而言，监狱应当提供充足的、能够满足妇女特别需要的卫生设施和物品，包括卫生巾、特别护理物品，需要为

---

[1] 对此应当充分考虑四个方面：①女性受刑人的较低人身危险性与极度严格的安保问题不相匹配问题，加强隔离可能对女性受刑人造成特别的恶性影响；②充分考虑女性受刑人的受虐史、受暴力经历以及药物依赖和精神疾病对其矫正所可能造成的影响；③确保对女性受刑人刑罚的执行应当与其特殊需要相匹配；④确保对需要心理健康治疗的女性受刑人置于保安级别较低的环境中，并提供特殊的照顾，而不能据此采取严格的安保措施将其隔离。

陪伴母亲的子女提供必需品；其次，要提供完备的医疗服务，具体要求涵盖入狱时的医疗检查、入狱后医疗以及保障水平的要求、心理健康与护理要求、特殊疾病治疗的要求四个方面。经过最近几年的改革，美国女子监狱在特殊卫生和医疗服务方面大有改善，联邦监狱局于 2017 年即要求联邦监狱免费为女性受刑人提供月经卫生用品，不过这个提供用品的范围要小于《曼谷规则》的规定。在医疗服务方面，美国女子监狱制度和《曼谷规则》都要求在入狱时除了要对女性受刑人做全面的健康检查，还要确定其是否患有特殊的身体和心理疾病，例如精神疾病、受虐经历、艾滋病、慢性病等；二者也都要求为女性受刑人提供有针对性的、与性别相关的服务，同时特别注意为受过心灵创伤的或是存在其他心理问题的女性受刑人提供全面的心理健康护理和康复方案。《曼谷规则》和美国女子监狱制度也都有针对患有传染性疾病、药物依赖和滥用者，具有自杀、自残行为者的特殊治疗和矫治，只是美国在具体实践中并没有完全执行，特别是地方女子监狱，可以提供的资源非常有限。

第三，在女性受刑人的安全保障方面。《曼谷规则》和美国女子监狱制度都要求限制对女性受刑人的搜查方式，在非特殊情况下，搜查只能由经过妥善培训的女性工作人员依照程序进行，特别是在脱衣搜查方面。不过，《曼谷规则》提出要尽可能采取其他手段来代替脱衣搜查或者人身搜查，而美国女子监狱制度则没有这方面的规定。《曼谷规则》和美国女子监狱制度都禁止对怀孕的妇女、养育婴幼儿的妇女以及正在哺乳的母亲实行紧闭或惩戒性隔离等惩罚或者拘束性措施。不过，美国还规定在受刑人可能伤害自己或他人的特殊情况下可以采取紧闭或者拘束性措施。《曼谷规则》和美国女子监狱制度都要求对于需要接受生理治疗和心理治疗的妇女，应当及时为其提供必要的身心治疗，如果是由虐待造成的伤害，应当立即为报告受到虐待的女性囚犯提供保护、支持和咨询辅导。

第四，在女性受刑人的社会联系方面。《曼谷规则》和美国女子监狱制度都允许女性受刑人与亲友会见，特别是与子女会见。但是，美国女子监狱一般均规定在会见时女性受刑人不得与会见人发生肢体接触，而《曼谷规则》则允许母亲和子女进行公开接触，甚至鼓励与子女接触时间较长的探视。在这一点上，美国女子监狱的规定更为严格，而《曼谷规则》则更为宽松。

第五，在女性受刑人的再社会化方面。《曼谷规则》和美国女子监狱制度都鼓励再社会化，也都规定了不少再社会化的措施，在这方面，美国女子监狱与社会组织合作，探索出了更为灵活的再社会化项目。而《曼谷规则》虽然规定了监狱管理部门应最大限度地为女性受刑人提供请假回家、开放式监狱、重返社会训练所和基于社区的方案和服务等可选办法，与缓刑和社会福利机构、地方社区团体和非政府组织合作，设计并实施释放前和释放后重新融入社会的综合方案，但是缺乏具体的规定，需要各个国家根据自己的实践进行探索。

二、美国女子监狱制度与《曼德拉规则》中女性受刑人条款的比较

2015 年，联合国为了提高囚犯待遇，通过 A/70/490 号决议对《联合国囚犯待遇最低限度标准规则》进行了修订，又被称为《曼德拉规则》。《曼德拉规则》虽然不是专门针对女性受刑人所制定的国家条约，但其中也有部分关于女性受刑人的特殊规定，因此，本书在此将这部分内容与美国女子监狱制度的相关规定进行比较。

第一，关于男女分离关押制度的规定。《曼德拉规定》第 11 条规定，由于不同类型的囚犯之间存在差异，因此应当"将男性犯罪者和女性犯罪者拘禁于不同监所；兼收男性犯罪者和女性犯罪者的监所应与分配给女性犯罪者的房舍彻底隔离"。美国现在的监狱制度也是秉承男女分离监禁的原则，将男性受刑人和女性受刑人分开监禁。不过，美国也有男女混合监狱，同一监狱中同时监禁男性受刑人和女性受刑人，甚至并非完全隔离，特别是具有共同活动的场所，这与《曼德拉规则》的规定不同。

第二，关于产前与产后照顾和治疗的规定。《曼德拉规则》第 28 条规定，女子监狱应特别提供各种必需的产前和产后照顾和治疗，应当尽可能将受刑人安排在监狱外的医院生产，如果在监狱内生产婴儿，则不应当在出生证内注明出生具体地点。美国女子监狱制度也有相关的规定，特别是联邦要求应当提前将快要生产的女性受刑人安排进监狱外的医院生产。但是，美国各州立监狱和地方监狱对此规定得比较粗糙，忽略了对女性受刑人的产前和产后照顾与治疗。

第三，关于单独监禁的规定。《曼德拉规则》第 45 条规定，在涉及妇女儿童的情况下禁止使用单独监禁或者类似措施，没有任何例外的情况。但是，在美国，单独监禁仍然是一种比较常见的惩戒措施，只是规定在女性受刑人怀孕的情况下才原则性地禁止适用。由此可见，《曼德拉规则》规定的禁止范围要远大于美国女子监狱的相关规定。

第四，关于性别适宜性的规定。《曼德拉规则》第 81 条规定，在同时关押男性与女性受刑人的监狱中，应当由女性工作人员管理女性受刑人，并全部保管女性部门的所有钥匙；在没有女性工作人员陪同的情况下，男性工作人员不能进入女性受刑人部门；女性受刑人的照料、监督都应当由女性工作人员实施，但医生和教员可以例外执行其职责。而美国女子监狱的相关制度并没有相关限制男性工作人员的做法，虽然有人建议女子监狱应当全部由女性工作人员管理，但实际上，女子监狱仍然有很多男性工作人员，而这也正是美国女子监狱经常发生工作人员性侵受刑人情况的原因之一。

第四节　美国女子监狱制度与《欧洲监狱规则》之比较

欧洲委员会 2006 年制定的《欧洲监狱规则》（European Prison Rules）不具有法律拘束力，但是它的确设置了监狱条件必须达到的最低标准。虽然不是专门针对女性受刑人的规则，但其中也有不少专门针对女性特殊性而规定的条款。例如，《欧洲监狱规则》第 19. 7 条要求在卫生方面针对女性卫生需求制定单独条款。因此，本书在此将美国女子监狱制度的相关规定与欧洲监狱规则进行比较。不过，由于美国女子监狱各州的规定与联邦规定不一定一致，因此本处的比较以联邦女子监狱的相关规定和实践为主。

第一，在要求针对女性卫生制定单独条款方面，《欧洲监狱规则》和美国女子监狱制度都有相关规定，目的是使女性受刑人能够妥当处理女性受刑人的卫生问题。根据《欧洲监狱规则》的说明，这里面还应当包括为怀孕女性提供洗澡或者淋浴的条件，每周不少于 2 次。《欧洲监狱规则》对此有专门的规定，但没有明确这些卫生需求的具体范围。美国联邦监狱局则非常详细地规定了免费提供卫生棉条和卫生巾，但是仅仅限于这类物品，范围非常窄。

第二，对女性工作范围限制的规定。《欧洲监狱规则》认为，女性受刑人被提供的工作范围不应当仅仅限于传统上的女性工作范围，而是应当涉及所有一般性的工作，这是出于对男女平等的考量。但是，美国对此并未作出直接规定。

第三，对女性特殊性的规定。《欧洲监狱规则》第 34.1、34.2、34.3 条规定了应当对女性特殊性进行考量，政府在作出影响女性受刑人监禁的决策时应当对女性受刑人的生理、职业、社交和心理需求进行特殊关注，应当对因被性虐、身体虐待而有特殊需求的女性受刑人进行必要照拂。监狱应当允许女性受刑人在监狱外生产，如果必须要在监狱内生产，则应当提供足够必要的条件。这是因为女性受刑人往往是监狱里的少数群体，在制定政策时很容易被歧视和忽略，因此需要单独作出提示和说明。《欧洲监狱规则》在第 34.1 条采取概括性的立法规定，是为了法条能够具有弹性，能够根据未来的发展，吸收新的制度。第 34.2 条则是针对女性受刑人最经常发生的身体虐待、性虐待或心理虐待而专门作出的规定和强调。美国对此也有相关的规定，但二者的范围不同。

第四，对于工作人员的规定。《欧洲监狱规则》第 81.3 条和第 85 条规定，与女性受刑人一同工作的监狱工作人员应当得到服务女性特征的工作训练，男性和女性员工应当有适当的平衡。但是，美国并没有对女子监狱工作的具体技能和比例进行强制性的规定。

第五，关于男女受刑人分离监禁的规定。《欧洲监狱规则》在修订条款中规定，男女之间的性别差异使得对待男女受刑人的方式应有所差异，矫治方式也应有所差异，所以应分开监禁。美国现在的监狱制度也是秉承男女分离监禁的原则，将男性受刑人和女性受刑人分开监禁。不过，美国也有男女混合监狱，同一监狱中同时监禁男性受刑人和女性受刑人，甚至并非完全隔离，特别是具有共同活动的场所。

表 26　美国女子监狱制度与《欧洲监狱规则》比较

《欧洲监狱规则》	美国女子监狱相关规定和实践
19.7：要求针对女性卫生需求制定单独条款	联邦监狱局要求免费对女性受刑人提供卫生棉、卫生巾
26.4：女性受刑人被提供的工作范围不应当仅仅限于传统上属于女性工作的范围，应当可以做任何一般性的工作	没有规定
34.1：在女性受刑人的特殊条款之外，政府作出影响女性受刑人监禁方面的决策时应当对女性受刑人的生理、职业、社交和心理需求进行特殊关注	联邦女子监狱对女性受刑人在生理、职业、社交和心理方面有区别于男性的关注，但是并不明显。
34.2：应当对因被性虐待、身体虐待而有特殊需求的女性受刑人进行必要的满足	女子监狱内有相关的被虐待经历后遗症矫治项目
34.3：监狱应当允许在监狱外生产，一旦在监狱内生产，则应当提供足够必要的条件	规定原则上应当在监狱外部的医院进行生产，提前帮助受刑人联系好医院
81.3：与女性受刑人一同工作的监狱工作人员应当得到服务女性特征的工作训练	没有规定
85：男性和女性员工应当有适当的平衡	没有规定
修订Ⅷ：男女受刑人分离监禁	原则上分离监禁

第八章
CHAPTER08

制度借鉴：美国女子监狱制度发展对中国的启示

从美国女子监狱制度的发展反观中国女子监狱制度，可使我们在确立性别回应理念的基础上探索中国女子监狱制度发展的具体进路。因此，本章将在梳理中国当前女性犯罪及其特征的基础上探讨美国女子监狱制度对中国的启示。

第一节　中国当前的女性犯罪及其特征

"数量较少、占比较低"是我国女性犯罪和女性罪犯在数量上的显著特点。但是，我们并不能因此而忽视女性犯罪对社会的危害性。女性的社会功能是以非社会化的形式展现的，即女性的社会功能并非是通过外部的社会交往形成的，而是基于维系家庭这一社会最基本组成单位而存在的。因此，女性犯罪所造成的危害不仅直接作用于社会秩序本身，同时也影响着社会基本结构的稳定。

一、中国当前的女性犯罪态势

从犯罪数量上看，中国女性受刑人的数量逐年增加。2003

年仅有 71 286 人，2012 年已经上升到 95 770 人，增长比例为34.35%。从比例上看，2003 年占全体受刑人总数的 4.61%，2012 年占全体受刑人人数的 5.83%。而受刑人总体人数增长并不快，从 2003 年至 2012 年仅仅增长了 6.20%。女性受刑人增长比例为受刑人总体人数增长比例的 5 倍还多。

表 27　2002 年至 2012 年我国女性在押人数状况

年份	2003	2004	2005	2006	2007	2008	2009	2010	2011	2012
女性在押服刑人数（人）	71 286	75 870	77 279	77 771	78 334	80 951	85 167	90 322	93 051	95 770
总在押服刑人数（人）	1 546 130	1 562 742	1 558 511	1 565 711	1 623 394	1 589 222	1 623 394	1 646 593	1 656 773	1 641 931
女性在押人数百分比（%）	4.61	4.85	4.94	4.97	4.82	5.09	5.25	5.56	5.62	5.83

　　从犯罪类型上看，性犯罪仍然是女性犯罪的主要形式之一，但是并非占据绝对的主导地位，女性犯罪呈现多元化、分散化。与美国女性受刑人监禁数据相比，毒品犯罪同样是我国女性主要的犯罪形式之一，在人数上已经占据 2002 年女性犯罪数据统计的首位。根据深圳市人民检察院发布的数据，2008 年因涉嫌毒品犯罪被提起公诉的女性嫌疑人约有 200 人，而到 2011 年则猛增至 502 人，涉案人数约占据当年女性犯罪嫌疑人被提起公诉总人数的 1/4。毒品犯罪，盗窃犯罪，组织、引诱、容留、介绍妇女卖淫罪已经成为女性犯罪的最主要形式。[1]

---

　　〔1〕　参见"女性犯罪率上升集中于贩毒盗窃卖淫"，载 http://www. chinanews. com/fz/2012/03-13/3738024. shtml，2017 年 7 月 11 日访问。

图 11 2003 年至 2012 年女性在押服刑人数

表 28 显示出的"贪污罪""挪用公款罪""职务侵占罪"的女性犯罪者犯罪状况反映了女性职务地位的提高。相关调查数据显示：2008 年至 2012 年 11 月，全国检察机关侦察职务犯罪案件涉案总人数为 227 039 人，其中女性约占立案人数的 9%，与"2002 年全国各级法院判处的各类罪犯人数和性别构成表"中涉嫌职务犯罪人数比例基本一致。但是，女性职务犯罪数量呈缓慢增长趋势。从 2009 年至 2013 年 11 月，女性职务犯罪人数增长了 33.7%，呈快速增长趋势。有学者将女性职务犯罪的主题归结为三类：一是女性领导干部人员；二是女性财务人员；三是配偶和情人。[1]

---

〔1〕 参见杨静："女性职务犯罪与预防对策分析研究"，载《中国刑事法杂志》2014 年第 2 期。

表 28　2002 年全国各级法院判处的各类罪犯人数和性别构成[1]

项目	人数 (人)		性别构成 (%)	
	女	男	女	男
组织、引诱、容留、介绍妇女卖淫罪	2486	4839	33.9	66.1
侮辱、诽谤罪	134	320	29.5	70.5
重婚罪	229	752	23.3	76.7
窝藏、包庇罪	281	1014	21.7	78.3
拐卖妇女、儿童罪	758	3172	19.3	80.7
毒品罪	4190	27 989	13.0	83
诈骗罪	1968	16 839	10.5	89.5
赌博罪	202	1788	10.2	89.8
假币罪	346	3477	9.1	90.9
贪污罪	659	6650	9.0	91
挪用公款罪	288	3087	8.5	91.5
职务侵占罪	333	3592	8.5	91.5
故意杀人罪	1234	13 581	8.3	91.7
放火罪	180	2041	8.1	91.9
窝藏、转移、收购、销售赃物罪	339	6323	5.1	94.9

二、中国当前女性犯罪特征

女性犯罪所侵害的客体，大部分都具有特指性。"流氓"犯

---

[1]　国家统计局人口和社会科技统计局编，马京奎主编：《中国社会中的男人和女人——事实与数据（2004）》，中国统计出版社 2004 年版，第 94 页。

罪的对象往往是所谓的"情人""恋人"，盗窃的对象多数是熟人，而在爆炸、投毒、杀人等严重暴力犯罪中，侵害对象的特指性则更加明显。根据调查，在女性暴力犯罪的被害人中，配偶占 51.2%，情夫恋人占 2.4%，其他亲属占 12.2%，邻居占 24.4%，同事同学占 9.8%。[1]早期的研究仍然基于 1979 年《中华人民共和国刑法》的罪名体系，但是并不影响女性犯罪的研究结论。20 世纪 90 年代初期，女性犯罪研究报告表明女性犯罪集中于"熟人领域"。传统观念认为，相对男性而言，女性在整个社会中处于相对弱势的地位，这是由女性的生理特征以及基于生理特征所展现出的心理特征所决定的。女性身体力量处于劣势，生理期特点明显，孕期与哺乳期时间较长，因此女性总是需要被保护的一方。女性的身体素质、肌肉力量、爆发力等都明显低于男性，因此较难实施如男性般的暴力犯罪，更多的是从事非暴力型的犯罪。身体特征决定了心理特征，因此，在心理特征上，女性经常表现出胆小、敏感、易缺乏安全感等特点。

而根据上文所显示的统计数据，女子犯罪的特征发生了变化。其所展现出来的女性犯罪状况与传统观念大相径庭。一方面，女性犯罪数量呈不断增长趋势；另一方面，其犯罪的类型也在不断增加，特别是实施暴力犯罪等传统上被认定为是男性犯罪的女性犯罪所占比重，也呈现不断增长的趋势，甚至出现了犯罪手段十分残忍的案例，女性犯罪男性化的趋势明显。根据北京市第一中级人民法院对 2003 年、2004 年、2005 年的女性犯罪案件的分析，女性的犯罪增长率高于男性，同时暴力性犯罪占据了半数，"女性犯罪类型已经扩展到包括间谍、故意杀

---

[1]　参见"当代浙江女性犯罪与该改造研究"课题组："当代浙江女性犯罪与该改造特点研究"，载《浙江社会科学》1993 年第 2 期。

人、故意伤害、抢劫、强奸（帮助犯）、贪污受贿、诈骗、组织、容留卖淫、贩卖、运输毒品、窝藏、包庇、伪造国家机关公文证件印章、收购赃物、交通肇事、过失致人重伤等十多种。在这些案件中，女性暴力犯罪较为突出"。[1]

根据上文所述，女性的犯罪特征主要包括四个方面：其一，女性具有独特的生理构造，身体力量本身的劣势使得其在男权社会一直处于某种依附性状态。因此，在诸如共同犯罪中，女性犯罪者往往多为从犯，如帮助犯或者胁从犯。其二，女性本身的柔弱性，使得其在犯罪时能够降低被害人或者周围群众对其的防备，特别是在利用色情从事诈骗等犯罪行时表现得尤为明显。其三，女性犯罪经常受情绪影响，相比于男性，女性的感情更为脆弱，容易产生对他人的依赖和顺从，也正是由于这种依赖使得其易受外界影响。在现实案例中，经常有丈夫逼迫或者胁迫妻子实施共同犯罪的情况。同时，女性的情绪化特征在其特殊时期反应明显，如生理期、更年期所表现出的焦虑、烦躁、压抑等负面情绪，都影响着女性实施犯罪行为。其四，女性犯罪者更倾向于感性认识，因此其更易受到煽动、教唆，被煽动的女性会突破传统理念中"女子柔弱"的特征，实施严重的暴力恐怖犯罪，其思想及行为更易走向极端。

第二节　浅析中国女子监狱制度

一、关于性别回应的女子监狱管理理念

美国矫正协会（American Corrcetional Association）通过研究

---

〔1〕 参见"女性犯罪增长率高于男性，暴力性犯罪几乎占半数"，载 http://sohu. com/n/242157620，2017 年 5 月 2 日访问。

指出，女性犯罪者在监禁中较常面临的问题有药物滥用、心理疾病、家庭破碎、经济不稳定与社会孤立。也有学者通过对矫正女性受刑人在管理、筛选、评估等领域的需求进行调查发现，女性受刑人的需求与男性不同，起因于女性较男性更需要特殊的管理（情感表达的回应、开放性沟通）和方案。这就是所谓的针对女性受刑人的性别回应性管理策略。

目前，我国针对女子监狱的管理并没有完全反映出性别回应的特征，在基本的管理模式、管理方法上与男性监狱并无太大差异，所依据的相关文件、规则以及内部管理制度等与男性监狱也无大的差异，这样就导致女子监狱在本质上无法完全针对女性的特殊需求展开管理。

例如，在男性监狱中并不存在较大的个人卫生用品问题，但在女子监狱就会因为其生理特征而需要重点关注其个人卫生用品问题，这也是对女性受刑人基本权利的一种保障和体现。又如，在受刑人与其子女的联系方面，男性受刑人一般并不存在较为明显的子女联系问题，因为男性往往不承担幼儿子女的主要抚养义务，其长期离开未成年子女不会对子女的成长造成非常严重的影响，但是作为母亲的女性受刑人长期离开未成年人子女所造成的影响却是非常巨大的。基于此，我们需要从性别差异的角度去考量管理问题，从理念上确证男性受刑人和女性受刑人之间的这种本质差异。

二、对"受虐妇女综合征"问题的关注

受虐妇女综合征（Battered Woman Syndrome）本身是一个社会心理学概念。美国学者雷诺尔·沃克（Lenore Walker）在对具有受虐经历的妇女进行临床心理治疗时，通过观察总结出了

这些群体所具有的特殊心理状态与行为模式。[1]沃克作为临床法医心理学家，将这一社会心理学上的概念引入了法律，将受虐妇女的犯罪行为作为一种由"病态"的精神状态所导致的不法行为。发生在加拿大的"琳·拉瓦莉案"是一次将受虐妇女综合征确认为违法阻却事由的比较著名的司法实践。琳·拉瓦莉经常性地遭受丈夫的暴力虐待（一周4次），1986年8月30日晚，当其丈夫再次对其施暴时，拉瓦莉在极度恐惧中射杀了其丈夫。加拿大最高法院终审允许将受虐妇女综合征作为拉瓦莉的行为属正当防卫的证据。[2]

值得强调的是，加拿大最高法院首次提出了"性别视角"的观点，认为确认正当防卫时，缺乏性别视角对于女性而言显失公平，需要基于犯罪人本身的视角去理解和判定行为的性质。基于此，加拿大最高法院给出了两点判决理由：一是陪审团和普通公民对于受虐妇女本身所遭受的身体折磨以及精神折磨难以体会，陪审团无法接受将家庭关系矛盾作为影响案件的主要证据，因此应当确认专家鉴定意见和证明的证明力，从受虐妇女本身出发去考虑其行为的真实状态；二是传统正当防卫理论强调突发性的防卫状态，而忽视了对长久的、持续侵害行为的防卫，因此应当专门考虑女性的心理特征、身体特征等。[3]"琳·拉瓦莉案"使得受虐妇女综合征在证据层面上得以确认，但是除此之外，加拿大联邦政府还积极推动了对"琳·拉瓦莉案"之前案件的复核工作，至1997年，共有2名女性犯罪者获无条件释放，2名女性犯罪者被减刑，1名女性犯罪者被重新审

---

〔1〕 参见陈敏："关于绝望的抗争——'受虐妇女综合症'的理论与实践"，载《中国妇女报》2000年11月2日。

〔2〕 参见 http://www.baike.com/wiki/受虐妇女综合征，2017年8月18日访问。

〔3〕 参见陈敏："受虐妇女综合症专家证据在司法实践中的运用"，载《刑事司法论坛》2004年第1期。

理。[1] 目前，有越来越多的国家开始接受将受虐妇女综合征作为正当防卫或者减轻处罚的事由。1990 年，对患有受虐妇女综合征的此类妇女的赦免浪潮已经席卷美国 20 多个州[2]，至 1999 年，美国已经有 12 各州通过立法手段确认受虐妇女综合征的专家鉴定意见可被作为证据使用。在澳大利亚，对于受虐妇女综合征的专家证据的采纳不仅仅适用于妇女采取对施暴方"以暴制暴"的状态，同时还适用于其他性质的案件（如盗窃、诈骗、持械抢劫等案件），这种受虐妇女综合征的专家证据已经成了一种独立的证据，不再受到具体案件类型与性质的限制。[3]

在中国，这个问题也应当受到关注。事实上，在发生在 2003 年的"刘栓霞杀夫案"中，刘栓霞的辩护律师首次以"受虐妇女综合征"的专家鉴定意见作为证据，这也是这一概念第一次出现在中国法庭之上。[4] 虽然这一鉴定意见最终并未被法院采纳，但是"受虐妇女综合征"第一次得以通过法庭走入公众视野，引起了学界的关注和讨论。但是，除了少数学者支持外，更多的学者还是持反对意见，理由有四：一是在我国，法

---

〔1〕 Judge Lynn Ratushny, "Self-Defence Review : Final Report Submitted to the Ministry of Justice of Canada and to the Solicitor General of Canada", July 1997.

〔2〕 Alison M. Madden, "Clemency for Battered Women Who Kill Their Abusers: Finding A Just Forum", *in Hasting Women's Law Journal*, Vol. 4, No. 1, 1993.

〔3〕 Julie Stubbs, Julia Tolmie, "Falling Short of the Challenge? A Comparative Assessment of the Australian Use of Expert Evidence on the Battered Woman Syndrome", *In Melbourne University Law Review*, Vol. 23, NO. 3, 1999.

〔4〕 2003 年 1 月 17 日，河北省宁晋县苏家庄乡东马庄村村民刘栓霞，因无法忍受丈夫长达 12 年的虐待行为，用事先准备的 14 支"毒鼠强"放入大饼给其丈夫张军水吃，后张军水因中毒抢救无效身亡。刘栓霞的辩护律师以刘栓霞患有"受虐待妇女综合征"专家鉴定意见作为证据，以进行正当防卫辩护，但法院并未采纳该辩护意见。

官的自由裁量权被严格限定在法律规范之内，而在加拿大、美国、澳大利亚，法官对于法律的解释具有较大的自主权，强行引入"受虐妇女综合征"并不一定适应我国的司法环境。二是"受虐妇女综合征"作为正当防卫的理由与我国现存的正当防卫理论相冲突。[1]我国刑法理论要求正当防卫本身必须具备"现实紧迫性"，妇女受虐待本身并不具备这一特征，因此受虐待妇女"以暴制暴"的行为在我国缺乏法律支持。三是在具体实践过程中，"受虐待妇女综合征"的鉴定是否具有严格的判定标准，是否会导致有些犯罪人借助受虐经历作为逃避犯罪处罚的工具尚存争议。四是过分强调"受虐妇女综合征"有忽视被害人权益之嫌，"刑法具有法益保护的机能"[2]，刻意为犯罪人追求"出罪"无疑会使这一机制遭到贬损。在现实案例中，许多案件中的确也存在"被害人过错"的状况，法院在审理很多受虐妇女暴力犯罪案件时，也经常收到犯罪人所在地区群众的"求情"请愿和社会各界的同情反馈，但是"通过牺牲法律效益而得到的社会效益只是暂时的，对法治的破坏却是对整个社会基础的破坏"[3]。因此，引入"受虐妇女综合征"作为阻却违法事由与我国目前的法治环境并不相符，但是可以适用"被害人过错"[4]，或者"期待可能性"[5]等理论，以实现量刑的轻缓化。

---

〔1〕 参见钱泳宏："'受虐妇女综合征'对正当防卫要件的质疑——由刘栓霞受虐杀夫案说起"，载《郑州轻工业学院学报（社会科学版）》2006年第2期。

〔2〕 张明楷：《刑法学》（第4版），法律出版社2011年版，第25页。

〔3〕 参见陈兴良：《刑法的格致》，法律出版社2008年版，第34页。

〔4〕 参见邢红枚："论配偶暴力中受虐妇女杀夫案的量刑"，载《中华女子学院学报》2013年第1期。

〔5〕 参见屈学武："死罪、死刑与期待可能行——基于受虐女性杀人命案的法律分析"，载《环球法律评论》2005年第1期。

三、教育与教化方式的针对性

教育改造活动是对被执行人员进行矫正的重要组成部分，也是对罪犯进行矫正的基本手段之一。教育改造旨在通过各种途径和方法，使罪犯对自己所犯罪行进行悔改，使其自愿接受新的思想和文化，提高文化水平、升华道德境界、提升法律素养，为自己顺利实现再社会化提供积累。可以说，我国在教育改造的理念方面具有粗放型的特点，未能充分考虑对于不同被矫正人员进行分类矫正。女性受刑人虽然同样属于被教育的对象，但是其作为特殊群体，具有不同于男性受刑人的生理特征、心理特征与行为方式。使用相同的教育方式，一方面会导致教育的效能大打折扣，另一方面，统一化的教育方式可能为女性受刑人带来某种不适应性。因此，对于女性的教育改造工作应当具有针对性和有效性。

根据目前《监狱法》第五章的规定，我国对受刑人的教育与教化主要包括七个方面的内容：①思想教育；②文化教育；③职业技术教育；④日常娱乐教育；⑤社会协助教育；⑥劳动技能教育；⑦自愿选择的其他教育。目前，我国强调的是对于罪犯整体采取统一的教育方式，有针对性的女性受刑人教育内容略显不足。有学者认为，对于女性犯罪者的教育内容的选择应该根据女性的特点具有针对性，女性生理卫生的教育、心理知识的教育以及负面情绪的引导教育都是需要增加的内容。[1]事实上，2007 年司法部第十二次部长办公会通过的《教育改造罪犯纲要》第 6 条已经明文规定，将"对罪犯的心理健康教

---

〔1〕 参见张苏军：《宽严相济刑事司法政策与刑罚执行方式改革研究》，中国检察出版社 2011 年版，第 138 页。

育"纳入教育改造罪犯的主要内容，规定要对罪犯展开普遍的心理健康教育，引导罪犯树立关于心理健康的科学观念，懂得心理健康的表现与判断标准。这是我国受刑人教育改造的一个进步，只不过，这一内容的改变未能完全在《监狱法》中有所体现。

四、针对性的社会辅助矫正工作

一方面，亲属参与矫正的目的性不足。对于大多数女性而言，其对家庭的归属感与依赖感要高于男性，"熟人社会"给女性带来的舒适感和安全感要远远高于男性。对于女性而言，其与家庭具有互依共存关系：一方面，对于女性而言，家庭构成了其生活的中心；另一方面，女性是家庭关系得以维系的基石。在当前的社会模式下，尽管女性同样作为社会劳动者加入到了对经济资源的获取中，但是长久以来形成的"男主外、女主内"的传统家庭模式并没有发生根本性的变化。因此，女性对于家庭各成员的依赖感要高于男性，即"非正式社会支持网络"对其的影响巨大。[1]

另一方面，社会力量对犯罪矫正的社会化参与不足。矫正过程中的社会化参与是指，在矫正过程中，社会相关机构通过提供专业的知识、技术或者评估意见帮助监狱对犯罪者实施矫正。随着社会的发展，诱发个体犯罪原因的多元化发展趋势仍在继续，与之对应的对于犯罪者的矫正手段也不得不随着这一趋势相应增多，对此，仅仅依靠监狱是无法实现矫正手段的多

---

[1] 所谓非正式社会支持网络是指通过血缘、地缘、业缘等次级关系建立并形成的支持网络，以强关系作为主要特征的非正式支持网络在我国传统文化中具有不可替代的作用。与之相对应的是正式支持网络，指通过次级关系（如国家政府机关、用人单位、群众组织等其他组织）所形成的社会支持网络。

元化、专业化的。因此，需要引入专业的社会机构来对矫正进行辅助。目前，我国正在进行的犯罪矫正过程社会化参与主要集中在科研单位与监狱之间的合作上。[1]但是，这种合作的深度与广度是远远不够的。这种合作通常是基于科研的需要，由监狱为科研机构提供实验分析的样本数据和访问材料，并不能真正地实现双方合作的常态化。这种问题不仅存在于心理辅导、精神鉴定、生理保健等专业领域，同时还存在于对于受刑人的技能培训上。

五、社会对于女性受刑人社会复归的接纳度

目前，我国在社会层面对于女性受刑人社会复归后的接纳程度并不高，这种现象不仅发生在男性受刑人身上，同样也发生在女性受刑人身上。虽然我国女子监狱在对女性受刑人的教育改造和社会复归能力培养上已经逐步改善，例如在女子监狱内针对女性受刑人的就业特征开设缝纫、美容、烹饪、护理等多项就业培训课程，也有企业愿意接纳女性受刑人就业。但是，实际上，女性受刑人重返社会之后的就业范围非常有限，往往限于一些低端的服务性行业。同时，整个社会对女性受刑人的社会复归接纳程度不高，女性受刑人复归社会之后往往需要通过更换居住实现与原有社区关系的隔离，如此才能较好地重新生活。

本书认为，这种现象是与我国根深蒂固的"社会防卫思想"相一致的。对于社会群体本身而言，在面对犯罪者时，其首先采取的是自我保护的态度，即犯罪者作为一个具有潜在威胁的人，其所带来的风险具有不确定性。因此，社会群体本身

---

[1]　如某政法类院校与某省监狱展开的"犯罪人心理评估"项目等。

对于罪犯的接纳程度较低。也正是基于此，我国选择自上而下地设立社区矫正制度。社区矫正的设立对于女性受刑人而言，作用无疑是积极的，能够帮助其尽快实现社会化。但是，问题在于，既然是社区矫正，那么社区的主体功能无疑是最重要的。社区矫正的最终目的是消除犯罪分子再犯可能，使其融入社会，实现个体的"再社会化"。因此，被矫治者是否被社区所接纳以及接纳到何种程度直接关系到社区矫正的实现可能性。

六、对特殊女性受刑人群体的精细化管理

女性受刑人中还存在一些比较特殊的群体，对于这类群体也需要进行有针对性的管理。这些特殊群体主要包括传染病群体、老年人群体、未成年人群体、外国人群体、变性人群体。

第一，传染病患者群体。传染性女性受刑人主要可以被分为艾滋病患者、肝炎患者、肺结核患者、耐甲氧西林金黄色葡萄球菌患者、梅毒患者等几类。我国女子监狱目前对传染病群体关注得最多的是艾滋病群体，不少女子监狱都专门设立了艾滋病专管监区。例如，广东省女子监狱于 2005 年就设立了艾滋病专管监区，对艾滋病女性受刑人进行专门管理。[1]但是，对于其他类传染病群体的关注相对有限。

第二，老年人群体。由于年龄的增大，老年受刑人在监狱服刑时会带来很多特殊问题，特别是很多年轻受刑人可能不需要的健康照护措施。目前，我国女子监狱并没有针对老年人群体进行特殊化管理，这或许与我国女子监狱中老年人的数量较

---

〔1〕 参见练情情："女警察监狱管艾滋病犯人 6 年 犯人曾为其挡架"，载《广州日报》2011 年 11 月 9 日。

少有关，但随着我国步入老龄化社会，老年犯罪正日益增多，[1]应当对老年人群体给予特别关注。

第三，未成年人群体。由于未成年人的心智与体能都尚未成熟，可塑性非常强，因此在少年司法上，我国向来以矫治为主，而不以惩罚为主，而对未成年女性受刑人群体也应当采取与成年女性不同的监管策略。我国目前不少的女子监狱均设立有未成年女性受刑人监区，例如广西壮族自治区、宁夏回族自治区、福建省等地的女子监狱都设立有未成年女性受刑人监区。

第四，外籍人群体。所谓外籍女性受刑人是指我国女子监狱中那些没有中国国籍的女性受刑人。由于刑事管辖权的缘由，任何一个国家的监狱中都有可能存在不是本国公民的受刑人。由于地域差异，外籍女性受刑人在我国的分布并不均匀，中西部女子监狱的外籍受刑人数量很少，而沿海发达地区则较多，因此沿海发达地区的女子监狱往往设有外籍犯专管监区。例如，广东省女子监狱设立了外籍犯专管监区。但对于外籍犯的管理，监狱方需要面对的不仅仅只是监区隔离问题，更重要的是矫治需求差异如何识别和满足的问题。

第五，变性人群体。变性人是极为个别的情况，但是已经存在。因此，在特殊情况下，女子监狱中还可能会存在变性人受刑人（transgender），可能是男性通过变性手术变成女性的受刑人或者女性通过变性手术变成男性的受刑人。虽然这些特殊群体在女子监狱中并不是多数，但仍然应当针对这些少数群体提供有针对性的服务，方能现实精细化的管理。变性人群体在我国女子监狱的管理上尚未成为一个明显的问题，也没有相关数据表明我国当前女子监狱中是否存在变性人以及变性人的数

---

[1]　参见杨兴培："中国社会老年人犯罪的多维分析研究"，载《犯罪研究》2015 年第 3 期。

量，但是随着现在变性不再成为医学难题和不再具有伦理上的非难性，变性人数量也在逐渐增多，因此，我国需要未雨绸缪，提前考虑到对其犯罪之后的监禁处理问题。

七、女子监狱质量评估制度

女性受刑人改造质量是指女性受刑人在经过监狱服刑后所达到的社会化程度或状态。罪犯改造质量是评价矫正效能的重要指标，是对改造质量的全面评价。我国监狱系统在 2002 年提出了罪犯改造质量评估，并于 2005 年探索出了"湖南模式"与"江苏模式"。这两种模式是对罪犯改造质量评估的初步积累，但是到目前为止，我国对于罪犯改造质量评估的研究仍然处于较低水平。从理论上讲，不同类型的犯罪，其改造质量评估的内容、方法以及工具应该不同，而在不同的改造阶段，评估的侧重点也有所不同。但是，就目前的实践而言，我国仍然没有完全实现对女性受刑人、男性受刑人、未成年受刑人的分类测量，更遑论更为细化的分类测量了。因此，目前我国对女性囚犯的测量手段仍然是不分性别的。

2005 年，司法部在江苏、湖南两省开展"监狱改造教育质量评估系统"试点工作，我国的监狱改造质量评估体系基本已经建立。但是，有学者指出，目前的评估体系仍然处于"初级的阶段，即一种主观的、临床的和经验的非结构性评估阶段"[1]。首先，罪犯改造质量评估体系缺乏客观性和科学性；其次，教育改造质量评估指标缺乏量化的评价标准，而是根据主观经验判断等予以定性；最后，评估指标得分的设立同样缺乏科学依据。

---

〔1〕 曾赟："中国监狱罪犯教育改造质量评估研究"，载《中国法学》2013 年第 3 期。

司法部预防犯罪研究所副所长周勇也承认："罪犯改造质量评估体系的概念内涵、罪犯改造质量评估与罪犯改造规律的关系、罪犯改造质量的评估思路和参照系、评估标准的设立与指标的操作化、评估的科学性等问题就常常研究不够者被忽视，进而使得所构建出来的罪犯改造质量评估体系存在某些缺陷，科学性水平还不是很高。"[1]

监狱改造教育质量评估系统主要包括对罪犯危险性的评估、对犯罪者心理状况的评估等方面。目前，我国普遍采用的是德诺伽提斯（Derogatis）于 1975 年编制的症状自评量表（Self-reporting inventory），由于其包括 90 项症状清单，因此也被称作 90 项症状清单（Symptom Checklist 90，SLC-90）。其通过包括涉及情感、思维、睡眠、意识、行为等在内的 90 个项目对被测试者进行测试，通过设立"没有、很轻、中等、偏重、严重"的五级评分标准，依据总分情况以及将评分在"躯体化、强迫症状、人际关系敏感、抑郁、焦虑、敌对、恐怖、偏执、精神病和其他"这十个因子的分布情况，针对被测试者的心理状况得出一个基本的结论。SLC-90 量表被广泛运用至各种心理测量的场合，如学生、员工心理健康测量，特殊群体的心理测量，特殊事件发生后相关人员心理测量等，其弊端在于对于女性受刑人的针对性不足。目前，我国所积极倡导的是将罪犯危险性测量作为衡量矫正效能的"验金石"。

---

〔1〕　周勇："构建罪犯改造质量评估体系的几个基本理论问题"，载《中国司法》2015 年第 11 期。

第三节　中国女子监狱的改革进路

一、确立性别回应型的基本管理理念

性别回应（gender-responsive）是从男性与女性性别不同的角度考量对女性受刑人的管理，而不是不加区别地统一管理，这样更能够适应女性受刑人的特殊性。女性受刑人虽为少数，在多数国家低于收容者总数的 10%，但随着近年来国际上倡导两性平权观念，女性受刑人之人权逐渐受重视，且女性在生理特征、犯罪特性、社会角色（例如母亲角色）、犯罪与再犯原因等方面均有别于男性，美国以及欧洲等国均有针对女性与母亲特性设计之处遇措施。多数国家的女性受刑人之处遇均逐渐独立于男性机构或采分别监禁，无论是独立还是附设女子矫正机关，大都尽可能设计符合女性需求之处遇目标与措施。例如，女性受刑人配合度及服从性较高、在监适应能力亦较佳，故在戒护管理上采取较宽容之管教方式，重视女性的生活与给养特殊需求等。与美国相比，由于刑事政策较为宽松，欧洲国家的女性受刑人人数较少，最能落实符合女性的处遇政策。

从根本上说，性别回应意味着从女性受刑人进入监狱的那一刻起到离开监狱的那一刻为止，都有针对女性受刑人发展和矫治的制度性设置，旨在创造促使女性受刑人不至于再重新回归监狱的改造效果。目前我国对于男性和女性受刑人虽然也进行分类管理，但是这种分类不能解决女性受刑人所特有的心理创伤问题，虽然可能触及其犯罪行为背后的原因，甚至也可能涉及其所遭受的创伤问题，但是没有从根本上解决这些问题。

实际上，不仅仅需要在制度上对这些问题进行改革，还需要对具体执行这些制度的人员进行培训，使得他们能够及时处

理女性受刑人具有的独特创伤经历和需求，从理念上转变对女性受刑人性别特殊性的认识。包括美国在内的许多国家均针对女性受刑人实施了针对不同需求的监禁策略，改革女性受刑人的监禁品质，已成为矫正处遇的发展重点。国际监狱研究中心于 2008 年发布的《国际女子监狱特征》报告特别强调应"给予女性受刑人接触的管理人员需接受特别的训练"。[1]我国矫正人员目前已存在制度化的教育与训练计划，未来可有针对性地服务于女子矫正机关或附设机构人员，接受有关女性受刑人的处遇策略，为女性受刑人提供相关处遇规定信息以及经验交流的机会。

二、将"受虐妇女综合征"引入监狱管理实践

有别于男性受刑人处遇，无论是美国、瑞士还是德国，均为女性受刑人提供了女性被害与弱势处遇方案，甚至还为曾经受暴、受虐或被性侵害者提供专业治疗。本书通过调查发现：73.5%的女性受刑人自陈曾遭受各类犯罪、家暴或猥亵性侵害，其中曾被家人殴打或伤害的占 14.5%，被配偶/同居人殴打或伤害的占 34.1%，曾被猥亵/性骚扰/性侵害的占 14.1%；家人或配偶有偏差或犯罪经验的占 89.4%，其中父亲有偏差的占 44.1%，配偶有偏差的占 55.9%。女性受刑人出监后仍有 5.4%担心遭受家人性侵，27.4%表示无法摆脱毒友，18.8%表示居无处所。因此，本书认为，对受虐妇女综合征的论述不能只停留在将其作为"能够采信的证据"上，对于受虐待的女性犯罪者，其犯罪的成因已经无比清晰。与一般的犯罪者相比，其并不具

---

〔1〕　See International Centre for Prison Studies, *International Profile of Women's Prisons*, University of London, UK, 2008.

备反社会人格，也不具备较高的人身危险性，对其适用刑罚有时甚至只是为了迎合现存刑事法律制度的考虑。对于此类群体的矫正，其重点在于恢复心理创伤、重新修复人际交往能力、实现再社会化，而非实现特殊预防之目的。因此，我国对于因受虐待犯罪的妇女应当运用更加具有针对性的矫正手段。

如果将患有受虐妇女综合征的妇女在刑事制度上的特殊考虑看作一种形势政策，那么在刑事执行过程中贯彻这一特殊考虑就具有当然的正当性。尽管本书一直强调一旦进入刑事执行阶段，一切刑罚的目的都在于实现特殊预防，但是并不能就此认定刑事执行与刑事审判阶段是完全割裂的。犯罪人的犯罪动机、犯罪目的、犯罪时的主观精神状态都直接影响着在刑事执行过程中矫正方式的选择。如同样是故意杀人罪，行为人甲为抢劫而杀人，而乙则因受虐待而杀人，二者人身危险性的不同在刑事审判阶段可以通过量刑体现出来，在刑事执行过程中则应当继续将这种区分在女子监狱管理实践中贯彻下去。

三、完善女性受刑人针对性护理措施

完善针对性护理措施，就是要建立从入狱检查到精神健康护理各个方面的完善措施，并将未成年人与成年人进行适当区分。基于此，本书参照美国妇产学会制定的标准，根据中国女性受刑人的具体情况进行了本土化演绎。为了能够清晰显示各个部分需要作出的努力，本书在此以表格的形式进行展示。

表 29　女性受刑人针对性护理措施完善策略

护理类型	成人监狱	少管所
入监检查	询问是否正在接受治疗或者家庭是否有需要照顾的幼年子女	与成人相同，额外增加饮食紊乱问题
	询问病史、免疫问题；性行为、避孕药具使用和月经周期以评估是否需要进行怀孕测试；慢性病、住院经历、乳房疾病等问题；家庭暴力、性虐或身体虐待	与成人相同
	精神健康评估	与成人相同
	身体检查：包括骨盆、胸腔、流食检测、乳腺检查等	与成人相同，不过乳腺摄影、流食测试等一般不需要检查，如果检查可以按照大学入学标准检查
	实验室检查：包括 STIs、HIV、怀孕、肝炎、结核病等	与成人相同
怀孕照顾	怀孕咨询、围产期照顾、流产服务	与成人相同
预防性照顾	任何可能的额外检测、检查和照顾	与成人相同
	针对怀孕和避孕的健康教育；烟草、酒精、毒品滥用知识预防教育；亲职教育	与成人相同
	全面的 STIs、HIV 治疗与预防项目	与成人相同
	避孕服务，包括紧急避孕、医疗服务或者潜在怀孕风险	与成人相同
	提供流感等各种流行病的免疫接种	与成人相同，但是要特别注意 IIPV 等疾病的免疫接种

续表

护理类型	成人监狱	少管所
老年人服务	激素治疗	不需要
	骨质疏松的检查、治疗和预防	骨质疏松预防可能需要
	抑郁症和老年痴呆症的检查	抑郁症检查
精神健康服务	药物管理、自杀预防、危机干预、药物滥用项目，与释放后的社会服务机构和社区药物滥用项目相结合	与成人相同，但要注意的是监禁本身一般不会是青少年的自杀因素

四、完善女子监狱内的教化处遇措施

第一，运用团体辅导协助受刑人提高自我效能。近年来，我国的许多女子监狱均针对有家暴或性侵害被害经历之女性受刑人实施了特殊团体辅导，逐渐建立起了被害或弱势受刑人辅导方案机制。未来可提供更多元化的辅导方案，例如家庭关系重建、监禁适应、人际关系改善、自我成长等。接受辅导的受刑人数量还可以再增加，使更多的女性受刑人能够通过辅导提高自我效能，出监后有较好的社会适应能力。

第二，增加专业社工员与心理师编制。目前，我国的女子监狱大都拥有专业辅导人才，而女性受刑人中毒品或毒品衍生受刑人占60%以上，各女子监狱虽有社工员与心理师，但编制为监狱内部人力，仅能提供支援，且大都以承办业务为主，较难发挥专业功能，因而降低了工作意愿。基于此，笔者建议建议逐步恢复社工与心理师的专业功能，比照监狱员工设置专业社工与心理师，建立专业的社工与心理师制度。

第三，善用社会团体发挥教诲功能。目前，我国各女子处遇机构大都能引进邻近社会团体资源，维持合作关系，为女性受刑人提供不同形态的团体辅导。如果要发挥不同形态的团体辅导的功能，仍须避免任务性分配，应充分了解团体目的与实施内涵，建立筛选评估机制并遴选适当的女性受刑人加入辅导团体。

第四，提供有利于维持家庭关系与支持之教化活动。本书的调查结果显示：家庭日与恳亲活动为女性受刑人需求比例最高的活动，但碍于有限的人力与资源，监狱方仅能于重要节日举办。基于此，受刑人团体辅导活动可吸纳入有意愿参与的家属，使其得以参与受刑人团体辅导活动；除春节、元旦、国庆等主要节日和母亲节外，提供更多机会；家庭日可在假日举行，使平日有工作之家属有机会参与。

第五，鼓励活动参与、激发潜能。女性受刑人多因低社会经济背景、低学历、无一技之长等因素而普遍缺乏自信心，或多为低自我效能者，因此处遇重点之一即提升其自信心。受刑人本具备无穷潜能，只因自幼成长环境，导致潜能与才华无法发挥，鼓励她们看见自己的优点是建立自信的有效方式。监狱机关管教人员应于教诲、辅导、举办的各式活动中增强受刑人的利社会价值与行为。同时，与社会团体合作开设相关课程，协助女性受刑人发掘正向资源与能力，并透过家属互助性团体，协助家属与收容人重建关系，增强受刑人家属与收容人的互动，及以正向方式与收容人互动沟通，借此激发受刑人的潜能与自信。

五、完善出监衔接和社会复归方式

女性受刑人出狱后将面临很多问题，这些问题如果不能得到有效解决将不利于女性受刑人顺利回归社会。帕森斯（Parsons）、华纳-罗宾斯（Warner-Robbins）以参与 Welcome Home Ministries（WHM）方案的成员为对象，共访谈了 27 位女性受刑人，结果发现：女性出狱者将同时面临许多问题，如应付受虐与被忽视的过去与现在、贫穷、寻找住处、药瘾/母亲责任/服刑的复合问题。从访谈内容中，研究者发现支持女性受刑人成功回归社区的 12 项关键因素为：信仰为生命中力量与和平的来源；摆脱药瘾和复原的重要性；团体和教会的支持；牧师的监所访视与支持；有支持作用的朋友；有支持力的家庭；服刑后成功适应社会的示范；个人决心的力量；子女为改变的驱动力；职业的重要性；帮助他人；学习处理过去留下的情感和议题。[1]奥布莱恩（O'Brien）从 18 位女性受刑人的叙述中总结出了成功重回社区的五项课题：需要一个安全、负担得起的住处（如亲人处暂住或中途之家）；获得与维持工作与合法的收入（克服缺乏教育程度、性别歧视、毒品与犯罪烙印、家暴等问题）；重建与他人的关系（透过各种必要的帮助，修复与亲属、子女、监护人、家人特别是母亲的关系）；发展社区成员身份（融入社区）；认同自我良知与自信（提升自我效率感、创造合理竞争、决定改善个人健康、以内在资源培养希望、决定未来自我）。[2]

第一，建立"由里到外"的复归社会辅导。女性受刑人在执行期间由监狱机关负责，出监后则由社会复归保护团体、毒品危害防制组织、社会团体等协助，彼此的责任划分十分清楚。近年来，我国开始逐渐重视机构内外处遇的衔接与合作，这是

〔1〕 See M. L. Parsons, C. Warner-Robbins, "Factors that Support Women's Successful Transition to the Community Following Jail/Prison", *23 Health Care for Women International*, 2002 (1), pp. 6~18.

〔2〕 See P. O'Brien, "'Just Like Baking a Cake': Women Describe the Necessary Ingredients for Successful Reentry After Incarceration", *82 Families in Society*, 2001 (3), pp. 287~295.

一项很大的进步。目前，基于资源有限且为避免影响作业和处遇，我国衔接机构的辅导活动次数和深度受限均十分有限。在处遇政策上，我国应建立"由里到外"的复归社会计划，将发挥衔接功能的团体纳入正式出监准备处遇。

第二，协助受刑人制定符合个别化需求的复归计划。我国的女子监狱大多仅开展团体辅导或政策宣导，在此基础上，女子监狱应透过个别教诲了解女性受刑人复归社会的关键问题，针对问题提供个别化咨询。例如，对有卡债或债务之受刑人由专业志工或银行服务人员协助订立还款或还债计划，对有心理创伤、需接受药瘾或精神治疗者提供接受治疗的认知与社会相关讯息，对有急迫就业需求者提供多次且完整之就业辅导和咨询。

第三，追踪受刑人出监适应与就业状况。出监后的持续追踪与服务提供相当重要，亦为避免再犯的关键期。目前，因尚无机构、资源能接续此部分之服务，或仅对毒品犯进行个案管理，我国对于受刑人出监后的适应与就业状况几乎无法了解。例如，监内处遇或训练是否产生效果？监外衔接与适应问题关键为何？因此，建立受刑人出监后适应与就业状况追踪机制，有利于协助受刑人复归和对再犯高危险群之监控。

第四，协助受刑人返家计划。犯罪过程就是社会关系不断被破坏的过程，犯罪需要被预防，但重返社会和家庭亦需被辅导。根据本书的调查：69.1%的受刑人需协助与家人联络，在曾经接受辅导的受刑人中有87%表示需其他组织协助与家人重建关系。近年来，我国开始有社会福利团体进入监狱机关实施受刑人返家计划，帮助她们做返家的重建辅导，这些团体会在受刑人出监前6个月到出监后3个月内会关心她们的生活、就业和与家人的相处状态。一项女性犯罪原因或处遇研究发现，女性相当重视其亲人关系，出监后要去哪里住、小孩给谁照顾、未来人生的目标，几乎都与"家庭关系"密不可分。这样的计划对于家庭关系重建相当有意义，应让更多有此需求的女性受刑人有机会接受返家计划。

六、完善有特色性的职业技能培训和就业辅助

就业对女性受刑人而言也非常重要。受刑人在复归社会后如果能够实现稳定就业，那么其重返监狱的可能性就会降低。本书认为，我国完善女子监狱有特色性的职业技能培训和就业辅助可以从如下几个方面入手：

第一，拓展自营职业技能培训的特色与规模。本书通过调查发现，多数女性受刑人均同意职业培训具有稳定囚情、维持纪律、养成勤劳习惯和增加收入等多元功能。因此，我国应发展有特色的自营职业，给予有心向学的受刑人习得专业技能的机会，设定自营工作的人员训练课程，并增加参与训练人员名额，运用在监人力资源及技训能力，以增加受刑人的工作所得及就业自信心。

第二，根据需求提供技能训练。本书在调查中发现，93.5%的女性受刑人均表示有选择自由，愿意参与技能训练。这表明女性受刑人对于技能培训的参与意愿甚高。应提供更多参与机会，同时以受刑人需求为导向，根据需求与教育程度，提供技能训练。除传统女性受刑人所接受的烘焙、缝纫、美容美发外，女子监狱可跳脱性别刻板化思维，提供计算机、建筑制图、文秘、法律等课程，提高受刑人出监后的谋生求职能力。

第三，以市场导向为依据的技能训练。一般而言，女性受刑人对于技训均持肯定态度，同时有很高的参与意愿。本书通过调查发现，技训参与排序较低者为："出监想从事技训有关工

作"，表明技训与社会就业的衔接不够，监狱机关基于有限资源，在提供技训项目时时可注意出监时的市场需求，提供就业机会较高的训练项目。

第四，考量建教合作的可能性，以为受刑人提供更多的就业机会。自营职业可与技能训练结合，并考量与相关厂商进行建教合作，使女性受刑人可参与监狱内部的职业培训，习得一技之长，在出监后即可实现就业。

第五，提升就业认知与个人素养。我国应开展职场礼仪训练，了解职场生态与伦理，促使受刑人积极思考、提高自信心，配合监狱机关，通过进修取得学历，参加政府认可的专业课程训练。

第六，协助辅导就业。就业为受刑人复归社会的关键，本书的调查亦显示，受刑人出监后最需要的就是就业辅导，但这对受刑人和政府而言都是一项不易达成的目标。本书认为我国可以在以下方面努力：降低职训课程受训资格，相关组织目前开设的"日间职前训练"课程学历要求大多过高，致使部分受刑人出狱后不符合报名资质，建议针对提供技术性且用心受训即可结训的课程，将学历降低至中学以下或增设出狱受刑人参训保障名额；协助受刑人于出监后接受同类更高阶的技能训练并辅导报考证照，日后较有生活目标而容易复归社会；就业媒合，为不同学历的出监受刑人提供工作机会，以使受刑人出监后能立即就业；安排就业服务站进行职务介绍，对于有意愿参加短期技能训练的，安排复归保护宣导、就业服务站及职训中心业务介绍。

七、完善女子监狱的家庭支持

家庭支持系指当个人面临压力时，通过与家人的互动，针对个体的某种压力情境，给予其不同形式的支持与援助，以满足个人需求及促进身心健康，以使个体获得心理上的幸福感。家庭支持的来源为父母、配偶、子女、兄弟、姐妹、亲戚等。援助方式包括提供经济支持、情感支持、信息支持等。经济支持指直接提供物质支持。受刑人入监生活期间，家人所提供的寄钱、寄送或携带的物（食）品、办理接见等可以反映经济支持的强弱度。情感支持指给予鼓励、安慰或关心。受刑人入监生活期间，家人的恳亲、接见、通信、电话接见、安慰鼓励、关心生活状况等表示情感的支持度很强。信息支持指向提供意见或建议或劝告。受刑人入监生活期间，家人所给予的建议、规劝与在监表现期望等均可以反映信息支持的强弱度。

第一，完善受刑人与家属的远距离视频系统和放宽恳亲条件。距离是收容人与家属成员情感维系的考验，所花费的车资对家属又是经济上的负担，因此家庭支持的力量会相对薄弱许多。一是基于距离与经济的考量，应完善远距离视频系统，提供更多的视讯申请名额，透过视讯让彼此都能看到容貌、听见声音，以抚慰思念之情。目前的我国广西、山西、陕西、广东、宁夏、河北等地的女子监狱都已经开通远程视频会见系统，解决家属因为距离、时间和身体等原因导致的面对面会见难问题，不仅仅增加了会见的可接近性，同时也提升了女性受刑人的改造积极性。二是完善恳亲的条件和范围。受刑人与亲人的面对面的接触是凝聚亲情的最有力武器，也是提供家庭支持最好的方式。例如，每年春节、母亲节、中秋节等重要节日的恳亲活动，可以让家属到监狱与受刑人一同参加活动，享受亲情。同时，女性受刑人的离监探亲活动也能够让家属与受刑人增加亲情维系。尽管我国《监狱法》和《罪犯离监探亲和特许离监规定》等都明确规定了离监探亲活动，但是近年来出于对安全性和社会接纳程度的考量，全国大多数监狱都停止了离监探亲活动。2017 年底以来，我国广西女子监狱、成都女子监狱、广东女子监狱等基于"治本安全观"的实践，开始重启已经暂停了十余年的离监探亲制度，通过建立签到台账、佩戴电子手环、定时微信视频对话等方式保证了受刑人"放得出、收得回"。[1]但是，从总体上看，对于视频会见和离监探亲，一些监狱机关设置了相当严苛的条件限制，例如受刑人的累进处遇必须提升到相当级别以上才可以参加恳亲活动和视频会见。基于教化因素，我国应适度拓宽恳亲参加和视频会见的范围。女性受刑人的很多改变动力都来自家庭的支持与关怀，期待家属能诚心接纳她们，通过家庭的力量让她们返家后真的能重新做人。

　　第二，监狱机关应当提供更多的家庭亲职教育项目。受刑人在矫正机关内执行刑期，其人身自由虽受限制，但仍享有受教育的权利，监狱机关应提供具有增进家人关系与家庭功能的各种教育活动课程与项目（例如亲职教育、子职教育、两性教育、婚姻教育、伦理教育、生命教育等），以协助受刑人了解家庭与婚姻关系、自我与家庭成员的关联，发挥家庭功能、强化家人关系。一是参考美国女子监狱的激活亲职项目、培养亲职基本理念项目、明尼苏达监狱朵拉项目、亲职反转项目、亲职技能训练项目等丰富中国女子监狱内的亲职技能教育项目，进而提升女性受刑人的亲职能力。例如，针对正在怀孕的女性受刑人、上一年度生产的女性受刑人或者子女小于 5 岁的女性受刑人提供每周 2 个小时的集中学习、连续持续 12 周的亲职教

---

〔1〕参见李家健、蒋秋英、王宇超："高墙外的特殊团聚——广西重启离监探亲工作纪实"，载《广西日报》2018 年 3 月 22 日；朱思维、孙振："离监探亲的回家路"，载《人民日报》2018 年 3 月 23 日；付贵："多省市监狱尝试罪犯离监探亲戴定位手环每天汇报"，载《北京青年报》2018 年 2 月 11 日

育。学习的主要内容包括父母能力发展、生产过程、自我照护、压力管理、儿童发展、服刑期间的子女关系维护等。二是建立家庭支持与监测项目，集中处理女性受刑人与其子女关系的问题，通过一定的方式加强女性受刑人与子女的关系。例如，参考美国的监狱女孩观察项目建立监狱子女观察项目，由志愿者与工作人员共同组成导师、老师、顾问与协调人团队开展工作，通过监狱内"母亲—子女"营地见面会、子女单独营地会议活动、在押母亲技能强化活动等改善子女与母亲的关系。三是建立亲子阅读项目，即通过母子共同阅读来达到提升母子关系，例如可以参考女性故事会项目，允许志愿者将女性受刑人在监狱内的阅读情况记录下来，然后将磁带和配套的故事书邮寄给其子女。四是建立综合亲职教育项目，综合开展各种有利于女性受刑人提升亲职能力的项目。例如，参考华盛顿州受刑人过渡工程设立的受刑人亲职教育项目，综合开展监狱亲职教育，为受刑人回归社会后更好地处理亲子关系和家庭关系做准备。

第三，运用社会资源帮助受刑人家属重建创伤家庭，助其恢复完整性。鉴于监狱机关的人力及财力均十分有限，运用社会资源为协助受刑人或其家庭提供支持服务是必然的选择。例如，有些女性社会组织会为女性受刑人及其家庭提供支持与服务，当家庭陷入困境需协助时，这些组织会会提供诸如"受刑人家庭食物银行计划"等类似帮助，提供民生及日常用品等物资援助，协助受刑人家庭度过危机、维系家庭功能，并使家庭中的亲人能继续为受刑人提供支持，进而促使受刑人顺利复归社会。

第四，邀请家庭成员共同参与监狱机关举办的就业博览会等社会复归活动，以帮助受刑人获取家人支持。监狱机关应通过民间社团、公益企业或就业服务机构等，协助出狱的受刑人找到工作，并可邀请家人共同参与这些活动，通过家人的支持及讨论，帮助受刑人规划出狱后的生活，解决就业问题。

第五，协助受刑人取得技能训练证照，以便重新建立家庭系统。监狱机关应积极办理各项职类，聘请技职学校或各地职业训练中心的专业老师指导受刑人学习技能，并通过检定考试取得相关职类证照。也可以调查受刑人是否有艺术表演专长或兴趣，例如舞蹈、乐器、绘画、川剧变脸等，提供练习资源，协助取得相关技能证照，培养受刑人的工作技能，使其不辜负家人所给予的支持与期望，重新建立家庭情感。

八、正视女性受刑人的性关系

第一，提升对同性恋现象的认识与了解。当前从监狱对同性恋受刑人的管理多从道德与安全的角度出发，一方面不鼓励也不愿意监狱内出现同性恋，因为监狱的阳刚化军事管理，认为同性恋会带来团体生活上的不方便。道德恐同症从监狱外一直延伸至监狱内，最主要的观点是：同性恋性取向与行为很奇怪（有违正常生殖论观点），不适合被公开鼓励，因此一直被压抑，所以受刑人之间的暗语与暧昧举动便成了同性恋地下化发展的方式；另一方面主张同性恋行为不可以逾越监狱内的安全规定，简单地说就是不可以影响团体生活，不可以助长监狱内的性暴力行为。事实上，我国目前对同性恋仍有许多禁忌与偏见，导致同性恋者中愿意公开者很少，选择私下保有身份者较多。监狱是一个封闭的社会，识别同性恋者在实务上确实有困难。基于此，监狱方应该塑造正确的性别观念，尤其要从监狱内职员先做起，让监狱内职员理解同性恋。对此，女子监狱可借助学术研究合作与咨询辅导等资源，加强对真正女性同性恋者的认识与探究。

第二，女子监狱内之教化处遇应聚焦在"姐妹情谊"及提高其支持的复原力上。女子监狱内的女同性恋者与男性监狱内的同性恋者的心理发展不同。女同性恋者之间向来都有特殊的姐妹情谊，这种情谊的发展是女人帮助女人的正义取向。毕竟，在男性父权的打压之下，部分女性曾遭受周边男性的伤害，这些经历会助长女性之间的姐妹情谊，透过情感支持与实际的结伙保护，让彼此相互取暖且不再受伤。女同性恋的性关系发展不全然只有性行为，还包括爱与姐妹情谊。因此，如果正向鼓励和推动姐妹情谊，反而有助于提高女性受刑人在监狱服刑的安定与被支持感，也有助于实施行为矫治与教化。女子监狱内的教诲师与心理师应与外界资源相结合，设计强化姐妹情谊方案，在管理上降低军事化的阳刚管理方式，多选择温馨和柔和的方式，借此提高姐妹情谊的外化发展。在女子监狱内教化活动方面，针对异性恋与同性恋之女受刑人可淡化彼此间的性取向差异，多以姐妹互助与相互支持来设计各种教化方案，一方面可以让女同性恋者间接或直接获得支持，同时也可以使其不至于因女同性恋者的身份而被边缘化。

第三，推动监狱受刑人性工作坊，协助受刑人正面看待性。我国过去的性教育方式不等同于正确认识性。因为早期性教育的内容多数以生殖为前提，较少将性引导为健康与快乐的人际关系。鉴于监狱内可能存在不健康的性暴力危险因子（如受刑人之间的霸凌），国际金赛研究与国内树德科大性学研究所都主张，性教育的内涵应被重新扩大界定并好好地进行再教育。因为空有性知识，却无尊重与健康的性态度，性暴力问题仍然存在。我国未来可于监狱内发展性工作坊，一方面适度引导受刑人正常抒发性欲（例如利用安全与健康的手淫行为降低对他人的攻击），另一方面可教育或改变受刑人错误的性观念，其教育理念不在于助长性关系，而是帮助受刑人在有限的空间与资源下，正确看待性关系，并且遏止不健康的性暴力行为的发生，使受刑人不再羞于启齿，以及阻止受刑人的私人关系不会基于性欲而发展成违常关系，并可以让同性恋者在性工作坊中获得支持与正确引导。[1]

九、精细化特殊群体的管理和服务

第一，传染病群体。对于艾滋病患者，建议采取强制检查的方式，即当存在风险因素、医生要求、监管检查要求的时候，受刑人必须要进行艾滋病检查，如果拒绝，则以违反监狱管理论处。监狱方应遵循医生或者医疗部门的建议向受刑人提供艾滋病咨询服务；所有艾滋病检查呈阳性的受刑人均应被转移到心理治疗部门进行咨询治疗；怀孕的艾滋病受刑人应被告知病毒可能会传染给胎儿，并会向其提供在围产期预防胎儿传染的治疗措施建议。对于肝病患者，如果受刑人在可能接触到血液或者体液的地方劳动，监狱方应提供肝炎接种预防措施，包括测量、监狱医院、牙医诊所、洗衣房、门诊、污水处理、理发店、医院护理部门、物理治疗部门等。受刑人一旦感染肝炎，监狱方应立即为其提供治疗方案。由于肺结核涉及公众健康问题，因此监狱方必须对受刑人进行检查，受刑人如果拒绝，则会受到监狱记录惩罚。对于肺结核患者，监狱应提供抗生素治疗服务。对于耐甲氧西林金黄色葡萄球菌患者，由于其传播途径主要是直接接触皮肤，而非呼吸系统，健康的人一般不会被感染，因此不建议强制检查，在受刑人发现身上有疮口或者溃疡无法自愈时，应当立即检查是否感染耐甲氧西林金黄色葡萄

---

　〔1〕　参见陈祖辉："被压抑的性：对女受刑人性议题之研究"，载《犯罪矫正协会会刊》2017 年第 2 期。

球菌。对于梅毒等性病，建议在入狱体检的时候对那些有高危性行为的女性受刑人进行血液测试，如果确认其患有梅毒等性病，监狱方应免费提供抗病毒治疗。

第二，老年人群体。老年人在监狱中服刑会带来很多特殊问题，特别是需要为其提供很多年轻受刑人可能不需要的健康照护措施。女性老年受刑人相对于一般女性受刑人而言，对于保健服务会有特殊需求。其一，是对一般保健服务的需求。如果受刑人因为年老而无法自我照顾，监狱应提供一些日常照护服务，例如洗澡、穿衣甚至是吃饭等专门的照料。其二，老年女性受刑人对于疾病的抵抗力更差，更容易患上各种疾病，例如肝炎、高血压、严重抑郁等。其三，老年受刑人特别容易感染流行病，例如流行性感冒，此时，老年受刑人需要一些专门的照顾。

第三，未成年人群体。由于未成年人群体的可塑性强，建议被安置在处遇措施更为宽松的少年监狱及其他少年犯处遇机构，朝着社会化方向发展，里面的项目更多以学习、教育和复归为主。从长远来看，应当将未成年犯处遇转向以社会为基础的照护，即将重点放促使未成年犯回归家庭上来，而要达到这一目标，就应当将封闭型的处遇机构转变为社区基础的干预、预防、分流和监禁替代项目。

第四，外国人群体。对于女子监狱中的外籍女性受刑人，最重要的管理问题在于语言。如果语言不通，在日常管理过程中就会存在很大沟通困难。因此，女子监狱在入监时应当进行汉语语言水平测试，对于低于一定程度的女性受刑人，应当提供汉语培训项目，经过一定的培训后使其达到一般交流程度。除了语言之外的其他管理，基本上与本国女性受刑人相同，在通常情况下并无特别之处。

第五，变性人群体的管理和服务。变性人是一个极为特殊的群体。因此，在特殊情况下，女子监狱中还可能会存在变性受刑人（transgender），这种可能性是男性通过变性手术变成女性的受刑人或者女性通过变性手术变成男性的受刑人。但是，这种变性并不是完全、彻底的变性，虽然通过手术可以将胡子、乳房、外部生殖器等进行改变，但是并不能改变 DNA 或者内部生殖器，所以变性人在生物学意义上应该还是变性之前的性别，可是其在外貌、生理等方面却已经变为另一性别。而对变性人如何安置，则是比较麻烦的问题。目前，美国对于变性人受刑人的安置并没有统一的法令规定，存在安置于男子监狱的情况，也存在安置于女子监狱的情况。本书认为，为了防止变性人被安置在男子监狱或者女子监狱中时发生特殊问题，可以将变性人群体单独进行安置，在女子监狱或者男子监狱中进行单独区域隔离。

十、完善女子监狱质量评估制度

监狱方对罪犯进行危险性评估时应全面掌握罪犯从入监到出监的过程中其危险性所发生的各种变化。具体可被可分为入狱前期的评估、改造阶段的评估、出监前期的评估三个阶段。

第一，入狱前的评估。人身危险性与社会危险性是入狱初期评价的两个标准，学界针对人身危险性与社会危险性二者关系的讨论一直没有结束。目前，存在着统一说与分立说两种观点。[1]厘定二者之间的联系与区分是在入狱前期对犯罪者进行

---

〔1〕 相关争论参见朱建华："论犯罪的社会危害性的内在属性"，载《法学研究》1987 年第 1 期；马荣春："罪刑相适应原则与罪责刑相适应原则之辨"，载《甘肃政法学院学报》2008 年第 3 期；陈兴良：《刑法哲学》，中国政法大学出版社 2004 年版，第 159 页；陈伟："'人身危险性'与'社会危险性'的纠缠与厘定"，载《法治研究》2016 年第 3 期；曲新久：《刑法的精神与范畴》，中国政法大学出版社 2003 年版，第 232 页；高铭暄、赵秉志主编：《刑法总论比较研究》，北京大学出版社 2008 年版，第 146 页。

危险性评估的前提。认为人身危险性与社会危险性之间是"已然之罪与未然之罪"关系的观点实际上是一种对从属性说的直接回应,是基于主客观相统一原则的区分。其中,人身危险性指行为人具有主观可谴责性,而社会危险性则是指行为人所造成的客观实害或者造成客观实害之可能。本书认为,对于人身危险性与社会危险性之间关系的讨论离不开二者所处的学说体系。自我国刑法理论学界引入"三阶层犯罪构成"体系以来,刑法理论研究的体系正逐渐被置入该体系。因此,支持人身危险性与社会危险性分立说的学者基本上是站在"三要件"体系之上讨论二者的关系。正如曲新久教授所言:"二者之间的根本性差异是(或者说区别),社会危害性是犯罪的属性,人身危险性是犯罪人的属性,对此,我们绝对不可以混为一谈。我们既不能将社会危害性归入犯罪人范畴,也不能将人身危险性归入犯罪范畴。"[1]曲新久教授对犯罪与犯罪人的区分无疑使本书的逻辑得到了支持:既然人身危险性属于犯罪人的范畴,那么刑事审判便是对行为人人身危险性的初次评估,而刑罚的执行则是对已经认定的人身危险性的降低或消除。进一步讲,评价社会危险性的目的在于给予人行为相应的责难,人身危险性在此时只是一个次要参照因素,评价人身危险性的主要目的在于为刑罚的执行提供有针对性的矫正参照,而矫正的目的也正是消除或降低行为人的人身危险性。对社会危险性的评价体现了对行为人行为的否定,此时刑罚的目的在于通过报应主义的手段向公众宣示法律的权威,宣示正义已经得到伸张,而对人身危险性的评价则是将目光由社会转移到犯罪人自身,即通过何种方式才能实现特殊预防。日本学者大谷实也持此观点:"立法阶

---

[1] 曲新久:《刑法的精神与范畴》,中国政法大学出版社 2003 年版,第 232 页。

段是报应的、在裁判阶段上是法的确认处于支配地位，但在行刑阶段则要以特别预防的理念作为指导。"〔1〕这与现代刑法所采取的规定是一致的：在立法上以及认定犯罪的阶段将犯罪行为依照其危害程度类型化并分配不同的刑罚幅度，在确立具体刑罚的执行时，行为人的人身危险性就是选择不同刑罚分类处遇的重要判断标准。罪犯入监评估是对刚入监投入改造的罪犯处于一个什么样的状态进行评判，它包括人身危险性评价和诊断性评价。〔2〕对入监罪犯进行评估是科学认识罪犯的前提，为监狱分押分管、制定罪犯改造目标和个别化改造方案提供科学依据。入监评估主要侧重于定量评估，如通过了解掌握罪犯的犯罪构成（犯罪动机、犯罪手段、犯罪行为、犯罪结果等）、罪犯的犯罪史（累惯犯、涉黑、涉毒情况等）和心理测量结果（卡特尔 16 种人格测验和艾森克个性测验），对罪犯的人身危险性进行分析评估。监狱根据入监评估的结果，为罪犯的分级处遇提供重要参考。如罪犯张某犯故意伤害罪及组织、领导、参加黑社会性质组织罪，数罪并罚刑期 12 年。该犯属于典型的涉黑罪犯，同时存在前科犯罪史，监狱在其入监阶段即对罪犯实施重点监控，评估危险级别（存在潜在性危险，列为 C 类危险犯），通过制定矫正方案，加强夹控，有效地降低了其危险性。

　　第二，改造阶段的评估。在罪犯改造期间，危险性评估可具体分为三类，即积极类、消极类和危险类。积极类根据改造动机分为主动的积极类（动机是罪犯改恶行善的需求）和被动的积极类（动机是迫于刑罚威慑产生的功利性改造需求）。消极

----

〔1〕　[日] 大谷实：《刑法讲义总论》（第 2 版），黎宏译，中国人民大学出版社 2008 年版，第 21 页。

〔2〕　张雅凤主编：《罪犯改造心理学》，北京群众出版社 2007 年版，第 329 页。

类可依据内外因因素，分为主观消极类（个体存在典型的混刑度日和抗拒改造的心理）和客观消极类［个体遭受突发事件挫折（家庭发生重大变故）或者法律挫折（减刑未通过）产生的消极心理］。危险类罪犯可根据危险性程度，分为 A、B、C 三等。A 等为具有现实危险性的罪犯，B 等为具有一般性危险的罪犯，C 等为具有潜在性危险的罪犯。改造阶段评估主要采用定量分析和定性分析相结合的手段对罪犯进行危险性评估。定量分析评估是对罪犯在认罪悔罪、遵守行为规范、接受教育改造和劳动改造四个方面进行量化考核，评估改造阶段的危险性。定性分析评估主要通过观察法、谈话法并结合心理测验法，对已获得的资料进行去粗存精、去伪存真、由此及彼、由表及里的全面分析、综合、比较、抽象和概括。如通过综合分析，评估罪犯的改造动机是属于真诚的积极改造，还是表面的积极改造、混刑度日、抗拒改造，以此为基础，划分罪犯的危险等级，评估危险性程度。如罪犯张某，犯故意伤害罪，刑期 8 年 6 个月。该犯自入监以来，一直不认罪服法，提出无理要求。监区干警根据其认罪悔罪态度，评估该犯为 A 类危险犯（存在现实的危险性），并对其进行重点转化和监控。监区通过积极的心理干预和行为矫正，有效地预防和降低了该犯狱内实施违纪及再犯罪行为的可能性。

第三，出狱前的评估。出监阶段是对罪犯的全面综合性复查。重点是进行罪犯矫正行为的评估和再犯罪预测。监狱根据罪犯狱内改造表现情况并结合犯罪思维模式测评结果，可对出监罪犯进行划分，具体分为一般帮教对象和重点帮教对象。出监评估是罪犯危险性评估的重要组成部分，通过对罪犯危险性进行评估分级，监狱可对刑释人员再犯罪的种类和概率进行预测。监狱应将评估结果反馈给户籍所在地公安机关和帮教机构，为其对刑释人员帮教分类提供重要依据。该阶段的评估主要针对：一是罪犯心理和恶习的消除程度；二是守法心理及良好行为习惯的建立程度；三是罪犯认识自我、认识社会、就业谋生的适应程度。[1]通过综合信息，监狱会为罪犯出具危险等级报告和改造质量水平报告。罪犯刑满释放时，监狱会将评估结果送至刑释人员户籍所在地公安机关和安置帮教机构，进而提高安置帮教的针对性和实效性，降低刑释人员的再犯罪率。如罪犯刘某朋犯强奸罪，原判刑期 3 年 6 个月。该犯在服刑期间积极参加监区文体活动，并取得了干警的认可。2012 年监狱试点推荐就业时，该犯提交申请，监区根据该犯的出监评估结果，向合作企业推荐就业。刘某朋在厂方工作期间，得到了厂方的高度认可和赞扬，成功回归了社会。

---

〔1〕　参见张雅凤主编：《罪犯改造心理学》，北京群众出版社 2007 年版，第 453 页。

结 论

　　女性犯罪问题是一个人类社会必须共同面对的社会性问题。经过长期发展，女性在社会中的地位、作用越来越明显，与此同时，女性犯罪的问题也日益突显。人们开始认知到，对女性犯罪单纯施以传统应报和惩罚式的刑事处罚是残酷且无益于女性受刑人改造的。传统应报和惩罚式的刑事处罚无法有效地防止女性受刑人再次踏上犯罪之途，无法使女性受刑人经过监禁刑的改造蜕变为守法公民、对社会有益的人，更无法从根本上实现减少和预防女性犯罪行为的最终目的。由于人们认识到了女性对社会的重要性，也知道妇女群体需要更多的保护与关怀，因此希望能够寻找一种既可以保护女性也能够有效地预防和减少女性犯罪的方法。于是，专门针对女性罪犯的女子监狱制度应运而生。与中国相比，美国经过长期的发展，已经形成了相对比较成熟和完善的女子监狱制度，能够适应女性受刑人的独特性。因而，本书系统研究了美国女子监狱制度，进而反观中国女子监狱制度的发展方向，旨在从中探寻改革中国女子监狱制度的具体进路。

　　本书首先分析了美国女子监狱制度的相关概念，研究了美国女性犯罪和女性受刑人的概念、类型化，分析了美国女子监狱制度中女性受刑人的概况，考察了女性司法及女子监狱的概念、特征和分布，比较了其与男子监狱之间的相似之处与差异。其次梳理了美国女子监狱制度的演化进路，结合时间线和监禁形式变化划分美国女子监狱的发展历程，而不是单一按照时间线划分发展阶段。然后研究了美国女子监狱制度的主体及其地位，包括女性受刑人的权利与义务、女子监狱管理人员的职责、监管机构的组成等。之后将美国女子监狱制度的核心内容分为通类考量的美国女子监狱制度的基本架构和性别考量的美国女子监狱制度的特殊构成，分别研究了分类、日常作息等美国女子监狱制度中最基本的架构，以及专门针对女性的特殊性制度架构。再之后梳理了美国女子监狱制度的当代问题与应对措施，从中总结了美国的应对经验。同时还选取日本、新加坡、加拿大、英国、德国、瑞典、挪威的女性受刑人的相关制度与数据，与美国女子监狱制度进行横向比较。最后在"制度借鉴：美国女子监狱制度发展对中国的启示"部分提出了对中国女子监狱制度的改革建议。

　　囿于资料和作者的研究能力，本书对女子监狱制度的研究并非尽善尽美，仍然存在很多尚未触及的研究指向，例如，美国女子监狱制度的立法改革动向对其他国家以及对中国的影响等，这些问题需要在未来的研究中给予关注。

参考文献

一、中文文献

（一）专著

1. 吴宗宪等：《刑事执行法学》（第2版），中国人民大学出版社2013年版。

2. 赵国玲：《刑事执行法学》，北京大学出版社2014年版。

3. 刘瑞瑞：《刑事执行法学》，广西师范大学出版社2009年版。

4. 王顺安：《刑事执行法学通论》，群众出版社2005年版。

5. 邓文定：《女犯改造心理学》，河南人民出版社1989年版。

6. 韩阳：《女性犯罪及监禁处遇》，中国法制出版社2017年版。

7. 周愫娴：《少年犯罪》，五南图书出版公司2004年版。

8. 高铭暄、赵秉志主编：《刑罚总论比较研究》，北京大学出版社2008年版。

9. 高铭暄、马克昌：《刑法学》，北京大学出版社、高等教育出版社2005年版。

10. 曲新久：《刑法的精神与范畴》，中国政法大学出版社2003年版。

11. 陈兴良：《刑法哲学》，中国政法大学出版社2004年版。

12. ［日］大谷实：《刑法讲义总论》（第2版），黎宏译，中国人民大学出版社2008年版。

13. 于爱荣：《矫正技术原论》，法律出版社2007年版。

14. 张苏军:《宽严相济刑事司法政策与刑罚执行方式改革研究》,中国检察出版社 2011 年版。

15. 王志亮:《外国刑罚执行制度研究》,广西师范大学出版社 2009 年版。

16. [英] 艾伦·诺里:《刑罚、责任与正义:关联批判》,杨丹译,冯军审校,中国人民大学出版社 2009 年版。

17. 杨木高:《中国女犯矫正制度研究》,南京大学出版社 2012 年版。

18. 王志亮主编:《监狱工作实务》,中国法制出版社 2011 年版。

19. 边文颖主编:《罪犯教育工作实务》,中国政法大学出版社 2015 年版。

20. 秦海莲、吴春辉主编:《服刑人员心理矫治》,中国政法大学出版社 2015 年版。

21. 房玉国:《北京监狱狱政管理实务》,中国财政经济出版社 2013 年版。

22. 刘瑞瑞主编:《监狱行刑法规导读》,中国法制出版社 2010 年版。

23. 杨锦芳主编:《监狱行刑理论与实务探索》,知识产权出版社 2013 年版。

24. 范方平主编:《中国监狱工作论丛》,法律出版社 2012 年版

25. 中国法学会监狱法学研究会、中国监狱工作协会监狱法学专业委员会编:《监狱法学论丛》,法律出版社 2012 年版。

26. 王正清:《监狱管理》,化学工业出版社 2012 年版。

27. 陈宝友:《监狱行刑理性论》,法律出版社 2014 年版。

28. 方福建编著:《血泪之鉴——对 24 起重大刑事案件的犯罪学思考》,法律出版社 2011 年版。

29. 孙平:《监狱亚文化》,社会科学文献出版社 2013 年版。

30. [日] 西田典之:《日本刑法各论》,刘明祥、王昭武译,中国人民大学出版社 2007 年版。

31. 陈兴良:《口授刑法学》,中国人民大学出版社 2007 年版。

32. 何秉松主编:《法人犯罪与刑事责任》,中国法制出版社 1991 年版。

33. 高铭暄主编:《刑法学原理》(1~3 卷),中国人民大学出版社 1994 年版。

34. 马克昌主编:《犯罪通论》,武汉大学出版社 2000 年版。

35. 陈兴良:《刑法的人性基础》,中国方正出版社 1999 年版。

36. 陈兴良:《刑法的价值构造》,中国人民大学出版社 1998 年版。

37. 吴宗宪主编:《社区矫正导论》,中国人民大学出版社 2011 年版。

38. 张明楷:《刑法学》(第 4 版),法律出版社 2011 年版。

39. 樊凤林主编:《刑罚通论》,中国政法大学出版社 1994 年版。

40. 陈兴良:《陈兴良刑法学教科书之规范刑法学》,中国政法大学出版社 2003 年版。

41. 张明楷:《刑法的基本立场》,中国法制出版社 2002 年版。

42. 周振想:《刑罚适用论》,法律出版社 1990 年版。

43. 邱兴隆:《关于惩罚的哲学刑罚根据论》,法律出版社 2000 年版。

44. 邱兴隆:《刑罚理性异论——刑罚的正当性原论》,中国政法大学出版社 2000 年版。

45. 甘雨沛、杨春洗、张文主编:《犯罪与刑罚新论》,北京大学出版社 1991 年版。

46. 谢望原:《刑罚价值论》,中国检察出版社 1999 年版。

47. 吴宗宪:《西方犯罪学史》,警官教育出版社 1997 年版。

48. 薛梅卿主编:《中国监狱史》,群众出版社 1986 年版。

49. 李甲孚:《中国监狱法制史》,商务印书馆 1984 年版。

50. 涂发中、郭明主编:《监狱学基础理论》,金城出版社 2003 年版。

51. 冯卫国:《行刑社会化研究——开放社会中的刑罚趋势》,北京大学出版社 2003 年版。

52. [法]卢梭:《社会契约论》,何兆武译,商务印书馆 1980 年版。

53. 潘君明编著:《中国历代监狱大观》,法律出版社 2003 年版。

54. 吴宗宪:《当代西方监狱学》,法律出版社 2005 年版。

55. 王志亮主编:《中国监狱史》,广西师范大学出版社 2009 年版。

56. 王晓山:《当代监狱规划设计与建设》,法律出版社 2010 年版。

57. 王金玲:《社会转型中的妇女犯罪》,浙江人民出版社、浙江教育出版社 2003 年版。

58. 张凌、于秀峰编译:《日本刑事诉讼法律总览》,人民法院出版社 2017 年版。

59. 张雅凤主编:《罪犯改造心理学》,群众出版社 2007 年版。

60. [德]马克斯·韦伯:《论经济与社会中的法律》,张乃根译,中国大百科全书出版社 1998 年版。

（二）期刊

1. 魏述海："女犯犯罪原因及改造情况调查"，载《甘肃政法学院学报》1990 年第 2 期。

2. 张晓红："纠纷及其解决中的性别呈现——基于某省女子监狱的实证研究"，载《江苏社会科学》2012 年第 1 期。

3. 周晓虹、杨敏："'刑释量化三比对'的探索与实践——以浙江省女子监狱为例兼论女犯健康回归路径选择"，载《中国司法》2017 年第 6 期。

4. 王晓山："我国监狱类型的分类及发展"，载《犯罪研究》2016 年第 1 期。

5. 赖修桂："改造女犯的对策刍议"，载《政法论坛（中国政法大学学报）》1992 年第 1 期。

6. 连春亮："女犯同性恋现象的心理学透析"，载《河南司法警官职业学院学报》2003 年第 2 期。

7. 经伟、姚丹："南京女监涉毒型女犯群体特征分析"，载《江苏法制报》2016 年 7 月 25 日。

8. 杨星、莫瑞、王丹："云南监狱女性艾滋病罪犯管理实践"，载《犯罪与改造研究》2016 年第 11 期。

9. 谷世清等："对刑释女性重新犯罪的调查与思考——以河南省郑州女子监狱为例"，载《决策探索》2011 年第 14 期。

10. 谢曼娜、杨明、黄世峰："东盟籍服刑人员改造问题研究"，载《犯罪与改造研究》2017 年第 9 期。

11. 李朝开、欧阳安："云南重刑女犯子女权利保护的现状及对策研究"，载《云南民族大学学报（哲学社会科学版）》2009 年第 4 期。

12. 周晓虹："从内构到衍生：特殊女犯权益保障的实践与思考"，载《犯罪与改造研究》2016 年第 9 期。

13. 黄延峰："社会化矫正视角下的未成年人犯罪研究——基于河南省未管所和郑州市女子监狱的调研数据分析"，载《河北法学》2016 年第 2 期。

14. 上海市女子监狱课题组、陈建华、姜甜甜："女犯风险评估量表的编制"，载《犯罪与改造研究》2017 年第 5 期。

15. 李瑞华、张宣："北京市女子监狱罪犯科学分类工作实践"，载《犯罪与改造研究》2010 年第 11 期。

16. 山东省女子监狱课题组："当前我国女犯监狱建筑研究探析"，载《中国司法》2010 年第 2 期。

17. 姜文秀："美国监禁刑的困境、出路及其启示"，载《中国刑事法杂志》2011 年第 3 期。

18. 王廷惠："美国监狱私有化的实践分析"，载《美国研究》2007 年第 9 期。

19. 储槐植："美国监狱制度改革的新动向——监狱私营化"，载《中外法学》1985 年第 2 期。

20. 刘政："美国监狱刑罚执行文化的透视与思考"，载《河北法学》2015 年第 4 期。

21. 曹兴华："论美国矫治刑罚目的观复兴的四重面向"，载《山东社会科学》2017 年第 11 期。

22. 曹兴华："逾两百年来美国矫治刑罚观历史嬗变及其启示——自 1790 年核桃街拘役所改革至 2016 年 Montgomery v. Louisiana 案"，载《刑事法评论》2017 年第 2 期。

23. 王志亮："美国监狱囚犯的人权状况"，载《法治论丛》2010 年第 2 期。

24. 张婧、张延："桃园女子监狱教化处遇情况调查"，载《犯罪与改造研究》2010 年第 4 期。

25. 李豫黔、周折、闫国："澳大利亚女犯待遇问题考察报告"，载《犯罪与改造研究》2014 年第 8 期。

26. 颜九红："澳大利亚监狱管理制度考察"，载《北京市政法管理干部学院学报》2001 年第 3 期。

27. 杨木高："美国女犯矫正制度研究"，载《贵州警官职业学院学报》2012 年第 2 期。

28. 李忠东："肯尼亚监狱改革"，载《检察风云》2017 年第 9 期。

29. 王玉叶："美国少年犯处置制度的演进：Roper v. Simmons 案废除少年犯

死刑之意义",载《欧美研究》1998 年第 12 期。

30. 李莉娟:"'狱'婴室——母职受刑人之挣扎与矛盾",载《犯罪矫正学会会刊》2018 年第 1 期。

31. 陈祖辉:"被压抑的性:对女受刑人性议题之研究",载《犯罪矫正协会会刊》2017 年第 2 期。

32. 尹彦品、毛仲玉:"女性犯罪人被害化司法保护研究",载《河北法学》2015 年第 9 期。

33. 彭华娟:"女性罪犯心理危机干预途径及对策",载《中国司法》2014 年第 2 期。

34. 杨静:"女性职务犯罪与预防对策分析研究",载《中国刑事法杂志》2014 年第 2 期。

35. "当代浙江女性犯罪与改造研究"课题组:"当代浙江女性犯罪与改造特点研究",载《浙江社会科学》1993 年第 2 期。

36. 莫瑞里、袁泽民:"从和谐视野看亲密关系的冲突——家庭暴力与女性犯罪研究",载《河南大学学报（社会科学版）》2008 年第 2 期。

37. 汤啸天:"女青少年被害后恶逆变初探",载《青年研究》1984 年第 11 期。

38. 张苏军:"改革开放三十年的监狱工作",载《中国司法》2008 年第 12 期。

39. 陈敏:"关于绝望的抗争——'受虐妇女综合症'的理论与实践",载《中国妇女报》2000 年 11 月 2 日。

40. 陈好彬:"我国刑罚执行中的问题分析——以监狱为视角",载《河南社会科学》2011 年第 2 期。

41. 贾洛川:"善与恶的伦理思考——现代监狱的形态与功能考",载《河南社会科学》2010 年第 4 期。

42. 李晖、董颖:"在教育改造工作中有效应用团体心理辅导的实践与探索——以江西省女子监狱为例",载《中国司法》2011 年第 9 期。

43. 刘宏、曾小滨:"略论监狱刑罚执行法律的实施状况与途径",载《河南司法职业警官学院学报》2010 年第 2 期。

44. 袁梅花:"女性犯罪浅析",载《广西社会科学》2003 年第 11 期。

45. 季美君："人性化的监狱管理与刑罚执行监督"，载《国家检察官学院学报》2007 年第 2 期。

46. 郑碧爽："女性犯罪的个体原因探析"，载《经济与社会发展》2011 年第 6 期。

47. 王志亮："论监狱管理体制的改革"，载《上海政法学院学报》2009 年第 4 期。

48. 鲁世霞、乔晶："'修八'实施后设女犯重刑犯监狱（监区）的建议"，载《法制与社会》2011 年第 24 期。

49. 徐华、褚国华："对女性罪犯回归社会问题的思考"，载《犯罪与改造研究》2008 年第 2 期。

50. 张兰："关于监狱女警警力资源优化配置的思考"，载《中国司法》2008 年第 3 期。

51. 邱萍："关于新疆女子监狱罪犯咨询与矫治的现状、存在的问题和对策"，载《中国监狱学刊》2007 年第 3 期。

52. 田巍："监狱矫正官制度之功利目标及具体职位设置研究"，载《中国监狱学刊》2011 年第 6 期。

53. 刘平："建立制度型与文化型并重的监狱管理机制之初探"，载《中国司法》2011 年第 7 期。

54. 艾晶、张洪阳："辽宁女犯帮教模式研究——基于辽宁省女子监狱的考察"，载《中国监狱学刊》2012 年第 5 期。

55. 张婧、张延："桃园女子监狱教化处遇情况调查"，载《犯罪与改造研究》2010 年第 4 期。

56. 王立立："浅谈监狱危机恢复的六个基本步骤"，载《犯罪与改造研究》2011 年第 4 期。

57. 赵来春："认真落实'首要标准'努力提高女犯教育改造质量"，载《中国司法》2010 年第 4 期。

58. 时晶："社会管理视野下女性罪犯行为矫正的进路选择——以西北某省女子监狱调研数据为样本"，载《河南警察学院学报》2012 年第 4 期。

59. 种若静："英国女子监狱管理初探"，载《犯罪与改造研究》2007 年第 1 期。

60. 杨莉："新时期加强监狱女民警队伍建设的思考"，载《中国司法》2010 年第 10 期。

61. 聂薇："推进政治文明建设，实行监狱人道主义管理"，载《中国监狱学刊》2004 年第 5 期。

62. 王庭兰："实现持续监管安全的实践思考"，载《犯罪与改造研究》2010 年第 11 期。

63. 杨木高："女子监狱民警队伍建设若干问题探讨"，载《河南司法警官职业学院学报》2012 年第 2 期。

64. 杨殿升、余诤："论我国监狱行刑的目的和功能"，载《中外法学》1999 年第 2 期。

65. 孙青松、万年星："论女性犯罪的现状、特点及对策"，载《胜利油田职工大学学报》2008 年第 6 期。

66. 廖宗麟、栾东："中国古代女囚的监狱生活"，载《犯罪与改造研究》2007 年第 4 期。

67. 王珏："试论女性犯罪的特点、原因及对策"，载《山西广播电视大学学报》2004 年第 6 期。

68. 张少侠："当前我国青少年犯罪的九个特点"，载中国青少年犯罪研究学会编：《中国青少年犯罪研究年鉴》，春秋出版社 1987 年版。

69. ［美］Bronwyn Barta："Battered Wife Syndrome Evidence：the Australian Experience"，黄晓文、叶衍艳译，载《法学杂志》2005 年第 6 期。

70. 朱建华："论犯罪的社会危害性的内在属性"，载《法学研究》1987 年第 1 期。

71. 马荣春："罪刑相适应原则与罪责刑相适应原则之辨"，载《甘肃政法学院学报》2008 年第 3 期。

72. 胡伊阳："已婚女性服刑人员社会支持网络研究——基于 10 位已婚女性服刑人员的个案研究"，载《社会工作与管理》2016 年第 2 期。

73. 陈伟："'人身危险性'与'社会危险性'的纠缠与厘定"，载《法治研究》2016 年第 3 期。

74. 陈敏："受虐妇女综合症专家证据在司法实践中的运用"，载《刑事司法论坛》2004 年第 1 期。

75. 钱泳宏："'受虐妇女综合症'对正当防卫要件的质疑——由刘栓霞受虐杀夫案说起"，载《郑州轻工业学院学报（社会科学版）》2006年第2期。

76. 邢红枚："论配偶暴力中受虐妇女杀夫案的量刑"，载《中华女子学院学报》2013年第1期。

77. 屈学武："死罪、死刑与期待可能性——基于受虐女性杀人命案的法理分析"，载《环球法律评论》2005年第1期。

78. 曾赟："中国监狱罪犯教育改造质量评估研究"，载《中国法学》2013年第3期。

79. 周勇："构建罪犯改造质量评估体系的几个基本理论问题"，载《中国司法》2015年第11期。

80. 孙琳："服刑人员分级处遇制度研究"，载《政法学刊》2009年第4期。

（三）论文

1. 杨庆武："民国时期上海女监研究"，华东师范大学2016年博士学位论文。

2. 刘洪峰："美国少年犯机构化处遇研究"，中国政法大学2017年博士学位论文。

3. 施海雁："未成年女犯监禁刑执行问题研究"，辽宁大学2015年硕士学位论文。

4. 张丽欣："监狱心理矫正的现状与效果评价研究——以H省13所监狱为研究样本"，中国人民公安大学2017年博士学位论文。

5. 何晖："女子监狱刑罚执行研究——以某省女子监狱为例"，湘潭大学2013年硕士学位论文。

6. 陶其长："监狱行刑社会化研究"，安徽大学2011年硕士学位论文。

7. 张东平："近代中国监狱的感化教育研究"，华东政法大学2010年博士学位论文。

8. 叶春弟："论监狱功能的边界"，华东政法大学2014年博士学位论文。

9. 王墨涵："论女性犯罪人的思想改造"，吉林大学2013年硕士学位论文。

10. 黄懿："论女性罪犯的个别化改造"，中南大学2012年硕士学位论文。

11. 王顺安："社区矫正理论研究"，中国政法大学2007年博士学位论文。

12. 司有娜："完善女性罪犯改造的对策研究——以山东省女子监狱为例"，曲阜师范大学2014年硕士学位论文。

13. 张传伟："我国监禁刑执行变更的程序控制研究"，山东大学2014年博士学位论文。

14. 杨帆："我国监狱服刑人员权利问题研究"，武汉大学2012年博士学位论文。

15. 刘崇亮："我国罪犯教育的几个问题探析"，江西财经大学2006年硕士学位论文。

16. 韩军芳："中国当代罪犯思想教育若干问题研究"，上海大学2015年博士学位论文。

17. 杨春雷："中国行刑问题研究"，吉林大学2008年博士学位论文。

18. 廖斌："监禁刑现代化研究"，中国政法大学2005年博士学位论文。

19. 王淇："关于生育权的理论思考"，吉林大学2012年博士学位论文。

20. 张峰："监狱行刑社会化问题研究"，郑州大学2007年硕士学位论文。

（四）报纸

1. 驻芝加哥办事处教育组："大学教育是否能解决美国的监狱危机？"，载《高等教育纪事报》2017年12月28日。

2. 李家健、蒋秋英、王宇超："高墙外的特殊团聚——广西重启离监探亲工作纪实"，载《广西日报》2018年3月22日。

3. 朱思维、孙振："离监探亲的回家路"，载《人民日报》2018年3月23日。

4. 付践："多省市监狱尝试罪犯离监探亲 戴定位手环每天汇报"，载《北京青年报》2018年2月11日。

（五）网络

吴正坤："从犯罪矫治观点看女性犯罪问题"，载 http://www.corrections-cca.org.tw/index.php? do=publications_ detail&id=14447，2017年12月24日访问。

二、外文文献

(一) 专著

1. Tina L. Freiburger, Catherine D. Marcum, *Women in the Criminal Justice System*, CRC Press LLC., 2015.

2. P. E. Tracy, M. E. Wolfgang, *Delinquency in Two Birth Cohorts*, Springer Press, 1991.

3. S. R. J. imon *Women and Crime*, Lexington, 1975.

4. F. Adler, *Sisters in Crime: The Eise of the New Female Criminal*, McGraw-Hill, 1975.

5. E. B. Leonard, *Women, Crime and Society: A Critique of Theoretical Criminology*, Longman, 1982.

6. F. T. Cullen, R. Agnew, *Criminological Theory: Past to Present*, Roxbury, 2006.

7. J. Belknap, *He Invisible Woman: Gender, Crime and Justice*, Belmont, Wadsworth, 2001.

8. Explanation, In R. T. Zaplin (eds.), *Female Offenders: Critical Perspectives and Effective Interventions*, Aspen, 1998.

9. M. Chesney-Lind, R. Sheldon, *Girls Delinquency and Juvenile Justice*, Broos and Cole Publisher, 1992.

10. M. Morash, *Understanding Gender, Crime and Justice*, Sage, 2006.

11. T. Hirschi, *Causes of Delinquency*, University of California Press, 1969.

12. Y. Chen, *Delinquency and Psychological Distress: Effects of Gender and Risk/Protective Factors*, Durham, Duke University, 1997.

13. T. R. Clear, G. F. Cole, *American Corrections*, Wadsworth Publishing Company, 2000.

14. Cyndi Banks, *Women in Prison: a Reference Handbook*, ABC-CLIO, Inc., 2003.

15. Shelley Bookspan, *A Germ of Goodness: The California State Prison System*,

1851-1944, University of Nebraska Press, 1991.

16. Mary Bosworth (ed.), *Encyclopedia of Prions and Correctional Facilities*, *Volume II*, *Thousand Oaks*, Sage Publications, Inc. , 2005.

17. Barbara Bloom, Stephanie Covington, *Addressing the Mental Health Needs of Women Offenders*, In R. Gido, L. Dalley (eds.), *Women's Mental Health Issues Across the Criminal Justice System*, Columbus, Prentice Hall, 2008.

18. International Centre for Prison Studies, *International Profile of Women's Prisons*, University of London, UK, 2008.

(二) 论文

1. M. Chesney-Lind, "Patriarchy, Crime, and Justice: Feminist Criminology in an Era of Backlash", 1 *Feminist Criminology*, 2006 (4).

2. D. M. Britton, "Feminism in Criminology: Engendering the Outlaw", 571 *The ANNALS of the American Academy of Political and Social Science*, 2000 (1).

3. M. Chesney-Lind, "Girls in Jail", 34 *Crime & Delinquency*, 1988 (2).

4. M. D. Krohn, J. LMassey, "Social Control and Delinquent Behavior: An Examination of the Elements of the Social Bond", 21 *Sociological Quarterly*, 1980 (3).

5. T. C. LaGrange, R. A. Silverman, "Low Self-control and Opportunity: Testing the General Theory of Crime as an Explanation for Gender Differences in Delinquency", 37 *Criminology*, 1999 (1).

6. L. Broidy, R. Agnew, "Gender and Crime: A General Strain Theory Perspective", 34 *Journal of Research in Crime and Delinquency*, 1997 (2).

7. E. Cauffman, "Understanding the Female Offender", 18 *The Future of Children*, 2008 (2).

8. B. A. Koons-Witt, P. J. Schram, "The Prevalence and Nature of Violent Offending by Females", 31 *Journal of Criminal Justice*, 2003 (2).

9. J. M. Pollock, J. L. Mullings, B. M. Crouch, "Violent Women: Findings from the Texas Women Inmates Study", 21 *Jounal of Interpersonal Violence*, 2006 (3).

10. Mara Dodge, "'One Female Prisoner Is of More Trouble Than Twenty Males': Women Convicts in Illinois Prisons 1835 – 1896", 32 *Journal of Social History*, 1999 (4).

11. Rebecca Onion, "Indiana Women's Prison a Revisionist History", *Slate*, 2005 (3).

12. Sarsh Yager, "Prison Born", *The Atlantic*, 2015 (8).

13. Denise Johnston, "Child Custody Issues of Women Prisoners: A Preliminary Report from the Chicas Project", 75 *The Prison Journal*, 1995 (2).

14. A. Pardue, B. A. Arrigo, D. S. Murphy, "Sex and Sexuality in Women's Prisons: A Preliminary Tyological Investigation", 91 *The Prison Journal*, 2011 (3).

15. Alison M. Madden, "Clemency for Battered Women Who Kill Their Abusers: Finding A Just Forum", 4 *Hasting Women's Law Journal*, 1993 (1).

16. Julie Stubbs, Julia Tolmie, "Falling Short of the Challenge? A Comparative Assessment of the Australian Use of Expert Evidence on the Battered Woman Syndrome", 23 *Melbourne University Law Review*, 1999 (3).

17. M. L. Parsons, C. Warner-Robbins, "Factors that Support Women's Successful Transition to the Community Following Jail/Prison", 23 *Health Care for Women International*, 2002 (1).

18. P. O'Brien, "'Just Like Baking a Cake': Women Describe the Necessary Ingredients for Successful Reentry after Incarceration", 82 *Families in Society*, 2001 (3).

(三) 研究报告

1. Melissa E. Dichter, Sue Osthoff, "Women's Experiences of Abuse as a Risk Factor for Incarceration: A Research Update", National Resource Center on Domestic Violence, 2015.

2. Alyssa Benedict, "Gender Responsive Approaches with Women: Improve Outcomes-Reduce Recidivism Transform Corrections", Illinois State Commission on Criminal Justice & Sentencing Reform, 2016.

3. "The Sentencing Project, Incarcerated Women and Girls", The Sentencing

Project, 2016.

4. Rhoda Coffin, "Systems of Discipline Suited to a Female Prison", In Transactions of the Fourth National Prison Congress Held in New York, 1876.

5. W. J. Sabol, T. D. Minton, "Prison and Jail Inmates at Midyear 2006", Washington, U. S. Department of Justice, 2007.

6. "National Women's Law Center", Mothers Behind Bars: States are Failing, 2010.

7. "The Sentencing Project", Women in the Criminal Justice System, 2007.

8. Jerry Bednarowski, "Prison–Parenting–Programs", Correctional Education Association–Wisconsin, 2016.

9. Washington Lawyers' Committee for Civil Rights & Urban Affairs, D. C. Women in Prison: Continuing Problems and Recommendations for Change, 2016.

10. KiDeuk Kim, Bryce Peterson, "Aging Behind Bars: Trends and Implications of Graying Prisoners in the Federal Prison System", Urban Institute, 2014.

11. Francine T. Sherman, Annie Balck, "Gender Injustice: System–Level Juvenile Justice Reforms for Girls, Public Welfare Foundation", NoVo Foundation, and Boston College Law School, 2015.

12. New Jersey Institute for Social Justice, Bring Our Children Home: AIN't I A CHILD?, 2015.

13. The Sentencing Project, The Changing Racial Dynamics of Women's Incarceration, 2015.

14. Elizabeth Swavola, Kristine Riley, Ram Subramanian, Overlooked: Women and Jails in an Era of Reform, Vara Institute of Justice, 2017.

15. The ACLU of Nebraska, Nebraska Women in Prison, 2017.

16. Becki Ney, Rachelle Ramirez, Dr. Marylyn Van Dieten (Eds), Ten Truths That Matter When Working With Justice Involved Women, National Resource Center on Justice Involved Women, 2012.

17. Judge Lynn Ratushny, Self–Defence Review : Final Report submitted to the Ministry of Justice of Canada and to the Solicitor General of Canada, 1997.

18. Wendy Sawyer, The Gender Divide: Tracking Women's State Prison Growth,

Prison Policy Initiative, 2018.

19. WIPP, WIPP Brochure, Correctional Association of New York, 2018.

(四) 监狱规范

1. Inmate Handbook of FPC Alderson, 2014.

2. Female Prisoner Handbook of Maine Correctional Center, 2014.

3. State of Washington DOC No. 440. 080: Hygiene and grooming for offenders, 2017.

4. BOP, Provision of Feminine Hygiene Products, 2017.

5. BOP Program Statement No. 6070. 05: Birth Control, Pregnancy, Child Placement and Abortion, 1996.

6. Fed. Bureau of Prisons Secure Female Facility Hazelton, Inmate Information Handbook, 2011.

7. Fed. Det. Ctr. , Philadelphia, Pennsylvania, Admission&Orientation Inmate Handbook, 2009.

8. SCP Aliceville, Admissionand orientation handbook, 2013.

9. FMC Lexington and SCP Atwood camp, Inmate admission&orientation handbook, 2017.

(五) 网络资料

1. Jonathan Strickland, "Are Men More Violent than Women?", http://science. howstuffworks. com/life/inside−the−mind/emotions/men−more−violent. html.

2. Victoria Law, "Reproductive Health Care in Women's Prisons 'Painful' and 'Traumatic' ", http://www. truth−out. org/news/item/29660−reproductive−health−care−in−women−s−prisons−painful−and−traumatic.

3. "State of Washington DOC No. 440. 080: Hygiene and Grooming for Offenders", http://www. doc. wa. gov/information/policies/files/440080. pdf.

4. Michael Alison Chandler, "The Once−Whispered Topic of Women's Menstruation Now Has Political Cachet", https://www. washingtonpost. com/local/social−issues/the−once−whispered−topic−of−womens−menstruation−now−has−political−cachet/2017/08/07/cdeae46e − 68a2 − 11e7 − 8eb5 − cbccc2e7bfbf_

story. html? utm_ term=. 4b53d130c887.

5. Melissa Jeltsen, "Providing Free Pads And Tampons To Incarcerated Women Is About More Than Hygiene", https://www. huffingtonpost. com/entry/new-york-prisons-periods_ us_ 576bfcade4b0b489bb0c901b.

6. Mattie Quinn, "New Federal Tampons Rule Follows States and Cities' Flow", http://www. governing. com/topics/public-justice-safety/gov-tampons-pads-prisons-states-federal. html.

7. Rebecca Grant, "Abortion Behind Bars: Terminating a Pregnancy in Prison can be Next to Impossible", https://news. vice. com/en_ us/article/3kp9b5/a-bortion-behind-bars-terminating-a-pregnancy-in-prison-can-be-next-to-impossible.

8. "U. S. Dep't of Justice, FY 2016 Budget Request, Prisons and Detention", http://www. justice. gov/sites/default/files/jmd/pages/attachments/2015/01/30/4. _ pri sons_ and_ detention_ fact_ sheet. pdf.

9. Rachel Leah, "86 Percent of Women in Jail are Sexual-violence Survivors", https://www. salon. com/2017/11/11/86-percent-of-women-in-jail-are-sexual-violence-survivors/#. Wgm6i-_ Thko. facebook.

10. Liji Thomas, "Prisoner Post Traumatic Stress", https://www. news-medical. net/health/Prisoner-Post-Traumatic-Stress. aspx.

11. Marisa Taylor, "A New Way to Treat Women's Mental Health in Prison", http://america. aljazeera. com/multimedia/2015/7/women - in - prison - find - common-ground-in-trauma. html.

12. "Transitioning Offenders Program, Parenting in Prison", http://www. topwa. org/parentinginprison. pdf.

13. Dave Ghose, "Nursery Program Aids Jailed Moms in Four States", https:// en. wikipedia. org/wiki/Ohio_ Reformatory_ for_ Women.

14. Michael Tarm, "Transgender Inmate Seeks Transfer to Female Prison After Claims of Abuse Involving Guards", http://www. chicagotribune. com/news/local/breaking/ct-transgender-inmate-transfer-20180105-story. html.

15. Liam Deacon, "Transgender Killer Moved Prison After Sex with Female In-

mates", http://www. breitbart. com/london/2017/02/06/biologically-male-transgendered-killer-moved-female-prison-sex-inmates/.

16. Marian S. Harris, "When Parents Commit A Crime, It's Their Kids Who Do The Time", https://www. huffingtonpost. com/entry/opinion-harris-parents-prison_ us_ 5a6a2cf5e4b0ddb658c49481.

17. Josephine Yurcaba, "For Survivors of Prison Rape, Saying 'Me Too' Isn't an Option", https://rewire. news/article/2018/01/08/survivors - prison - rape-saying-isnt-option/

18. Daniel Simmons-Ritchie, "7 Out of 10 Women in Pa's Prisons are Mentally Ill; Why?", http://www. pennlive. com/news/2015/11/mentally _ ill _ women_ pennsylvani. html.

19. Alexa Garcia-Ditta, "The Shameful Truth About How Pregnant Women are Treated in Texas County Jails", http://www. texasobserver. org/pregnant-inmates-treated-texas-county-jail/.

20. "Pregnant and Incarcerated: New York City's Prison Nurseries", http://www. thirteen. org/metrofocus/2015/05/pregnant - and - incarcerated - new - york-citys-prison-nurseries/.

21. Amie Newman, "The Road to Prison is Paved with Trauma for Women and Girls", https://www. ourbodiesourselves. org/2016/04/the-road-to-prison-is-paved-with-trauma-for-women-and-girls.

22. Cameron Dodd, "Bill Aims to Put More Women's Hygiene Products in Maryland Prisons", https://www. fredericknewspost. com/news/crime _ and _ justice/prison/bill-aims - to - put - more - women - s - hygiene - products - in/ article_ f86923ba-af25-5c7b-b2cf-682822442581. html.

23. Savannah Eadens, Metro Reporter, "New Law Addresses Gender, Trauma in Women's Prisons", http://www. columbiachronicle. com/metro/article _ 127fcef8-02f6-11e8-8699-fb42afb680ac. html.

24. Khala James, "Upholding the Dignity of Incarcerated Women", https://www. americanprogress. org/issues/women/news/2017/12/22/444468/upholding-dignity-incarcerated-women/.

25. Austill Stuart, "New Zealand's Recidivism-Focused Private Prison Contracts a Model for States", https://reason. org/commentary/new - zealands - recidivism-focused-private-prison-contracts-a-model-for-states/.

26. "Reproductive Health Care for Incarcerated Women and Adolescent Females", https://www. acog. org/Clinical-Guidance-and-Publications/Committee-Opinions/Committee-on-Health-Care-for-Underserved-Women/Reproductive-Health - Care - for - Incarcerated - Women - and - Adolescent - Females.

27. "Mothers and Infants Nurturing Together Program", http://www. voatx. org/ mint.

28. "Oklahoma Rethinks View Offe Male Inmates", https://www. csmonitor. com/USA/Justice/2017/1120/Bad-moms-or-women-in-need-of-help-Oklahoma-rethinks-view-of-female-inmates.

致　谢

　　首先，我要感谢我的指导老师王顺安教授对我的教导。从论文的选题、构思、撰写到最终的定稿，王老师都给了我悉心的指导，使得本书能够顺利完成。其次，感谢中国政法大学的领导和老师，由于他们的悉心教导，我学到了专业的法学知识。最后，我要感谢我的家人在写作期间给予我的包容、关爱和鼓励，以及所有关心我、支持我的领导、老师、同学和朋友，正是由于他们的支持和鼓励，我才能安心学习，顺利完成学业。